不折腾

大众创业成功法则

余胜海 著

電子工業出版社
Publishing House of Electronics Industry
北京•BEIJING

赞 誉

同样是创业，为什么有人成功，有人却失败？翻开余胜海先生的《不折腾》这本书，就能找到你想要的答案。

——马云（阿里巴巴集团董事局主席）

作者把他观察到的在创业过程中所遇到的各种“坑”和决定成败的细节都写入书中，提醒创业者得掌握这些常识，避开创业陷阱和误区，将创业的风险降至最低。

——陈春花（北京大学国家发展研究院管理学教授、BiMBA 商学院院长）

《不折腾》这本书，简单、透彻、适用，给人启发；让创业者绕过陷阱，少走弯路，快速完成从创业者到创业家再到企业家的迭代蜕变！

——张瑞敏（海尔集团董事局主席、首席执行官）

本书以朴实的语言，简明地对创业中遇到的各种难题进行了归纳总结，并根据自己的创业实践，提出了有效解决办法，为“草根”创业者和刚刚毕业的创业大学生提供了非常宝贵的知识和经验，让你赢在起跑线上。

——柳传志（联想集团创始人、联想控股公司董事长）

胜海的这本书，是汇聚了中国本土成千上万创业者的经验和教训，并结合自己的亲身实践写出来的，里面都是“干货”，具有很强的操作性和实用性，是一本很接地气的创业书籍！

——陈九霖（北京约瑟投资有限公司董事长）

本书涵盖了决定创业成败的各个关键阶段和所有问题，有理论、有方法、有见解、有案例、有忠告、有反思、接地气，实用性非常强，堪称一部实战版的创业宝典。

——刘强东（京东商城董事局主席兼首席执行官）

本书针对创业过程中经常遇到的问题和困惑进行了详细的解答，是一本非常实用的入门工具书。阅读它，学习它，借鉴它，然后开始行动，将让你的梦想照进现实！

——史玉柱（巨人网络董事长）

掌握一些商业常识和创业基本技能是创业成功的基础。虽说这些知识不能担保你创业一定成功，但我们有理由相信，掌握本书中的这些商业常识和创业法则，一定可以成功当老板。

——刘永好（新希望集团董事长）

如果说激情是创业的引擎，那么方法便是创业的罗盘。没有方向的冲动创业，只能导致失败。只有正确的方法，才能产生成功的结果。只要找对了路，就不怕路有多远。这本书为创业者提供了方法，指出了方向，指明了道路，是创业者的必备手册。

——余明阳（上海交通大学管理学院教授）

创业的路上，总有一些“坑”在等着创业者。本书凝聚众多创业者的经验教训，剖析陷阱和误区，解决创业难题，让你打破创业九死一生的“魔咒”！

——余晨（易宝支付联合创始人、总裁）

余胜海老师这本书不仅有系统、科学的理论，还有生动翔实的案例和创业时不可不知的细节；既让你高屋建瓴地考虑战略与布局，又让你深刻领悟创业的成败得失，虚实之间，都是“干货”！

——谭天（蒙自源餐饮连锁集团副总裁）

作者从1000多个创业实践案例中总结出来的创业成功九大法则，一针见血，击中当下中国创业者的软肋，实操性很强。诚挚引荐给准备走上创业之路和已在创业路上的朋友们。

——邓斌（书享界创始人、转型家联合创始人）

创业是“九死一生”的冒险，试错成本极高。对大多数创业者来说，其目标首先是少犯错，生存下来，而后才是求发展。这本书犹如贝爷求生指南，以大量实例启发创业者，帮其避免不该犯的错误，毕竟生存才是硬道理！

——唐文（氢原子 CEO）

创业既是一个实践过程，也是一个自我认知的过程。创业没有固定模式，但有必须面对的共同问题。余胜海先生在本书中为你指出这些必须面对的问题及对问题的思考。我相信读者一定能从中找到共鸣和创业成功之道。

——余序洲（中南民族大学管理学院教授）

推荐序1

创业是一种选择

陈春花
北京大学国家发展研究院管理学教授、
BiMBA 商学院院长

胜海把书稿发给我的时候，我并未从“创业教程”这个角度去理解这本书，但是我在阅读完全书后，的确发现，这是一本完整地讲授如何创业的书籍，尤其是书中介绍的众多创业案例，比较完整地论述了创业所涉及的方方面面。这本书可以作为创业工具书使用，并且它还结合了大量的创业实践案例，为创业者提供了从创业前的准备到项目的选择，从寻找合伙人到组建高效团队再到激励员工，从人脉关系的建立到客户关系的维护等全方位的创业建议，为创业者提供实战指导。

我喜欢有关创业的话题，因为在一个国家或地区的经济发展中，创新与创业起着举足轻重的作用。埃德蒙•菲尔普斯教授专门研究“大众创新如何带来国家的繁荣”的课题，在他看来，“草根”创业是一股极其重要的推动力量。他认为，“本土创新源自人民的冒险精神和发挥创造力的意愿，它们一直深入到社会的‘草根’阶层，并且有相应的制度使这种愿望得以实现，使人们能以这些‘冒险’活动为生。”不断涌现的创业者和企业家，是英美两国经济活力得以释放的主要原因之一，也是我国改革开放 40 年来，经济高速发展的主要原因之一，而这就是我尤为关注创新与创业的原因。

但是，我们也深知，创业并不是一件容易的事情，即使在今天，新技术使得很多“独角兽”公司快速崛起，但是如果我们来看一组数字，也许你会变得更加理性一些。让我们先从股市市值来看，2014 年美国的所有上市公司的市值约为 26.1 万亿美元，而同年美国“独角兽”企业的市值约为 4030 亿美元。这意味着美国“独角兽”企业的市值仅占美国上市公司总市值的 1.5%。再看看中国，2015 年中国所有上市公司的市值大概为 9.6 万亿美元，中国“独角兽”公司的市值约为 2390 亿美元，这意味着中国“独角兽”企业的市值仅占中国上市公司总市值的 2.5%。这两组数字说明，“独角兽”企业所占比例非常小。这也意味着，虽然“独角兽企业”“快公司”“炫公司”等名词在商业世界不断涌现，但真正成功的创业企业少之又少，这也是建议大家看这本书的原因。

胜海把他观察到的在创业过程中所遇到的各种“坑”和决定成败的细节都写入书中，提醒创业者得掌握这些常识，避开创业陷阱和误区，将创业的风险降至最低。一个人如果不懂基本的商业模式知识，怎么能构架起具有独特核心竞争力的运营系统？一个人如果不懂管理知识，怎么能打造出一个坚强、高效的团队？一个人如果不懂市场营销知识，怎么能在竞争激烈的市场中站稳脚跟？

胜海对上千个成功创业的案例进行研究后，发现了它们共同反映的九大成功创业法则：第一法则，抓住机遇，立即行动；第二法则，做自己喜欢做的事；第三法则，专注；第四法则，诚实守信；第五法则，踏踏实实从小生意做起；第六法则，不断学习；第七法则，放下面子；第八法则，坚持创新；第九法则，把赚钱当作一种习惯。同时，胜海也列举了许多令人深思的真实案例，值得读者仔细阅读。这九大法则也许只是一种归纳，我更希望它们可以帮助创业者梳理出自己的见解，做出自己的选择和判断。

一个创业者，最需要想清楚的就是如何承受自己选择的结果，如何去承受创业过程中所要经历的种种压力，甚至如何面对失败。这些问题的答案并不能在一本书中找到，必须由创业者自己在创业过程中不断寻找。无论你如何做出选择，只要选择创业，你就要学会从外向内看问题，就要学会与客户在一起，就要学会融入环境中，就要学会与伙伴合作，向市场学习。持续学习是创业者永恒的话题。

在我看来，创业企业的领导者必须学会做好四件重要的事情。第一件重要的事情是要做好企业的产品和服务，因为创业者是靠这个来立命的。第二件重要的事情是一定要理解市场的本质是什么，这是非常关键的。熊彼特对创新有一个很好的定义，在他看来，创新体现在五个方面：新产品、新市场、新的替代原材料、新的商业模式和新的企业组合。而现在，很多创业者比较关心创新，关心迭代和颠覆，往往忘记了，创新要回归到商业和市场中来。第三件重要的事情是保证现金流的稳定，而且现金流要来源于企业的业务和利润，不是来源于投资者。第四件重要的事情是找对人。创业者需要有合作团队，团队需要共同的价值观，因为创业企业会遇到很多挑战，如果成员的价值观不一致，创业很难取得成效。对于创业者而言，这四件事情很重要，胜海在本书中对此都有涉及，并且给出了做好这四件事的具体方法，你在阅读本书时，能够感受到这一切。

创业是一个选择的过程，没有人能够预测在创业过程中会发生什么，创业者能够做的就是不断行动、学习、试错及迭代。我要特别强调的是，当你做出创业选择的时候，你能够真切体验到投入事业、迎接挑战、自我实现及个人成长带来的美好。

推荐序2

从创业者到企业家的桥梁

陈九霖
（北京约瑟投资有限公司董事长）

我结识余胜海老弟是从读他的《能源战争》开始的。最近，我在参加中共十九大精神培训，日程安排得很紧凑。他把这本书稿发给我阅读，并请我写序言，我这个企业界的“老兵”和投资者欣然应许。我参加这次培训最大的收获之一就是深刻理解了关于我国进入新时代的系列论述，于是，我就用我的手机，以“新时代”为主题，敲下了这个不敢称为序言的“序言”。

在新时代，越来越多的青年选择创业，梦想有朝一日可以成为下一个马云或马化腾，或者退而求其次，成为当年的“打工皇帝”陈九霖。可是，就算众多创业者同时起步，从同一个起跑线上出发，他们的创业结果却有天壤之别。有的人血本无归，有的人却能笑傲江湖，这其中究竟有什么秘密呢？我在刚刚出版的《商业的逻辑》一书中总结了我近 30 年的商业经历，也分析了其他成功商业人士的经验，在第 1 章就阐述了“先做人后立业”的道理，并将其列为商业的第一个逻辑；我还重点分析了企业家和企业家精神。我的好朋友余胜海在本书中，也首先分析了创业者精神。

我是一个创业者和投资人，胜海是一个知名的财经作家，专注于媒体、企业管理和创投咨询 30 年，深入接触众多商界名流。我们的共同认知是，要成为优秀的企业家，首先就要成为优秀的创业者，而成功的关键在于人。胜海围绕这个关键点，在其著作中分列 10 章，展开了深入浅出、有理有据、细致入微的分析。

胜海在第 1 章里总结了创业者必备的八大素质，鞭辟入里、振聋发聩。第 2 章详细分析创业者在创业之前应该做好哪些准备工作，从认知定位到如何做市场调查再到如何判断商业模式的优劣，内容通俗易懂，真正做到“拿来即用，用即见效”。第 3 章对项目的选择进行了深入分析：如何选择项目？创业项目是否靠谱？如何降低创业投资风险？胜海的箴言能够帮助创业者少走弯路。第 4 章，胜海从理论高度教你如何寻找理想的合伙人，因为新时代是合伙人的时代，单枪匹马的创业既难长久又不被投资人看好。企业想要长足发展，需要有一支高绩效的团队，而如何打造一支高绩效团队？如何让新员工快速融入团队？如何避免人才流失？如何做到有效授权？这些困扰你已久的问题，胜海在第 5 章里抽丝剥茧般地为你罗列了众多方法，等着你一一探索与运用。在第 6 章，他将告诉你如何有效运用 15 种激励方法推动企业一步又一步地向前发展。想要成功创业既需要内部合理有效的运行机制，也离不开良好的外部环境，因此，在第 7 章，他将告诉你如何赢得客户、维护客户关系、找准客户痛点。在第 8 章，他将告诉你如何搭建良好的人脉，让人脉资源给你带来源源不断的“钱脉”。在第 9 章，胜海在对上千个创业成功案例进行研究后，总结出了创业成功的九大法则，它是每一个有志于创业的青年不可错过的成功方法。在“大众创业，万众创新”的号召下，国内进入创业的繁盛期，大众创业、创新高歌猛进，使创业泡沫日益膨胀，很多创业公司陷入了“九死一生”的“魔咒”。在第 10 章，胜海深度剖析了创业公司的 11 种死因，并列举了很多典型的案例。前车之鉴，后事之师，这些失败的教训值得创业者们吸取，以免重蹈覆辙。

胜海的这本书，是汇聚了中国本土成千上万创业者的经验和教训，并结合自己的亲身创业实践写出来的，书中都是“干货”，具有很强的操作性和实用性，是一本很接地气的创业书籍，为创业者搭建了一座通往企业家的桥梁！

前　言

Preface

在“大众创业，万众创新”的号召下，创业浪潮席卷全国。现在，人们都在谈创业，与朋友聊天，如果不“扯”上几句“创客空间”“天使轮”“AI”“IPO”，都有点不好意思。有人开玩笑说，如今在中关村创业大街，如果一杯咖啡泼到两个人，其中一个人会是CEO，另一个会是创始人。由此可见，这股创业热潮有多么凶猛。但是静下心来琢磨，我们会发现创业其实是一件挺悲摧的事情——极少数成功者被供奉上神坛，而无数倒下去的“烈士”却连墓志铭都没人看。

理想很丰满，现实很骨感。有统计数据显示，目前，中国的创业成功率不到10%，初创企业的存活期最长的只有四年，最短的不到一年。我们身边数不胜数的失败例子都在证实着这个事实。作为一名财经媒体人、管理顾问和创业导师，这些失败案例时常让我陷入深思，而那些成功的案例时常让我警醒。我切身感受到：在成功与失败之间，在小企业与大企业之间，真的只有一滴血的距离！

创业失败率如此之高，其原因是多方面的，但主因是很多创业者不具备应有的素质和能力。有些人对创业的基本规律，甚至是最基本的常识都不懂，根本不管自己是否具备创业条件，有没有经营管理能力，就盲目跟风创业。仓促上阵必将狼狈下马，创业者还要为此支付昂贵的“学费”。

投资界有句名言：风险投资成功的第一要素是人，第二要素是人，第三要素还是人。此话足以证明投资人对创业者素质的关注程度。许多成功案例也证明，创业项目、商业计划、商业模式等都可适时而变，唯有创业者的基本素质难以在短时间内改变。因此，创业能否成功，与创业者的综合素质和能力有着很大的关系。如果你不是当老板的那块料，就请远离创业。

古人云："凡事预则立，不预则废。"有准备的创业是成功的前提条件，也是创业者必须做好的功课。毕竟，创业是一项高风险投资，在你做出决定之前，一定要做好充分的准备。众多成功的经验告诉我们：创业前的准备工作做得越细致、越充分，成功概率就会越高。打无准备之仗，注定是要失败的。

如果说激情是创业的引擎，那么方法便是创业的罗盘。没有方向的冲动创业，只能导致失败。只有正确的方法，才能产生成功的结果。正如经书所说，只要找对了路，就不怕路有多远。

在创业方向的选择上，我发现很多创业者都没有经过理性的思考，而是看见市场上什么热就去做什么，不做市场调研就盲目跟风，又或者是在一个项目还没稳定时就转向另外一个项目。

我建议创业者在选择创业方向的时候，首先，应该切入一个尚未成熟的市场。成熟市场确实相对规范，但是这也意味着新机会相对较少。如果你选择了一个正处于上升期的市场，那么未来你有可能就会是这个行业的规则制订者，而不是遵守者。其次，创业者要留意平时"不寻常"的现象，比如，火锅为什么不能外卖？如果你能想办法解决这个需求，那这个需求就有可能是一个潜在的创业方向，或者这个需求在被解决的过程中，会衍生出一系列创业方向。最后，你还要能准确判断市场趋势，所谓"时势造就英雄"，只有借势，你才能"一飞冲天"，快速迭代。

创业型企业为什么逃不过"九死一生"的"魔咒"？经研究发现，大多数失败都是因为错误的选择。俗话说："女怕嫁错郎，男怕入错行。"就创业而言，选择大于努力，如果方向不对，努力就白费。因此，创业者要选择合适的创业项目，从自己最熟悉的领域、最感兴趣的项目做起，或者踏踏实实从小本生意做起，这样才能提高创业成功率。

著名管理大师彼得·德鲁克曾经说过："企业成立的目的，一是要创造客户，二是要留住客户。企业靠营销学可以创造客户，靠服务可以留住客户。"在"客户为王"的营销时代，创业者必须了解客户的真实需求，并对客户怀着一颗敬畏之心，采取科学的方法对客户需求进行准确的预测和充分的理解。

由此可见，一个创业者成功与否，取决于对消费者需求的了解程度。你如果看到了消费者的真实的需求，你就成功了一半；你如果满足了消费者的需求，你就成功了。准确地理解并深入挖掘客户的需求是创业者面临的一项艰巨任务。

"这是最好的时代，这是最坏的时代。"这是狄更斯在《双城记》里的一句名言，用在 150 多年后的今天最合适不过了。

当今的中国已经迈入新时代，中产阶层的消费需求在升级，整个工业体系也在转型升级、更新换代，战略性产业、新兴产业、高附加值产业发展迅猛，有关医疗、现代制造、大数据、物联网、人工智能等方面的技术创新更是一日千里，这给我们带来了千载难逢的机遇。能不能顺应时代大势，洞察商机并驾驭这些机会，引领未来，考验着创业者的胆略、眼光和智慧。

在这个"双创"时代，创新能够创造出新的产品、新的商业模式和新的消费需求。反过来，人们新的消费需求又需要更多的创新来满足，会激发更多的创新和创业。但必须指出的是，对一家企业而言，创新很重要，可是市场更重要，好产品不一定能赢，但没有满足市场需求的产品或服务，一定会输得很惨。

对于创业者而言，这也是个最坏的时代。目前，我国人口红利和互联网红利日渐消失，传统实体经济面临巨大的困难，经济发展已经进入新常态，这意味着在较长一个时期内，经济将会缓慢增长。今后，创业成本将会越来越高，中小企业生存将会越来越艰难。在以往，经济高速增长，市场也跟着大幅度扩张，企业可以享用的资源非常多；当经济发展进入新常态时，企业可以享用的资源就会相应减少，因此，企业要珍惜资源并充分利用有限的资源，在经营上学会用减法策略，明确哪些可以不做，哪些优势要好好发挥。同时，企业要始终把客户价值放在第一位，重视对技术的持续投入，脚踏实地地把产品和服务做到最好，只有这样才能在激烈的竞争中脱颖而出。

现在，浮躁已成为大多数创业者的通病，有很多创业者都在寻找能“飞上天”的“风口”。其实，“风口”是一种充满投机成分的思维方式，如果大家都想找捷径而不是脚踏实地，都想一飞冲天，一夜暴富，那是很危险的，所以当创业者问我下一个“风口”是什么的时候，我只能告诉他们我不知道下一个“风口”是什么，也许“风口”根本就不存在，猪不应该在天上飞，应该在地上跑。更重要的是，风总有停的时候，风一停，飞猪定会被摔死！

当前，科技正在改变一切，包括人类自身。一切都在洗牌，新旧动力转换和行业分化整合正在进行中，企业将面临许多不确定的挑战。因此，对于创业者而言，不断学习新东西，接受新观念，适应时代变化非常重要。

物竞天择，适者生存。实际上，在商业环境发生变化的时候，能够生存下来的，不是强者，也不是大者，而是那些能迅速适应环境、善于学习和善于变化的人。如果你不骑在新时代的“背”上，你就会被新时代踩在脚下。

创业、创新、创未来。未来已来，时不我待。青年人，尤其是高校毕业生在知识、能力、体力等方面都具有优势，创业应该是年轻人积极向上的一种表现，而不是就业无路之后的无奈选择。创业是一种思维，更是一种生活方式。我们在人生的各种境遇中都要尽力做到“原创”“敢创”“会创”，来实现自己人生的最大价值。青年创业者是最具生命力和创新力的群体，这样一个群体的诞生，必定会催生众多的引领时代的创业家和商业领袖。

余胜海

2018 年 6 月

目　录
Contents

Chapter 06

激活组织：领导懂激励，员工有干劲

Chapter 07

客户为王：拥有了客户就拥有了财富

Chapter 10
前车之鉴：创业公司常见的11种死因

Chapter 01

素质决定成败：
创业者必备的八大素质

投资行业有句名言：风险投资成功的第一要素是人，第二要素是人，第三要素还是人。此话足以证明投资人对创业者个人素质的关注程度。许多成功案例也证明，创业项目、商业计划、经营模式等都可适时而变，唯有创业者的基本素质难以在短时间内改变。因此，创业能否成功，与创业者的综合素质和能力有很大的关系。那么，在国内目前的环境下，创业者究竟需要具备哪些素质，才能获得成功？我通过对上千个创业案例进行研究后发现，成功创业者大都具备以下八个方面的综合素质。

胆识：
企业家精神的本质就是敢于冒险

创业者要创业，必须有胆识，否则，遇到好的机会也不敢去尝试，只能错失良机。

在比尔·盖茨看来，成功的首要因素就是冒险，冒险是企业家区别于其他人群的显著特征之一。如果你是一个不敢冒险、不敢对不确定性下注的人，那你肯定是一个不适合创业的人。

王石也认为，创业者的胆识非常重要，创业从某种角度来讲是在“赌”，这个“赌”既可以理解成“赌博”，也可以理解成胆量加知识。从数学角度来讲，它有一个概率，你“赌”的时候要计算它的成功率是多少。道理很简单，创业本身就是一项冒险活动，所以说，有胆量，敢下注，想赢也敢输的“赌徒”们最适合创业。

我采访过很多成功的企业家，发现他们在创业的道路上，都有过惊险一跳的经历。这一跳成功了，自然功成名就；要是跳不成功，就会一败涂地。

有人说：“创新是找死，不创新是等死。”但华为公司创始人、总裁任正非却认为“不创新才是华为最大的风险！”这句话体现了任正非骨子里的敢于冒险的创新精神。

华为虽然和许多民营企业一样，从做“贸易”起步，但是华为并没有像其他企业那样，继续沿着“贸易”的路线发展，而是踏踏实实地搞起了自主研发。在创业之初，任正非把自己做代理赚来的所有原始积累全部投入到自主研发中，并把华为每年销售收入的10%投入到研发中，数十年如一日。相关资料显示，华为近十年投入的研发费用高达4000多亿元人民币。

任正非说：“回顾华为30年的发展历程，我们体会到，如果企业没有创新，想要在高科技行业中生存下去几乎是不可能的。在这个领域，企业没有喘息的机会，哪怕只落后一点点，就意味着逐渐死亡。”正是这种强烈的紧迫感驱使着华为持续创新。

现在，很多企业都热衷于赚“快钱”，急功近利，在创新上舍不得投资。而在任正非看来，科技创新不能急功近利，需要长达二三十年的积累。中国企业要走出国门、融入世界，就必须摈弃赚“快钱”的心态，舍得在技术升级和管理创新上花钱，转型和升级才可能实现。华为不赚“快钱”、赚“长钱”的思维值得其他企业学习。

还有一个人，他大学毕业就开始创业，先后“折腾”了50多个公司，创业失败50多次，最惨时公司只剩下8个人，但他却用4年时间让公司的估值增长了500倍，他就是喜马拉雅FM的联合创始人、CEO余建军。

2012年，余建军将注意力转移到移动音频领域，他决定“赌”一把，与合伙人陈小雨共同创立网络电台——喜马拉雅FM，这是余建军的第5次创业。

“我们希望声音像水和电一样，畅通、便利，随需随取，自由地流通在每一位听众的耳朵和心里……每个人都可以利用碎片时间，利用音频媒介，利用身边各种智能硬件，随时随地进行学习和娱乐。”这是余建军创办喜马拉雅FM的初衷。

当时，余建军的脸皮也很厚，决定再一次找证大进行融资，而在这之前，证大曾投资给余建军公司的2000万元打了水漂，但证大的老板也够大胆，又投给了余建军1500万元。

这次，余建军吸取之前失败的教训，特意花了三个月的时间去做市场调研，深入火车站、机场、幼儿园，经常一折腾就是一个上午，“小孩子爱听儿童故事，老年人爱听健康养生内容，而年轻人爱听小说……”

所以，喜马拉雅 FM 就像一个百货店，包括有声小说、音乐、综艺娱乐、相声评书、历史人文、外语及培训讲座等类别，用户可以评论、转发和下载，而且大多数资源都是免费的。

2014 年 5 月，余建军相继获得 SIG、KPCB 等机构投资的约 1150 万美元的 A 轮融资和 5000 万美元的 B 轮融资，公司的估值达到 12 亿美元，市值翻了 120 倍。喜马拉雅 FM 迅速成长为中国最大的音频分享平台之一，目前已拥有约 3 亿用户。

而赚钱这个事，余建军还真没着急，他的王牌就是积累的 3 亿用户，有了用户，赚钱自然水到渠成。

2016 年 6 月，他推出付费内容，马东的奇葩说团队打造的《好好说话》节目率先试水，每天 6 ~ 8 分钟音频，全年定价 198 元。结果节目上线后，在 24 小时内卖出了 2.5 万套，销售额突破 500 万元，10 天后销售额超过 1000 万元。随后，《财经郎眼》《罗辑思维》《晓说》等知名节目纷纷入驻。

根据最新的统计数据，喜马拉雅在活跃用户规模、付费规模、使用时长等方面均大幅领先于同行，是毫无争议的知识付费“领头羊”。

因此，创业过程像是一次不断冲高的登顶过程。创业不仅需要勇气，更需要冒险精神，风光往往在险峰！一个创业者如果没有一点冒险精神，没有敢决断的胆识与魄力，往往会错失各种机遇。其实，企业家精神的本质之一就是冒险精神，但冒险精神并不是冒进。企业家的冒险是有智谋的突破，是有勇有谋的前行。

眼光：
你能看多远，生意就能做多大

创业者要视野宽广，你能看多远，你的生意就能做多大。如果你拥有一个县域的眼光，那你可以做一个县域的生意；如果你拥有一个省份的眼光，那么你可以做一个省份的生意；如果你拥有全世界的眼光，那么你可以做全世界的生意。

李嘉诚曾说："当一个新生事物出来时，如果所有人反对，那你要坚定地做；当 95% 的人反对时，你要赶紧做；当 50% 的人都认同的时候，你往往会失败！"也就是说，当一个新生事物出来时，所有人用"眼睛"看，而你要用"眼光"看！如果所有人都能看懂，你就要改行了！一般来说，打工不需要眼光，所以，打工的永远是多数人。做生意，尤其是把握机会，需要眼光，所以，富人永远是少数人！

我认识一家豆腐店的老板，听说他的手艺是祖传的，做出来的豆腐鲜嫩可口，人们都喜欢吃，因此，小店的生意一直很好。

卖豆腐是小本生意，即使再红火，店家辛辛苦苦忙一年也只能赚几万元，所以这么多年过去了，那家小店仍然还是一家小店。后来店主年纪大了，便把豆腐店交给了刚大学毕业的儿子。

出人意料的是，他的儿子接手小店之后，请了 2 名大学教授当顾问，在专家的指导下，小店在保留传统制作工艺的基础上实行了机械化流水线生产，开发出了风味豆腐干、腐乳、豆条等系列休闲产品，并注册了自己的商标。这位年轻的新店主不仅把豆腐店从小镇搬到了城里，而且很快将产品打入了全国各大商场和超市，供不应求。在两年之内，其销售收入就达到了 8000 万元，年利润达到 1500 万元，至此，他把小小的豆腐生意做成了大产业。

谈到自己的成功之道，这位远近闻名的“豆腐大王”告诉我：“其实也没什么奥秘，我只是没有像我父亲一样墨守成规罢了。”他说，当年接手豆腐店以后他才发现，原来自己家的豆腐不知不觉中在小镇上已经成了一块招牌，人们哪怕是多走一段路也会到自己的店里买豆腐。于是他想，既然别人都爱吃他店里的豆腐，说明确实好吃，而好东西到哪里都会有市场，他何不走出小镇，到城里开家分店？于是，他在认真考察之后，认为城里的居民对豆腐有需求，便毫不犹豫地在城里开了第一家连锁店。果然不出所料，开业不久，城里人就渐渐认可了他的豆腐，生意相当好，后来他又再接再厉，接连开了几家连锁店。如今这小小的豆腐店已经在省内外开了 20 多家连锁店。

直到现在，那位老店主仍弄不明白，同样是做豆腐，为什么自己辛辛苦苦做了一辈子，也没儿子一年赚的钱多。其实，老店主与他儿子相比，缺少的正是眼光。

有眼光才能预见未来，创业者要能看到别人看不到的东西，发现别人尚未意识到的机会，并具有将机会转化为行动的能力。很多人创业失败，就在于始终选不好项目，总是跟在别人屁股后面跑，一次次地浪费擦身而过的机遇。

当然，商机存在于市场之中，但它不会主动进入人们的视野，也不会主动变为财富，而需要人们去发现和捕捉。无论过去还是现在，市场并不是缺少商机，而是缺少能正确捕捉和把握商机的智慧和眼光。

激情：
走向成功的不竭动力

创业者要有激情，激情是走向成功的不竭动力。社会的不断发展对创业者提出了更高的要求，然而，创业者最应具备的特质之一是创业激情。首先，激情就像是一台推动创业者前进的“发动机”，有创业激情才能持续创业。同时，创业之路不会一帆风顺，甚至可能遍布荆棘，创业者如果没有强大的精神力量，没有持久的创业激情，就很难渡过一个又一个难关。

其次，创业者有了激情和理念，才能感染自己和他人。在最困难的时候，在所有人绝望的时候，你要感染你的客户，感染你的员工，感染你的合作伙伴乃至感染所有人。此外，创业者在拥有激情的同时要更专注，抓准一个点就把它做深、做透。只有这样，公司才有机会由弱变强、由小变大。

“电子商务是一个新的领域，我们最重要的事情是永远为你所激情的事情‘激情’下去。做电子商务不容易，今天有这么多人在，我非常高兴。从事网络的人，尤其是这几年活下来的人，经历的事情太多。”2004 年，在国际电子商务大会上，马云说出这段话时无疑带着一种由衷的感慨。

1995 年，马云毅然辞掉了大学英语教师的工作，选择下海，到 2004 年国际电子商务大会召开时，已经过去了 9 年，而马云这 9 年所走过的道路，用“永远充满激情”来概括再合适不过。

1999年，当马云返回杭州，以50万元人民币创建阿里巴巴时，正值中国互联网最疯狂的时候，新浪、搜狐、腾讯等互联网公司正风生水起，互联网也被人们称为“烧钱”的行业。作为其中一员，马云和他的追随者们也被认为是一群疯子。疯子就疯子，经历了几次创业磨炼的马云将阿里巴巴视作他到达光荣和梦想彼岸的理想之舟，他要做的就是充满激情地向前走，坚持走下去。

1999年2月21日，阿里巴巴第一次员工大会在马云的家中召开。马云手舞足蹈地发表激情演讲，用美好的梦想激励大家：在未来的三五年内，阿里巴巴一旦成为上市公司，他们每一个人所付出的所有努力都会得到回报。当时，有人问马云阿里巴巴的前景，马云说，以50万元人民币起步的阿里巴巴将来的市值将达到50亿美元。许多人都认为这是幻想，几乎无人相信。而如今，阿里巴巴的市值已高达5000亿美元。

马云说：“很多人比我们聪明，很多人比我们努力，为什么我们成功了？难道是我们拥有了财富，而别人没有？当然不是。一个重要的原因是我们坚持下来了。”

与其说马云是一个企业家，不如说他是一个造梦人，一个激情四射的创业者，一个伟大理想的布道者，一个辉煌梦想的鼓吹者。马云用活生生的事实证明了一个道理：人们只要拥有梦想、激情并不断努力，就有可能到达成功的彼岸。

因为激情会引发信念。一个人一旦对一件事有了激情并愿意去做，就会形成信念，不达目的不罢休，这将是成就事业的一个极大动力。

孙正义说：“我不是天才，关键在于有激情。当你有一股巨大的激情，而且工作重点非常明确时，你就可以变成专家了。你会不断地工作，因为你有激情，因为你找到了目标。你一旦有了工作重点，你就有了更深刻的了解，事情就变得很容易。”由此可见，激情对创业者来说是何等重要。其实，评价一个企业家能否成功，不在于他能跑多快，而在于他能跑多远。

明势：
顺势而为成大业

创业者要想创业成功，一定要明势，因势而谋、因势而动、顺势而为。

《孙子兵法》云：“势者，因利而制权也。”所谓“势”，就是根据有利的条件来控制战争的主动权。可见，战争制胜讲究“势”，需要顺势而为、乘势而上。其实，创业同样讲究“势”，同样需要顺势而为、乘势而上，为企业发展抢占先机。

势，就是指趋向，分“大势”“中势”“小势”。所谓“大势”，就是指国家的产业政策和时代的发展趋势。创业者一定要跟对形势，要研究政策，摸准国家发展政策方针。很多创业者不太注意这方面的工作，认为政策大多假、大、虚、空，没有意义，实则不然。在政策方面，国家鼓励发展什么，限制发展什么，这和创业的成败有很大关系。创业者如果选对了方向，在国家鼓励发展的领域努力，可能会事半功倍；如果选反了方向，比如，某个行业、某类型企业，国家正准备在政策层面对其进行限制或将其淘汰，创业者偏赶在这时懵懵懂懂一头撞进去，则一定会输得很惨。

“中势”指的就是市场机会。市场上现在时兴什么、流行什么，人们现在喜欢什么、不喜欢什么，可能就提示了可以创业的方向。

“小势”，就是个人的能力、性格、特长。创业者在选择创业项目时，一定要找那些适合自己能力、契合自己兴趣、可以发挥自己特长的项目，这样才有利于持续地全身心地投入。

小米公司就是顺势而为创业成功的典范。小米公司创始人雷军曾总结道："顺势而为，看起来不够有情怀，但这是成功的真谛！"

2010 年，雷军创办小米公司。小米手机上市后屡创销售奇迹，在短短 4 年里销售收入突破百亿美元，小米公司的估值高达 450 亿美元，成为全球商业史上的一个奇迹。

雷军认为，小米公司的成功主要是因为运气好，公司抓住了移动互联网时代的机遇，站在智能手机的"风口"，开创了全球首款互联网手机品牌。刚开始做小米手机时，他们计划第一年卖 30 万台，结果卖了 700 多万台。那时换机潮开始，每个人都希望用智能手机，买不起苹果手机的人就用小米了。第二年他们卖了 1870 万台，公司销售收入 300 多亿元，从而迅速崛起。2017 年，小米公司的销售收入突破 1000 亿元，并于 2018 年在港交所上市。

雷军告诉创业者："人生因梦想而伟大，创业一定要顺势而为！"在雷军看来，把握运气是一种能力。成功是靠 99% 的汗水加 1% 的灵感，但是那 1% 的灵感的重要性有时可能会超过 99% 的汗水的重要性。

古人说："不谋万世者，不足谋一时；不谋全局者，不足谋一域。"做任何事情，方向都是第一位的。方向正确与否，不仅决定创业成败，更关乎未来命运。顺势而为、乘势而上，就是要始终坚持正确的方向，跟着国家的政策走，不误时势、不违大势。只有这样，才能势为我用，才能成就大业。所以说，创业者一定要明势，要有大局意识和战略眼光，不要只是一味地"低头耕地"，还要不时地"抬头看天"，这样才能更好地找准前进的方向，这应该是一个创业者的基本素质。

毅力：守得云开见月明

创业，既是勇敢者的游戏，也是毅力的角逐。不同性格的创业者都会有成功的可能，但是成功的创业者都有一个共性：除了偏执，毅力也是一个不可或缺的品格。如果你不具备坚韧的毅力，就不要去创业。

马云告诫创业者："创业要有吃苦 20 年的准备，因为创业是一个艰辛的过程，创业者若没有吃苦的准备，肯定坚持不下去。"对创业者来说，创业的结果是无法预料的，但是在创业过程中遇到的各种困难却是必须面对的。

"老干妈"创始人陶华碧，贵州人，一个没上过学连自己名字都写不好的农村妇女，却凭借一罐"老干妈"辣椒酱成为中国公认的"女神"，并将中国品牌推向了世界。

陶华碧丈夫早逝，留下孤儿寡母。陶华碧从摆地摊做起，每天要担着 100 多斤的担子去卖米豆腐，因此落下了严重后遗症，直至今日仍膏药不断。她曾被公交车售票员推下车，为此她要走几十里路。但是，这个不屈的女人，愣是靠着惊人的毅力扛了下来。

陶华碧说："从年轻走到老，我觉得人生的路没有平平淡淡的。没有经过风吹雨打的人，无法成为企业家；只有经过风吹雨打、日晒雨淋的人，才有可能成为真正的企业家。”

创业者更像是一只能够忍耐与坚持的乌龟。我们看到有些创业者在短短几年时间里就把企业做大了，宛如一个气球突然被吹得很大，这个固然好，但是更多的企业经过很长的时间才能研制出一款符合市场需求的产品，或者达到一定的销售规模，最终获得成功。

富士康集团董事长郭台铭在接受我的采访时说：“我已经创业40年了，每天工作14个小时以上。创业前三年我每天睡在工厂，整天提心吊胆、如履薄冰。创业不是常人能做的事，要创业的你真的准备好了吗？”由此可见，要想成功，创业者没有吃苦耐劳的精神和坚韧的毅力是不行的。

创业非常艰辛，如果没有坚韧的毅力走不远。因此，创业者要有足够的耐心去坚持自己创业之初的理想，像龟兔赛跑中的乌龟那样，在屈辱中忍受嘲笑，在嘲笑中坚持前进，直到获得最后的胜利。

一切的磨难最终都将成为财富，诚如电影《肖申克救赎》说的那样：穿越绝望，夜空中那颗最亮的星星一定是你！

洞察力：
发现稍纵即逝的商机

敏锐的洞察力是创业者必备的素质之一。有敏锐洞察力的创业者往往善于把握创业机会。在组织目标的确立过程中，创业者的洞察力也起到关键作用。观察业界的发展动态，发现竞争突破点，树立独树一帜的组织风格，确立产品的拓展方向和服务范围，以及其他每一项改革和创新都是对创业者洞察力的检验。高瞻远瞩是我们对成功创业者的远见的赞许，也是对其敏锐洞察力的认可。

洞察力是指深入事物或问题的能力，从字面上来看，洞察是指对于山洞的观察，山洞除了洞口等小部分区域可以被阳光照射，其他地方越深入就越黑暗，所以在这样的情况下，观察者得有观察能力。洞察力是人们对个人认知、情感、行为的动机与相互关系的透彻分析。通俗地讲，洞察力就是透过现象看本质的能力。

换句话说，洞察力就是以批判的眼光，准确地观察并认知复杂多变的事物之间的相互关系的能力，它主要表现为“能够提出正确的问题”。提出正确的问题是创业者打开成功大门的钥匙，创业者能对环境的威胁与机会提出正确的问题，就能够制订相对正确的竞争战略。可以说，那些战略家具备的第一素质就是敏锐的洞察力。

从某种意义上讲，机会是一种“资源”，是由环境提供的一种资源。具有敏锐洞察力的创业者一般具有适应环境的能力。缺乏必要的洞察力往往会浪费大量的组织资源（包括机会），因为创业者无法抓住问题的根本，并且也不可能制订出适合的解决方案，其结果只有一个，那就是会丧失许多发展机遇。见微知著的洞察力能够帮助创业者抓住转瞬即逝的市场机会，而有效利用机会则可以起到“四两拨千斤”的效果，使得企业以较小的成本获得较大的收益。

因此，具有敏锐洞察力的创业者往往能够发现别人容易忽略甚至从没有发现的机会，并会鞭策组织保持它的优势地位。缺乏敏锐洞察力的创业者往往会把组织引向停滞、萧条而不是卓越，毕竟瞬间的粗心大意就有可能导致失败。

同时，有洞察力的创业者往往有能力迎接挑战、战胜各种困难。在观察问题时，他们不会只局限于某个细节，而是能从大局出发，在整体上做出判断，所以他们看到的都是“大图画”。比如，在他们的眼中，森林不只是由树木组成的，它还包括各种动物。

大多数成功的企业家都具有敏锐的洞察力，能够发现商机。今日头条创始人、CEO 张一鸣曾参与创建酷讯、九九房等多家互联网公司，历任酷讯技术委员会主席、九九房创始人兼 CEO。2012 年 3 月，张一鸣创建了北京字节跳动科技有限公司。2013 年，他先后入选《福布斯》“中国 30 位 30 岁以下的创业者”和《财富》“中国 40 位 40 岁以下的商业精英”名单，是目前国内互联网行业最受关注的青年领袖之一。

自 2003 年开始，经历了寒冬的互联网行业开始复苏。搜狐、新浪、网易三大门户网站利润额持续增长，在纳斯达克股市上的表现优异；阿里巴巴投资 1 亿元推出了个人交易网站——淘宝网，并创建独立的第三方支付平台——支付宝；以即时聊天起家的腾讯和以搜索为主要业务的百度也正式挂牌上市。

张一鸣嗅到了互联网行业大发展的气息。2005 年大学一毕业，他就组成 3 人团队，开发了一款面向企业的 IAM 协同办公系统软件，但产品的市场定位失误，导致了创业失败，当时协同办公系统软件在中国还没有发展起来。

这次创业失败的经历让张一鸣意识到，在互联网行业创业需要找到一个正确的方向。

中国互联网信息中心的统计数据显示，截至2012年年末，我国网民数量达到5.64亿人，其中用手机上网的网民比例快速增长至74.5%，达到4.2亿人的规模。

张一鸣察觉到移动互联网的发展趋势，“帮用户筛选其感兴趣且有价值的信息，这一过程的机会和意义都变得非常大”。为此，他辞去了九九房CEO的职务，开始了自己的第五次创业。他创业成立的这家公司有个很有趣的名字——字节跳动（Bytedance），顾名思义，公司产品和数据相关。公司开发出了名为“今日头条”的手机应用软件，成为国内增长最快的新闻客户端之一。

在张一鸣看来，移动互联网带来的信息爆炸使人们面对的选择越来越多，面对信息的超载，人们常常无所适从。在这种情况下，信息获取方式将不再是传统媒体采用的人工编辑模式，而需要更加智能和个性化的自动推荐，推荐引擎便开始展现其技术优势，发挥威力。“越是在移动互联网上，越是需要个性化的个人信息门户，我们就是为移动互联网而生的。”张一鸣说。

而“今日头条”正是一款基于数据挖掘的推荐引擎产品。首先，系统会采集海量的信息，然后通过数据挖掘，智能分析出每时每刻最热门、用户最关注的资讯；其次，推荐引擎会根据用户以前获取信息的情况，建立起个人用户模型；最后，系统将两者有机结合，智能地为用户推荐个性化的信息。有人将此形象地比喻为一千个人眼前会有一千个“今日头条”。

因此，“今日头条”没有编辑团队，不对内容进行人工干预，全靠机器算法和深度学习来进行个性化的机器推荐，也不对内容进行加工，只做内容分发。“今日头条”的核心竞争力和优势就在于机器分发，它基于大数据和算法进行个性化推荐，不仅是一个新闻客户端，还是一个信息分发平台，是一家具有媒体属性的科技公司。这家公司现在的团队约有400人，其中约50%的人负责技术和后台运营。团队成员中近90%的人都有在百度、腾讯等互联网公司工作的经验，约一半是张一鸣曾经的同事。

“今日头条”从上线到拥有1000万用户只用了90天。2012年7月“今日头条”获得SIG海纳亚洲等机构数百万美元的A轮投资；2013年9月获得DST等机构数千万美元的B轮投资；2014年6月3日确认获得1亿美元的C轮融资，由红杉资本领投，新浪微博跟投，此轮融资估值5亿美元。截至2015年4月底，“今日头条”已经在为约2.5亿个忠诚用户服务，日活跃用户超过2000万人。到2016年，“今日头条”营业收入近60亿元人民币，估值已经高达92.3亿美元，相当于600亿元人民币。张一鸣则入选“2016胡润80后富豪榜”。

因能够洞察到某种趋势与先机，洞察到一种潜在的用户需求，洞察到一个商业契机而走上创业之路的创业者，往往比较靠谱。因此，天使投资人最垂青具备洞察力的创业者。在天使投资实践中，能引起天使投资人的兴趣的是项目，但能让投资人最终做出投资决定的往往是创业者本身。

没有洞察力的创业者，进行市场分析和战略研究时，只会堆砌媒体文章和冗长的数据，很少能形成清晰的思路和自身的观点；有洞察力的创业者，善于从众多的信息与行业现象中，通过他自己的独特视角找到新发现，并基于这种新发现去整合和梳理资源而形成符合商业逻辑且合理的输出，进而成为一个产品或一项服务。

比如，全国汽车票务统一平台的创始人刘友常，本来是卖火车票的，因为洞察到全国各地分散的汽车站即将迎来信息化融合的趋势，从而发现汽车票务市场的商机，创办了我行我速电子商务公司，并获得天使投资；再比如，深圳时尚空间网络有限公司创始人杨臻，因为注意到了美发市场上只重视理发手艺和护发品，而缺少形象设计的现状，开发出了针对性较强的APP来帮助发型师提高其形象设计水平。与其说他们拥有多高的专业技术水平，不如说他们因为拥有超人一等的洞察力而征服了天使投资人，获得了多位知名投资人的投资。

今日的中国孕育着巨大的发展机会，为创业者发挥雄心和实现梦想提供了绝佳的舞台。任何有理想的企业家都不应当仅仅满足于亦步亦趋和“摸着石头过河”状态，也不应该仅仅着眼于一时一地之得失，而应该以全球化竞争的视野，在纷繁复杂中找到线索，在混沌不清中抓住先机。美国有句谚语：“如果你明确了目标，世界都会为你让路。”

比如，苹果公司从20世纪70年代起家后，在三年之内就进入了世界500强，这是空前绝后的奇迹。当时苹果公司依靠的是最早的个人计算机，比IBM的PC

还早，叫苹果 II 号。它的设计师叫史蒂夫·渥兹尼克，他的机器设计得非常好，但他本人缺乏远见卓识，也没有敏锐的洞察力，认为其所设计的计算机一年只能销售几百台。当时的企业家、苹果公司的另一位创始人史蒂夫·乔布斯，20 岁出头开始创业，他的看法则完全不一样，他认为苹果计算机将会带动一个巨大产业，一年可销售几十万台。事实果然如其所料，个人计算机成为一个大产业，而史蒂夫·乔布斯后来被里根总统称为“美国人心目中的英雄”。

由此可见，对未来市场拥有敏锐的洞察力是创业者应具备的极其重要的素质之一，创业者的境界会决定企业的前途和方向。培养企业家的远见、智慧与精神是这个时代提出的新课题。

分享：
分享是智慧也是格局

首先，创业公司的老板要舍得与员工分享，因为员工的生存需要、安全需要、尊重需要，大部分都是从老板这里得到满足的。员工出于感激，同时也因为担心失去眼前所拥有的一切，就会产生“自我实现的需要”。员工通过实现自我，为老板做更多的事，做更大的贡献，以此回报老板，这样就构成了一个团队的良性循环。

其次，分享不仅仅限于企业或团队内部，与外部的分享有时候也同样重要。分享不是慷慨，对创业者来说，分享是智慧也是格局。

所以，创业者一定要懂得通过与人分享利益来激励别人，使别人心甘情愿为自己效劳、与自己合作。一个不懂得与他人分享的创业者，不可能将事业做大。

任正非之所以能够把华为带到全球 500 强前百强的位置，是因为他在华为建立了一个利益分享机制，与员工共同分享公司发展成果。

华为是世界 500 强企业中唯一一个没有上市的企业。上市几乎是每一个企业的梦想，然而，华为创立 30 年来一直在回避资本市场的各种诱惑，拒绝上市，实行全员持股，与员工共同分享收益，这种全员持股制度开创了中国企业的先河。

作为华为公司的创始人、总裁，任正非放弃了企业收益分享的优先权，他自己仅持有公司 1% 左右的股份，其余股份由员工共同拥有。到 2017 年，华为的员工总数达到 18 万人，其中有近 9 万名员工持有公司股权。建立全员持股和利益分享机制，反映了任正非对员工利益的基本态度，体现了他对员工真正的尊重。

也正是由于任正非的胸怀和魄力，华为才能聚集一大批优秀人才，并通过发扬艰苦奋斗精神，造就华为今日的辉煌。任正非说："管理者一定要把最基本的东西想明白。第一，财富这个东西越散越多；第二，权力、名声都是你的追随者赋予你的，假使哪一天你的追随者抛弃你，你的权力、你的所谓成就感、你的所谓聚光灯下的那些形象，乃至于财富，都会烟消云散、灰飞烟灭。"

分享是企业家精神的体现，任正非一直以来都把"财聚人散，财散人聚"这句话作为自己的经营理念和准则，通过分享激发组织活力。华为的利益分享机制牢牢抓住了奋斗者的心，不仅体现了"以客户为中心，以奋斗者为本"的核心价值观，也为企业的不断发展奠定了坚实的人才基础。

当谈到华为的成功时，任正非说，华为有今日的成绩是十几万员工长期以客户为中心，通过艰苦奋斗取得的，他自己只不过是用利益分享的方式，将员工的才智黏合起来。

有舍才有得。"舍得"是任正非拥有大智慧的体现。他不仅创造了华为传奇，也形成了他独特的管理哲学。正如稻盛和夫所说的，人不论多么富有，多么有权势，当生命结束之时，所有的一切都只能留在这个世界，人生不是一场物质的盛宴，而是一次精神的修炼，使它在谢幕之时比开幕之初更为高尚！

自我反省：
认识错误才能走得更远

成功的创业者有一个共同之处，就是都非常善于学习，敢于进行自我反省、自我批评。

自我反省其实是一种学习能力。创业既然是一个不断摸索的过程，创业者就难免会不断地犯错误。自我反省，正是认识错误、改正错误的有效方式。对创业者来说，反省的过程就是学习的过程。

一个创业者遭遇挫折，陷入低谷期都是常有的事。曾子说：“吾日三省吾身。”对创业者来说，应该时时刻刻反省自己。唯有时刻保持清醒，方能获得成功。

1992 年 9 月 3 日，万通成立一周年纪念日，冯仑将这一天确立为万通“反省日”。他说：“一直以来，每年一到公司的周年纪念日，我们都要检讨自己。”

任正非也是一位具备自我反省精神的企业家，他创立华为 30 年来，始终坚持自我批判。可以说，进行自我批判是华为不断激发组织活力的重要武器。

任正非认为，世界上只有那些善于进行自我批判的公司才能存活下来，如果不坚持自我批判这个原则，华为绝对不会有今天。如果没有自我批判，华为就不会认真听取客户的需求，就不会密切关注并学习同行的优点，就会以自我为中心，很快就会被淘汰。所以，华为一直在坚持自我批判，并在自我否定中不断进步。

在华为，自我批判不是一句口号，而是一种制度和文化。华为的自我批判不是为了批判而批判，不是为了全面否定而批判，而是为了优化和建设而批判，目标是通过自我批判来提升公司的整体核心竞争力。因此，任正非一直运用自我批判的哲学工具来锻炼队伍，培养优秀人才，从而使华为这个庞大的组织能不断得到改造与优化。

目前，华为已经成为全球通信设备企业的领导者，但任正非却认为，今天的华为恰恰可能是最脆弱的时候，为什么呢？成功容易让人变得怠惰和自大，让组织变得盲目骄傲和故步自封。过去的成功不是未来成功的可靠向导，企业不能陶醉于过去的成功，不能迷信过去成功的经验，要敢于不断地批判自己。

任正非说："我们正处在 IT 业变化极快的时代，我们稍有迟疑，就会失之千里。如果故步自封、拒绝批评，就该不止千里了。我们是选择为了面子而走向失败、走向死亡，还是丢掉面子、丢掉错误，迎头赶上呢？要活下去，就必须超越。超越的必要条件是及时摒弃一切错误。摒弃一切错误，首先就要敢于自我批判。"任正非还告诫公司干部和员工："若我们自满自足，只要停滞不前三个月，就会被时代抛弃。"

在任正非看来，一个企业，如果总是背负成功与辉煌的包袱，那这个企业离灭亡也就不远了。所以，他坚持认为华为是一个没有历史的公司，要求华为的高管们始终保持空杯心态，走出疲惫和病态，重新激发活力，让企业走得更稳、更远。

华为之所以能快速成长，其实就是华为管理团队不断进行自我否定的结果。

总之，创业者必备的这八大素质中的每一项素质都很重要，不可偏废。无论创业者缺少哪一项素质，都会影响事业的发展。有些素质是天生的，但大多数素质可以通过后天的努力进行改善。如果你能够从现在做起，不断提高自己的素质，成功便指日可待。

Chapter 02

谋定而后动：
创业成功的第一步

古人云：“凡事预则立，不预则废。”因此，你在决定创业前，一定要未雨绸缪，做好充分准备，不仅要了解创业流程及注意事项，还要从自己的实际情况出发。创业前的准备工作包括思想准备、市场调查、撰写创业计划书等。创业前的准备工作做得越细、越充分，创业的成功率就会越高。打无准备之仗，注定是要失败的。

创业前需要做好的 11 项准备

创业是一件“九死一生”的事情，如果创业者在创业之前没有做好充分的准备，创业过程将会困难重重。因此，创业者在决定创业之前，一定要未雨绸缪，做好充分的准备。具体而言，创业前期需要做好的准备工作有以下 11 个方面。

一、充分了解自己

虽然任何时候都可以创业，但不是每个人都适合创业，而且只有极少数人能创业成功。因此，想创业的人首先要对照本书第 1 章的内容，看看自己是否具备创业者的八大素质，并进行综合评测，分析一下自己是不是当老板的那块料。比如，分析一下自己有什么专业特长、擅长什么行业、喜欢什么行业，因为只有具备某种专业特长并热爱某个行业，你才能够做好，才能克服创业过程中遇到的各种困难，坚持做下去。所以，了解自己非常重要。

创业者除了需要具备创业的条件，还要选择一个适合自己且具有市场前景的行业，从自己最熟悉的领域、最感兴趣的项目做起，只有这样才能提高创业成功率。

二、做好心理准备

创业之初，创业者不要奢望一定能稳赚不赔，就算有 99% 的把握，也要做好失败的心理准备。

创业不仅需要智力，同时也需要毅力。当你有了永不放弃的毅力，就能坚持到底，敢于面对困难和挫折，把解决问题当成一种乐趣，只有这样才能让你在创业过程中不被困难压倒，甚至越挫越勇。所以，心态很重要。

创业者应注重以下几个方面的心理状态。

（1）可以乐观，但不能盲目乐观。万丈高楼平地起，创业者想要白手起家，必然要克服重重阻力，在接二连三的打击之下还能保持乐观的心态，无疑十分重要。

然而，盲目的乐观并不提倡。创业者在一个方向上不断失败之后，不妨换一种思路，而不是“不撞南墙不回头”，一条路走到黑。

（2）敢于想象。人的潜力需要自我激励和自我暗示，一旦你认为自己做不到，就会给自己罗列出无数个做不到的借口。相反，如果从一开始你就坚信自己能够成功，那么在遇到困难时，往往会发挥出超乎自己想象的能力。

（3）需要固执，但不要顽固。在通往真理的路上的人，从来都是孤独的。在创业伊始，家人的不解、朋友的劝阻、外界的议论接踵而至，创业者切记不能被这些影响到自己的判断，要坚持自己内心的想法，然后努力去尝试，才有成功的可能。

当然，如果其他人的建议确实具有建设性，创业者也不妨酌情采纳。俗话说得好，“三个臭皮匠，赛过诸葛亮”，一个人的智慧终究是有限的。

（4）善于发现自己的弱点和别人的优点。有很多创业者在决定创业时想的都是自己怎么强，觉得自己有能力，一定会成功，从而往往过高估计自己，过于自信，而没有分析竞争对手的优势，没有正视自己的弱点。那些成功的商界领袖都非常善于发现自己的弱点和别人的优点。

也有一些创业者在经历挫败之后，因为情绪低落而进行自我否定。这时，创业者一定要善于发现自身的闪光点，鼓起勇气、从头再来。创业的失败并不等于人生的失败。

三、明确创业目的

创业者要明确自己为什么创业。通俗来说，就是你的愿景是什么？你想解决什么需求？想改善什么？希望实现什么样的目标？

青年创业者应该有情怀，明白创业的目的并不仅仅是赚钱，更是为梦想而奋斗。如果单纯以赚钱为目的而创业，往往走不远，那些著名的企业家，往往不是以赚钱为最终目的，而大多是为了实现创始人的一个梦想，它可以是一些简单而细微的事情，是一些对生活、对社会有益的活动，而赚钱只是在实现这个梦想的过程中顺带而为的事情。

四、了解市场和国家政策

创业者要想成功创业，首先要了解其即将进入的市场，这也是成功创业的方法之一。创业者要做好市场调研，调查了解产品或服务的市场需求、竞争对手情况、同类产品价格；弄清楚其所提供的产品、服务的优势和劣势，知己知彼，方能百战百胜。

同时，创业者还要充分了解国家的政策法规，看看创业项目是否符合国家的政策法规（是否在国家政策法规允许的范围之内），是否符合政府的扶持政策。目前，国家制定了很多支持创新创业的政策，符合条件的创业项目不仅可以享受银行贷款优惠政策，而且还可以适当减免税费，获得政策补贴。

湖北省政府就出台了创业收费减免的政策。高校毕业生从事个体经营时，自在工商部门首次注册登记之日起 3 年内，可免交管理类、登记类和证照类等有关行政事业性收费，还可以申请创业贷款。所以，了解国家政策是有必要的。

五、规划发展方向

方向决定成败。在你的公司还没有开始运营之前，你必须选择一个正确的发展方向，而且要把这份事业当作终身事业来做，把它做大做强。切记，千万不要盲目跟风。

创业初期，大多数人离开舒适区，投入到颠簸忙碌的创业浪潮中，就是希望通过创业改变自己的命运，希望自己将来可以功成名就，自由地支配时间和金钱。

但创业者过一段时间就会发现，创业并不像当初想的那么简单，三五年的“吃糠咽菜”是正常现象，想追求短期的利益，最终可能以失败而告终。

尤其是在创业方向上，很多创业者都没有经过理性的思考，而是看见市场上什么“热”就去做什么，也不做市场调研就盲目跟风，又或者是在一个项目还没稳定时就转向另一个项目，至于方向的选择，更没有经过认真思考。

如果说激情是创业的引擎，那么方向便是创业的罗盘。“只要选对了路，就不怕路有多远。”

六、判断商业模式

投资者都希望看到自己所投资的项目能够有一个好的商业模式。实际上，很多创业者并不知道真正的商业模式是什么，只知道自己拥有好的产品，正如很多企业家一样，成功之后才会对其商业模式进行总结。

商业模式包括狭义的商业模式和广义的商业模式。

狭义的商业模式，即企业的价值主张和成本结构之间的关系，说的是企业如何去赚钱；而广义的商业模式，可以概括为企业的经营方式，就是怎样能持续赚钱的问题。广义的商业模式包括价值主张、价值配备、核心能力、伙伴网络、成本结构、目标客户群、分销渠道、客户关系及收入模式等要素。这些要素的指标相对复杂，创业者在大多数情况下并不会考虑这么多问题，大部分创业者会简单地把商业模式等同于收入模式。

有时候，我们很难在短时间内判断一个商业模式是否具有可行性。很多创业者认为，他们有很好的商业模式，而且是可以实施的，而当投资人看到他们的商业计划书时，发现只不过是一个商业创意。创业者常常会把商业创意误认为是商业模式，但其实商业创意往往只是一个新思路，即能为潜在客户提供一种“前所未有”的价值。商业创意是基于市场运作层面的，可能还只是奇思妙想，但是其效果如何，企业能否从中持续获益具有不确定性。而商业模式则反映了该项业务为企业获取利润的能力及相关的设计。商业模式是企业战略的核心内容，它的创新也意味着整个企业的变革，也将为企业带来持续的盈利能力。因此，一个好的商业模式肯定是具有创意的，但没有经过设计的商业创意并不是商业模式。

一个商业模式是对一个组织如何行使其功能的描述，是对其主要业务活动的提纲挈领式的概括。它定义了公司的客户、产品和服务，还提供了有关公司如何组织，以及创收和盈利的信息。商业模式与（公司）战略一起，主导了公司的主要决策。商业模式还描述了公司的市场及业务流程。

大多数商业模式都要依赖于技术。一般来讲，服务业的商业模式比制造业的商业模式复杂。最古老也是最基本的商业模式之一就是“店铺模式”，即在具有潜在消费者群的地方开设店铺，销售其产品或提供服务。而互联网行业的创业者们发明了许多全新的商业模式，这些商业模式完全依赖于现有和新兴的技术。利用新技术，企业可以以最小的代价吸引到更多的消费者。

每一次商业模式的革新都能在一定时间内给企业带来一定的竞争优势。但是随着时间的改变，企业必须不断重新思考它的商业设计。企业成功与否，最终取决于它的商业设计是否满足了消费者的优先需求。

总之，一个可行、有投资价值的商业模式是创业者需要在商业计划书中强调的首要内容之一。事实上，没有商业模式，创业就只是一个梦想。

七、寻找合伙人

与合伙人合作有助于你成功创业，因为合伙人可以做你的参谋，帮你出谋划策，提出合理的意见或建议，同时还可以帮助解决你的资金、技术、管理问题，因此，合伙人的支持能让你的事业如虎添翼。

但必须指出的是，你所选择的合伙人，必须认同公司的经营理念和企业文化，并有共同的价值观，因为只有志同道合、值得信赖的创业合伙人，才能在创业路上朝夕相处、风雨同舟、齐心协力，共同应对创业过程中的各种挑战，成就一番事业。

八、撰写商业计划书

商业计划书就像图纸，可以展现创业蓝图。创业者撰写商业计划书，是为了更好地设计和实施商业步骤，是对未来的一种规划。所以，撰写一份好的商业计划书不容易，需要通过多方调研。如何写好商业计划书？将在本章中另行阐述。

九、拟定启动资金预算

创业者在创业初期总会遇到各种各样的问题，其中最核心的问题之一就是启动资金。创业需要多少钱？这些钱分别用来做什么？缺乏经验的创业者往往为此而烦恼不已。

启动资金包括固定资金与流动资金。创业者在拟定启动资金的预算时，一般都要从这两种资金入手，进行周密的测算。

固定资金预算一般包括以下几类。

（1）购置办公场地费用。企业经营需要适当的办公场地。办公场地采用建造、购买还是租赁的方式置办？不同的选择对资金的需求不同，创业者要根据实际情况分析利弊。

（2）购置设备费用。设备是指企业需要的生产设备、工具、工作设施、车辆及办公家具等。对于制造业和一些服务行业，最主要的投入之一往往就是购置设备的费用。因此，选择合适的设备及类型非常重要，即便是只需要少量设备的企业，也要进行周密的评估和测算。

（3）一次性费用。一次性费用包括但不限于开办费、装修费等。开办费还包括开业前的市场调查费、培训费、差旅费、印刷费及注册登记费等。

流动资金预算一般包括如下几项。

（1）购买原材料费用及储运费用。制造业生产产品需要原材料，服务业经营也需要一些材料；零售商、批发商需要采购和储存商品来销售。库存需求越大，企业所需要的流动资金就越多。库存需要占用资金，因此，企业应该将库存降到最低限度。

（2）促销费用。企业开张，需要促销自己的产品或服务，而促销活动需要流动资金。

（3）人力成本。如果要招聘员工，还需定期（一般按月）支付员工工资和“五险一金”等。

（4）房租。如果办公场地是通过租赁方式获得的，创业者还需要定期按合同支付房租。房租一般需要按季、按年提前支付，因此会占用更多的流动资金。

（5）其他费用。在企业起步阶段，创业者还要支付一些其他费用，如设计费、水电费、办公用品费、交通费及保险费等。

十、筹集创业资金

无论多大的企业，只要是做生意，就会始终面临资金不足的问题。对于普通创业者来说，更是时刻面临着这一问题。

资金往往是创业时需要考虑的首要问题，但并不是每个想创业的人都有足够的自有创业资金，因此，筹措资金的渠道十分重要。

一般来说，创业者可以使用三种方式筹措资金：入股、政府创业扶持资金、金融机构贷款。其中，在和其他人一起合伙“入股”创业的情况下，创业者的资金压力最小；而政府所提供的创业借贷方案，如“小额担保创业贷款”的低利息优惠政策也是创业者创业时可以充分利用的。另外，许多银行都为创业者提供与创业相关的贷款方案，创业者可以根据自身需求选择最适合的创业贷款方案。

申请相关项目支持的注意事项有以下几点。

第一，做好申请前的准备工作。一是创业者要详细分析本企业拥有的核心技术、产品、市场等方面的优、劣势和发展潜力，分析企业的财务发展状况，充分展示企业内在价值。二是创业者要注重展示企业的“软实力”，如专利、商标、著作权，产品测试和鉴定报告，科技成果鉴定报告，企业信用等级，重信誉、守合同评比情况，以及高新技术项目（企业）或软件企业认定证书等。

第二，高度重视申报材料的编写。申报材料内容一般包括项目可行性报告、申报单位基本情况和相关附件，每一部分都要求创业者精心准备。

十一、规划管理团队

公司管理团队的职业素养的高低决定创业成败。创业时创业者必须提前规划好管理团队，对董事长、总经理（CEO）、财务总监等核心管理人员的安排更应格外慎重。适合的人做适合的事，初创公司的管理团队人数不宜过多，要少而精；团队的管理要扁平化，越简单越好。

总之，有准备的创业是创业成功的重要基础，也是创业者必须做好的功课。创业之前的准备做得越充分，创业成功的概率就越高。

市场调查是创业成功的第一步

创业者在创业时需要先做市场调查，仔细研究创业项目的可行性。如果创业者不了解市场的需求状况，就很容易走弯路。很多人创业失败就是因为没有做市场调查或市场调查不充分。由此可见，创业前的市场调查必不可少，市场调查是创业成功的第一步。

一、市场调查的主要内容

1. 市场需求调查

如果你要生产或经销某一种产品，应对该产品的市场需求量进行调查，也就是说，通过市场调查，对产品进行市场定位。比如，你经销某种家用电器，你应调查市场对这种电器的需求量，有无相同或相类似的产品，市场占有率是多少等问题。再比如，你想提供一项专业的家庭服务项目，你应调查居民对该项服务的了解和需求程度，比如，需求量有多大，有无其他人或公司提供相同的服务，市场占有率是多少。

市场需求调查的另一项重要内容是市场需求趋势调查。创业者要了解市场对某种产品或服务项目的长期需求态势，即应了解该产品或服务项目是不是能逐渐被人们认同和接受，其需求前景是否广阔。创业者还应了解该产品或服务项目在技术和经营等方面的发展趋势等。

2. 客户情况调查

客户情况调查包括两个方面的内容：一是客户需求调查。例如，创业者要调查某种产品（或服务项目）的客户群及他们的需求。

二是客户的分类调查。创业者要重点了解客户的数量、特点及分布，明确目标客户群，掌握他们的详细资料。如果客户是某类企业（单位），创业者应了解这些机构的基本状况，如进货渠道、采购管理模式，联系电话、办公地址，业务负责人的具体情况和授权范围，对某种产品或服务项目的需求程度，购买习惯和特征，等等。如果客户是个人，创业者应了解消费群体种类，即目标客户的大致年龄范围、性别、消费特点、消费能力，对某种产品或服务项目的需求程度，购买动机、购买心理及使用习惯等。

3. 竞争对手调查

在开放的市场经济条件下，做独家生意是不太现实的，在你创业前，也许已有人做相同或类似的业务，他们就是你的竞争对手。也许你想开展的业务是全新的，有独到之处，在你刚开始经营的时候，并没有竞争对手，但一旦你的生意开始兴旺，马上就会有许多人开始学习你的业务，竞相加入你的竞争行列，这些人会是你的潜在竞争对手。“知己知彼，方能百战不殆”，创业者要了解竞争对手的情况，包括竞争对手的数量与规模，分布与构成，竞争对手的优劣势及营销策略，做到心中有数，才能在激烈的市场竞争中占据有利位置，同时还应有的放矢地采取一些竞争策略，做到人无我有、人有我优、人优我更优。

4. 市场销售策略调查

创业者要重点调查了解目前市场上经营某种产品或开展某种服务项目的销售策略和销售手段，如销售渠道、销售环节、最短进货距离、广告宣传方式、价格策略、促销手段，等等。创业者要调查这些销售策略是否有效，或者有哪些不足，从而为自己决策提供依据。

二、市场调查方法

企业做生意时面对的是两个群体，客户和竞争对手。我们需要通过一定的观察分析，挖掘出客户需求，并想办法满足客户需求，但这还不够，生意能不能做成不仅取决于你是否满足了客户需求，如果竞争对手的产品、服务比你的更好，你就会失去优势。因此，你需要比竞争对手更好地满足客户需求。

基于上述原因，我们的调查要从两方面入手：客户需求和竞争对手对客户需求的满足情况。

一般来讲，客户需求是主要调查内容，竞争对手对客户需求的满足情况可作为辅助调查内容。

客户需求如何获取？

1. 日常行为观察

例如，有个小伙子，刚来北京的时候在蔬菜批发市场做装卸工，这份工作很辛苦而且挣不到什么钱，他就一心想自己找点事干。他有次下班坐公交车回家时，发现一个细节：有位女白领提着一兜子菜回家。

之后他在女白领所住的高档小区附近一连观察了几天，发现这个小区周围虽然有菜市场，但是一般在下午 6 点就关门了，而下午 6 点是北京大多数人的下班时间。

根据女白领的行为，小伙子得出一个结论：对白领这个群体而言，下班后在菜市场很难买到菜，因为多数市场已经关门了。

可是这位女白领为什么不点外卖，要自己带菜回家呢？小伙子通过和女白领交谈得出这样的结论：这位女白领认为外卖不够卫生且营养不够，自己做饭吃得更放心。

他随后又采访了几位小区业主，发现高档小区的居民都比较追求生活品质和饮食健康。

因此，经过调查，可以看出高档小区居民存在买菜的需求且这门生意的竞争对手——菜市场、外卖都不能较好满足这一需求。

于是，小伙子抓住这个市场空当，在附近开了一家生鲜店，提供蔬果生鲜配送上门服务，并且他提供的蔬果都经过处理，相当于是半成品，简单处理后就可以直接烹饪，十分方便。之后，他把生意拓展到了类似的高档小区附近，在北京一连开了十几家连锁店，生意做得风生水起。

2. 特殊行为观察

特殊行为观察在发现市场需求的过程中占据着重要的位置。比如，淘宝上卖电脑护目镜的商家有上万家，大家都主打防辐射功能，竞争十分激烈，有位店主在很偶然的情况下，发现了一个小小的特殊行为，这个发现让他的店铺在一个月内销量猛增 40 倍。

他观察到自己的儿子在玩游戏的时候，特别反感被打断，妻子叫儿子吃饭的时候，儿子几乎呈暴怒状态。儿子的这个行为给了他一个启示：玩游戏的人特别反感被外部因素干扰，打断自己玩游戏。

那么除了被老妈喊去吃饭，还有什么因素会打断游戏呢？显然，长时间对着电脑，眼睛会感觉不适，于是他迅速调整自己卖护目镜的策略，不再针对白领，而是针对玩游戏人群。

当别人都在讲防辐射、保护眼睛的时候，这家店凭借“一连玩五个小时 LOL，眼睛不干涩”的宣传策略，大获成功。

无论是通过实际走访观察，还是通过自己的经历回忆、小组人员讨论，你都可以问一句：在某个区域、某个场景下，消费者有什么特殊行为？或许这些特殊行为背后存在着一座座金矿等待我们去挖掘。

总而言之，创业者通过市场调查可以发现原来的创业设想中不合理的部分，并及时进行纠正。很多创业者认为花费时间做市场调查会消磨自己的创业热情，其实做市场调查也是创业的重要内容，如果创业者对市场需求都不了解，只能是闭门造车，极易失败。由此可见，创业前的市场调查必不可少，市场调查不仅可以为确立创业方向提供重要的决策依据，还可以洞察商机。

创业前必须弄清楚的几个问题

有创业的雄心是好事，但先别操之过急，当你打算创业时，你必须先评估一下：你是否适合创业？你的商业计划是否切实可行？创业者不妨先根据一些成功创业者总结的经验，做个自我评估，做到心中有数。

实际上，创业之前的思考是非常必要的，你对自己的目标有没有系统的思考？有没有将其和自己的人生规划结合起来？你有没有问过自己：你为什么要创业？你是否有足够的决心？你想要完成什么样的目标？你做了哪些准备？等等。这些系统的思考会让你重新审视自己关于创业的预期。因此，建议所有准备创业的朋友在创业之前问一问自己以下的几个问题。

第一个问题：你为什么要创业

每一个创业者在创业之前都必须明白自己为什么要创业，我曾问过很多想要创业的朋友：为什么要创业？有人说看到了一个发财的机会；还有人说不想给别人打一辈子的工，要自己当老板，赚大钱！

无论是谁，在决定创业方向之前，最重要的是看自己是否适合创业，不要盲目跟风创业，请务必先思考一下：你为什么要创业？你的短期目标和中期目标是什么？不论你出于什么原因创业，目标又是什么，一定要写出来，而且要非常精确，如打算在 3 个月内完成产品或在半年内实现每月 30 万元的营业收入；不要只凭设想，毕竟设想比较模糊，当你“写”下了目标，你的生活重心、思考方式、花钱的方式等，都会围绕着这个目标。这就像很多人总是在说“我想要很有钱”，但一直都没有富有起来，因为他们光说不做，而且也没有一个明确的目标，于是都停留在设想阶段。

之所以要提这个问题，是因为大多数人把创业看得太简单了，似乎创业成功是唾手可得的事情。事实上，创业是很艰难的，并非人人都适合创业，只有极少数人能成功创业。

创业其实是一件艰苦复杂而且十分具有技术含量的事情，尤其是在市场竞争十分激烈而市场环境又不大成熟的情况下，企业能够生存并持续发展不是一件容易的事情。很多人认为创业需要激情，需要坚持！但请问：你的激情从哪里来？你凭什么坚持？你又怎么知道什么该坚持，什么不该坚持？

在艰难的创业路上，你如果从一开始就没有弄清楚为什么要创业，将很难坚持下来。因为你在创业过程中会遇到很多从来没有遇到过，甚至连想都想不到的不确定性的风险，这也是很多创业型企业“短命”的主要原因。谁都想要坚持，谁都知道坚持就是胜利，但请你告诉我：你凭什么坚持？如果你还没有想清楚为什么要创业，那么请你三思，最好离创业远一点。

第二个问题：你的商业模式是什么

许多创业者都没有搞清楚商业模式这个概念。很多人会说，商业模式不就是怎么赚钱吗？错！怎么赚钱——专业名称叫“盈利模式”，它只是商业模式的环节之一。哈佛商学院教授克莱顿·克里斯滕森对商业模式有一个经典的定义——商业模式就是如何创造和传递客户价值和公司价值的系统。商业模式是一个关于价值的系统。

一个商业模式主要包括四个要素：客户价值主张、盈利模式、关键资源和关键流程。如果创业者要判断一个创业项目是否靠谱，可以问自己以下四个问题：

第一，你能给哪些特定客户带来什么价值？第二，你有什么资源和能力为客户创造价值？第三，你的盈利模式（收入结构和成本结构）如何？第四，你如何持续地为客户和公司创造价值？

如果我们拿这四个问题去问创业者，会发现大多数创业者都回答不上来。那些喝多了“励志鸡汤”的创业者最喜欢讲关于平台的故事：“我想开发一个能迅速吸引几千万个用户的平台，就像腾讯和阿里巴巴一样……回报自然不是一个问题，赶快投我几百万元吧……”但现在的投资者已经不好“忽悠”了，他们更相信数据而非模式，即便是模式也需要非常精准的数据分析来支持。

你的目标客户是谁？你能满足他们的何种需求？对于创业企业而言，这两个问题想得越清楚越好，而且需要用事实和数据去验证。许多创业项目的客户需求都是创业者自己臆想出来的，并非真实存在，这样的创业项目基本上必死无疑，即便侥幸拿到了投资，也是“烧完”即止。

技术型创业公司最容易陷入这种误区。这类创业公司的创建者往往以一个很酷的技术为傲，以为有了好的技术，市场需求便会随之而来。其实，市场需求和技术优势是两回事，很多领先的技术无法转换成产品，即便转换成功了，其市场规模也很小。以现在非常流行的3D打印技术为例，这个技术已经发展了30年，其全球一年的市场规模才50亿美元左右，但在这个领域创业的公司已经多如牛毛。

即便是创业者有了清晰的客户价值主张，如果没有足够的资源和能力，创意也无法变成现实。这里的资源主要是指“硬”资源，包括资金实力、市场渠道和核心技术等；能力则偏“软”一点，包括核心团队、企业文化和治理结构等组织能力。创业公司的资源和能力普遍不足，因此，创业者在创业初期一定要采取聚焦战略，谋求单点突破，然后不断复制优势，寻求面的突破。

还有一点是很容易被创业者忽视的。他们往往把人脉关系当作关键资源，却高估了人脉的力量，疏于对产品和服务的打造，也没有建立起组织的竞争能力。因此，制度和流程建设，是大多数创业者的短板，他们往往迷信于创业者的个人能力，而忽视了制度和流程方面的建设。这样的短板往往会导致这些企业熬不过初创期，即便是熬过去了也“长”不大。

第三个问题：你是否真正了解所从事的行业和竞争对手

许多行业都要求选用具备行业经验的人，并且要求其对行业内的方方面面有所了解。否则，企业就得花费更多时间和精力去调查诸如价格、销售、管理费用、行业标准及竞争优势等方面的情况。你的客户在哪里？你的竞争对手在哪里？你的投资人在哪里？这些你都考虑过吗？在新经济时代，尤其是在中国，创业成功的机会越来越多，但竞争也越来越激烈，你必须以更好的产品和服务来开发市场，要让客户与投资人体验到价格之外的不可替代的价值。

“知己知彼，百战不殆。”在创业之前，你必须先摸清主要竞争对手的情况，再来制订你的经营策略和竞争措施。同时，你还要充分了解你所从事的这个行业的产业价值。选择一个自己喜欢的行业或项目作为事业的起点，将会让你事半功倍。

第四个问题：你所选定的行业的前景如何

你一定要选择你有经验的和你所喜爱的行业，但同时必须注意：你所选择的行业本身必须有发展前途，前景可观。如果你所选择的行业的前景不佳，你就需要重新评估。在前景不佳的行业里，你很难成功。

即使是你所熟悉的行业，你是否对其有独到见地？你是否发现了别人尚未发现的商机？这对你的成功十分重要。

第五个问题：如何找对合伙人，组建创业团队

在确定创业方向之后，选择合伙人和员工是极其重要的事情。除了不停地学习，创始人还需要心胸、魄力，同时找到真正能助自己一臂之力的高手。作为初

创公司的老板，自己应该先将公司带到一定规模，再寻求转化或转型。建立与合伙人之间的信任真的不是一件容易的事，需要靠情感的堆叠与时间的累积。只有和格局大的人有共识，才能真正说明你有格局。

很多刚刚开始创业的人在组建团队时，认为只有把顶尖的人才都聚集起来才是一个好的创业团队，因此，很多创业团队喜欢到大公司里挖高手，但是大公司的“高手”往往存在眼高手低、执行力不足等问题，因为没有足够强大的团队与资源，其发挥作用的空间会打折扣。事实上，最初的创业团队只要实用和适用就好。

对于刚刚开始创业的人来说，一定要找一个团结的、能打硬仗的、适合自己的团队，团队里的人不一定都很强，但只要能凝聚起来，齐心协力，就是一个非常好的团队。

第六个问题：你有没有经营能力

经营能力非常重要，如果你具备非常出色的经营能力，自然会找到投资人，因为很多投资人每天都在寻找好项目。

很多年轻人在创业时，过多强调资金的影响力。其实不然，在创业中，资金固然很重要，但最重要的是创业者自身的经营能力，特别是业务能力。如果资金是决定性因素，那么，假设我给你投资 1000 万元，你能确保赚钱吗？我想，恐怕很多人都不敢保证。所以资金不是决定性因素。

相反，在创业初期，创业者个人的能力非常重要。事无巨细，都要自己亲自动手，所以创业不是一件轻松的事情。在创业者的个人能力中，业务开发、客户开发、综合应变等能力十分重要。很多创业成功者都是做业务出身的。有了客户和订单，其他事情就容易多了。

对于创业者而言，不断打造自己的经营能力至关重要，而从一线业务开始锻炼是一个好办法。当能力和经验兼具时，创业机会自然很多，特别在是目前这个靠能力生存的时代，经营能力更是重中之重。

第七个问题：你是否有足够的决心

在创业前，创业者不能过于乐观，对困难、挫折一定要有充分的心理准备，否则，当出现状况时，创业者的信心会被动摇。

自己准备付出多少时间和金钱？在困难面前自己能坚持多久？这些问题能够测试创业者的创业决心。

此外，有一部分创业者刚尝到一点甜头就沾沾自喜，不再继续努力，开始享受。这是放弃创业的一种表现。青年创业者更不应该如此，毕竟创业是为了实现更加美好的未来，所以更要下定决心，持之以恒。

总之，创业不是规避就业压力，而是人生的一次主动选择，每个创业者都要有足够的决心来应对风险。

选择独自创业还是合伙创业

在创业之前，创业者一定要想好：选择独自创业还是合伙创业?

二者各有利弊，关键是创业者要注意扬长避短，处理好一些关系。下面让我们来分析一下独自创业和合伙创业的缺点和优点，创业者可以结合自己的实际情况，做出选择。

一、独自创业的缺点

1. 如果决策做得太多，你会疲惫

每一个或大或小的决策，都会消耗一些脑力。如果需要做的决策太多，尤其是当所有的重大决策都只能依靠一个人的时候，会让人筋疲力尽。

若合伙创业，合伙人都参与经营管理，分工明确，大家操的心、做的事情相对会少些，每个人也就相对轻松些。

2. 承担所有决策的后果

在独自创业的情况下，你需要独自一人承担所有的压力，且这种压力会变得越来越沉重。每一天，你都会怀疑自己是否做出了正确的决定，这是一个很大的心理负担。

而且一旦出现亏损，只有你一人来承担投资风险。如果由两三个人合伙投资，一旦亏损了，大家各自承担一定的亏损份额，这样对个人或家庭来说都相对容易承受。

3. 很难从多个角度看待问题

大多数人都有自己擅长之处。以小王为例，对他来说，他擅长的是研发产品。在考虑任何事情时，小王都是先关注产品，将产品放在第一位。这种思维方式有时效果很好，但有时效果没那么好。因为在有些情况下，如果他更专注销售，问题会得到更好的解决。

所以，当你能够与不同专业、擅长不同领域的联合创始人合作时，你就可以从多个角度看待问题，从而相对容易做出一个更加全面、客观的判断。

4. 独自创业很孤独，势单力薄

在独自创业时，你会花大量的时间独自思考，处于多虑的状态，需要不断分析、处理每一件小事，除此之外别无他法。

因此，独自创业的人往往会感到势单力薄，而合伙创业往往能产生“1+1 大于 2”的效应，所谓“众人拾柴火焰高”。

5. 很容易做出错误的决策

在独自创业时，作为创始人，你一不小心就会沉迷于一个糟糕的想法，并且会将这种想法付诸实践，毕竟没有其他合伙人会提醒你那是一个非常愚蠢的想法。因此，你会分心于那些对公司完全无益的事情，并且在很多时候这些事情不仅无益，甚至有害。

二、独自创业的优点

1. 决策速度快

在独自创业时，创始人做决策不需要咨询他人的意见，可以更加快速地做出决定，并快速付诸实践。

2. 避免钩心斗角现象

在实践中，有无数关于合伙人之间产生矛盾甚至反目的故事。

同时，合伙人很可能会反对那些对公司长期发展有利的决策，追求眼前的利益。很多时候，分歧的结果是不欢而散，使创业公司陷入危机之中。

3. 方向更清晰

作为独立创始人，你就是公司的掌舵人。如果你清楚公司的前进方向，那么每个团队成员的职责也会更加清晰。当公司的发展方向不清晰时，团队成员也很难知道自己应该专注于哪些事情。

4. 收益独享

当你独自创业时，公司的利润归你一个人所有，不存在利润分配问题。合伙创业就意味着要拿出其中的一部分利润给合伙人，而利润的分配就会涉及一个中国人特别敏感的“公平”问题。因为这个“公平”的问题而闹得关系破裂，甚至合伙人反目成仇的事例不少。

我想，这是很多人不愿意合伙创业的主要原因。毕竟合伙创业的目的是希望通过这种方式来获得比独自创业更高的收益。但假如你觉得合伙创业后，你所获得的收益反而没有独自创业时多，你还会不会愿意继续合伙下去呢？其实，人一向都不太喜欢吃亏，一向都不太喜欢用感恩的心去看待对方。所以，每当分配工作时，人们都习惯说：“凭什么要我辛苦地外出干活，而你却可以舒服地坐在办公室里？”“产品都是我研发出来的，凭什么要与你一起分享？”“凭什么我干得多，而你却拿得多？”这些都是合伙创业的弊端。

当合伙创业的弊端出现时，创始人和合伙人就不得不为了消除这些弊端而费尽心血。当你天天被这类纠缠不清的问题搞得头昏脑涨时，你就会感觉到：你的90%的精力浪费在了钩心斗角上。我敢断定，当这样的情况持续一段时间后，你就会因此而感到万分的气愤与烦恼。在这种情况下，多数人肯定会觉得合伙创业还不如独自创业，肯定会选择退出。

所以，合伙创业的优势在于能够通过合伙来增强整体的实力，并获取更高的收益；而合伙创业的弊端也恰恰在于可能会因为合伙而引发内部矛盾，以及为解决这些内部矛盾而需要耗费巨大的心血与精力，甚至可能会因为这些内部矛盾而导致各自利益受损。

选择独自创业还是合伙创业？我想这是每一个创业者在做出创业决定后首先会遇到的问题。

我们不能武断地说哪种创业方式好，这要取决于创业者的实际情况。有些行业要求必须采用合伙形式，由不得你是否愿意与人合伙，除非你不从事这一行。比如，在创办律师事务所、会计师事务所时，如果没有合伙人，你很难开展业务；对资金、技术依赖性强的行业也不适合独自创业。因此，是否选择合伙方式和创业者及要进入的行业有很大关系，一些行业的创业者必须要有合作精神，要建立起合作的团队。徐小平曾表示："我投资时投的是人，我不会把钱投到一个单打独斗的创业者身上。"

当然，凡事有利有弊，只要方法得当，就能趋利避害。所以，我建议创业者在实践中要根据自己的实际情况进行分析、选择。如果你是个全能型"选手"，有资金、懂技术，懂经营、善管理，还是选择独自创业比较好；如果你想干大事而且创建的是技术型企业，时常需要做出无数个决定去抓住那些转瞬即逝的机会，要从零开始，创造出更好的产品，那么你一个人创业就会很艰难，最好还是选择合伙创业。因为，一个人的能力毕竟有限，要想成就大事，必须与人合作，聚众人之智，这样成功率就会大大增加。

从总体来看，近几年选择以合伙人方式创业的成功率还是较高的，尤其是在高科技和互联网行业，合伙创业比独自创业的成功率高，而且大多数公司都已成功上市。我曾对 100 家知名的创业型科技公司进行调查，调查结果显示：采取合伙人制的公司占 51%，而且有 28 家公司已上市，其融资和上市的比例均高于独自创业公司。当然，也有不少人通过"单干"闯出了一片天地，干出了一番大事业。

商业计划书必不可少

创业必须有计划，对于创业者来说，确立明晰的经营目标特别重要。很多人认为，创业一旦启动，就很难按照当初制订的经营计划去运行，商业计划书中的步骤和时限对于创业过程中的实际操作没有多大意义。这种看法是完全错误的。商业计划书不仅仅是一份书面作品，创业者在制订商业计划书的时候，也不能只是为了做而做。商业计划书是创业启动后企业能够向既定的方向发展的指南。

一、为什么要写好商业计划书

创业者要确立目标，这个目标越详细越好。在此目标指导下，创业者要分析自己所经营的业务，比如，每笔业务如何实现盈利，每个月平均多少盈利才能达到目标等，明确了这些，再确立经营步骤和时限。也就是说，一份商业计划书应该说明企业要尽力完成什么样的目标，以及应该怎样达到这个目标。企业追求的目标和完成目标所用的方法之间的联系越密切，可行性也就越高。商业计划书的最终目的是让自己更清晰地理解每前进一步的最佳方式。

在明确了目的后，再去落实商业计划时，创业者还需要收集很多相关的信息，比如产品价格、宣传方式、潜在客户、竞争对手，以及资金如何使用等，这些都是商业计划书要解决的问题。带着这些问题去收集信息，这些信息对于创业者而言非常宝贵。

上文提到，商业计划书不只是一份书面作品，还是一份“活”的指导性文件。在启动创业后，你不大可能预知企业具体的发展情况，因此这份“活”文件可能会经常发生变化。正因为如此，创业者在制订商业计划书的时候，必须有所节制，没有必要花几个月时间去跑图书馆、市场，然后编制冗长的计划书。

事实证明，最好的办法是创业者关注自己已知的、比较真实的信息，这些真实的关键信息，对创业者有帮助；一旦创业启动后，创业者再根据经营情况，不断修正和完善商业计划，使商业计划更科学、合理。

二、商业计划书的作用

商业计划书在创业中的作用主要体现在以下几个方面。

1. 指导作用

商业计划书是创业全过程的纲领性文件，也是关于创业实践的战略设计和现实指导。因此，商业计划书对于创业实践具有非常重要的指导作用。

2. 吸引人才作用

商业计划书在吸引人才方面的作用很广泛，主要表现在：吸引创业人才加入，吸引新股东加盟，吸引对创业项目感兴趣的单位的关注并获得其支持。

3. 整合作用

整合作用是商业计划书最重要的作用之一。在创业过程中，各类生产要素分散，各种信息凌乱，各种工作互不衔接。创业者通过编写商业计划书，梳理思路，进行调研，完善信息，找到各环节之间的衔接点，最终把各种资源有序整合和调动起来，进而形成一种增量资源，只有这样，创业才有可能取得明显的经济效益。

4. 融资作用

风险投资人判断一个项目往往是从商业计划书开始的，一份内容、形式均佳的商业计划书有助于创业融资。

三、商业计划书的内容设计

一般来说，商业计划书包括三大部分内容。第一，事业本体的部分，即事业的主要内容。第二，财务数据，如营业额、成本、利润及资金需要量等。第三，补充文件，如专利证明、专业的资质或证书，或者是意向书、推荐函等。

通常一本商业计划书以一页左右的摘要开篇，接下来便是商业计划书的具体章节，一般分成 10 章。

第 1 章：事业描述

计划书必须描述你所要进入的是什么行业，销售什么产品（或服务），谁是主要的客户，所属产业处于萌芽、成长、成熟还是衰退阶段，企业是独资、合伙还是其他形式，企业打算何时开业，营业时间有多长等信息。

第 2 章：产品 / 服务介绍

计划书要介绍你的产品 / 服务，例如，你的产品特色，与竞争者的差异，满足了客户哪些需求等。

第 3 章：界定目标市场

市场分析是计划书中必不可少的内容，创业者需要分析市场规模、结构并明确目标市场。比如，目标客户是既有的市场、既有的客户，还是在新的市场开发新客户。同时，创业者要对不同的市场、不同的客户采取不同的营销方式。创业者应在确定目标市场之后，再决定产品的上市、促销、定价策略等，并且做好预算。

第 4 章：地点选择

地点的选择可能对一般公司影响不大，但是在开店的情况下，店面的地点选择就很重要，计划书需要重点分析选址的优势和劣势。

第 5 章：竞争分析

竞争分析主要考察行业是否存在垄断，主要竞争对手的情况（公司实力、产品情况），潜在竞争对手的市场前景，公司产品的竞争优势等。竞争分析可以从五个方向去做：谁是最接近的五大竞争者；他们的业务如何；他们与本业务相似的程度；从他们那里能学到什么；如何做得比他们好。

第 6 章：管理模式

绝大多数中小企业的失败源自管理的缺失，而管理也恰恰是计划书中的重要内容，包括公司的组织结构、管理制度、股权分配、认股计划等内容。

第 7 章：人事计划

创业者在计划书中要列出企业现在、半年内、未来三年的人事需求，并且考虑需要引进哪些专业技术人才，如何确立企业的培训制度、考核机制、薪资和福利方案等。

第 8 章：财务需求与运用

创业者在计划书中要规划融资款项的运用、营运资金的周转等，并预测未来三年的损益表、资产负债表和现金流量表。

第 9 章：风险分析

并不是有竞争者才有风险，其实风险来源很多，包括资源风险、研发风险、政策风险、财务风险、市场不确定性风险等，创业者在计划书中应将各种风险纳入考虑范围，并提出应对策略。

第 10 章：成长与发展

企业下一步的规划及三年后预计要实现的目标，也是创业计划书需要提及的内容。企业是要持续经营的，所以创业者在规划时要能够做到多元化和全球化。

在创业计划书写完之后，创业者最好再对计划书检查一遍，看一下该计划书是否能准确回答投资人的疑问，争取投资人对本企业的关注。

四、商业计划书三大评价标准

商业计划书的质量会直接影响创业发起人寻找合作伙伴、融资及获得其他政策的支持。一份好的商业计划书可以让投资人在极短的时间内理解你的创业计划的精髓，为你成功开辟创业之路。

很多风投机构都曾表示，虽然每月都能收到不少商业计划书，但真正能让他们做出投资决定的商业计划书少之又少。这正是由于很多商业计划书都或多或少缺乏一些投资人需要的基本要素。下文分析了影响投资人对商业计划书打分的三大标准。

1. 市场状况分析是否透彻

创业者不要只说创意，而是要具体阐明这个市场的现状，比如，是否已经有人在做类似产品，行业的空白点在哪儿？

2. 企业优势是否突出

你和你的团队能做什么？你有什么优势？怎样将这个行业的机会变成你和你团队的机会？

3. 资金运作规划是否合理

如果你要融资 1000 万元，一定要描述你要用这笔钱做什么，并且应该将计划细化到 12 ~ 18 个月，因为早期的融资金额通常足够你用 12 ~ 18 个月去验证你的基本商业理念和商业计划。

很多人意识到了自己计划书中的问题，甚至也曾经有人愿意花几万元让他人代写一份商业计划书，但不是亲自参与制作的计划书，很容易出现数据不一和明显的逻辑错误，那么投资人给创始人的打分就会大打折扣。如果你拿着一份粗制滥造的商业计划书，那么可能连投资人的面都见不到，更不可能得到融资。

事实上，那些真正写商业计划书（BP）的高手既不是投资人，也不是专家，而是那些获得过多次融资的连续创业者，善于总结错误并改正的创业者，向他们取经要比向所谓的“BP 专家”取经更有价值，因为他们拥有的是实战的经验而不仅仅是理论。

Chapter 03

选择大于努力：选项不对，努力白费

俗话说“女怕嫁错郎，男怕入错行”。对于创业者而言，正确选择创业项目是很关键的。无数经验告诉我们：如果所选择的创业项目不对，那么一切努力都将白费，选择比努力更重要。因此，创业者应选择自己最熟悉的领域，选择与自己的专业、经验、兴趣、特长相关的项目，或者寻找社会适应面广的、消费群体大的项目，这样风险就相对会小一些，创业成功率更高一些。

选对了项目就等于成功了一半

经常有人问:“余老师，我想创业，但又不知道哪个创业项目最好。”我会告诉他们:“世界上没有最好的创业项目，只有最适合你的创业项目，适合你的就是最好的。”

其实，许多创业者之所以能取得成功，很关键的一点原因就是选了一个适合自身的项目。选择一个正确的创业项目就等于成功了一半。创业者在选择项目时最好从自己熟悉的项目做起，这样比较容易取得成功。

许多人之所以创业失败，是因为他们忽视了选择创业项目的重要性。不少人一想到创业，就去看别人，发现别人做的生意不错，于是自己也跟着去做，不管市场行情，也不管有没有发展前景。等流行风、新鲜劲儿过了，生意越做越难，不堪重负的创业者只能选择关门大吉，另谋出路了。这样的事例屡见不鲜，这些创业者往往是在没有考虑清楚的情况下就盲目跟风去做。在现在的市场情况下，创业不一定能成功，如果创业者事先不做好充分的准备，也没有认真考察，单纯地认为只要自己肯吃苦、肯努力就会成功，那么往往就会失败。

另外，创业最关键的一点在于你一定得认识和了解自己，从而在实践中扬长避短，快速成功。“定位决定人生”，创业者的心态在某种程度上取决于自己对自己的评价，也就是说，你在心中把自己定位成什么，你就是什么。如果创业者对自己的定位不切实际，或者没有一种健康良好的心态，也不会取得成功。

在市场竞争日益激烈的今天，如果你不能给自己准确的定位，而是随波逐流，那你永远找不到属于自己的那片天空。

比如，我的同事小张是财经记者，对媒体运作和媒体公关比较熟悉，同时又结识了不少商界朋友，学到了一些企业管理知识。他辞职创业时就发挥了自己的专长，注册了一家文化传媒公司。从他熟悉的自媒体、媒体公关和品牌传播业务做起，轻车熟路，加之他又有人脉关系，比较容易开展业务。他的公司只有 12 个人，每年有 100 多万元的利润，虽然赚不了大钱，但没有什么风险，生意比较稳定，顺风顺水，收入是他当记者时的 10 倍。

所以，要想选准一个好项目，就需要我们事先冷静分析和周密思考，包括对投入资金、技术要素、当地资源、产品市场等情况进行全面考虑。一个好的创业项目一定是可持续发展的，它会帮助创业者实现自己的梦想，而不是成为创业者人生中的一个败笔。

创业者在选择创业项目时需要把握以下几个关键点。

一是风险。创业者要正确评估创业过程中存在的各种风险，要有对风险的心理承受能力。

二是创业项目的真实可靠性。创业者在选择创业项目时要寻求那些可信度高、权威性强的创业项目提供方。

三是实力。创业者要对自己的创业实力有一个正确的认识，选择与自身实力相当的创业项目。创业者对创业项目提供方的实力也要有一个很好的了解。

四是信息渠道的畅通。创业信息的自由高效的流通能让创业者很好地了解外部市场动向，有效地降低风险，引导决策。

中国商界传奇史玉柱的创业经历向我们诠释了正确选择创业项目的重要意义。史玉柱从浙江大学毕业之后被分配到了统计局工作。由于工作业绩比较突出，单位派史玉柱前去西安统计学院进修，在那里，史玉柱遇到了一位美国的教授。正是这位美国教授使史玉柱对计算机的作用有了深刻的认识和了解。

回到单位之后，借工作之便，史玉柱开始自学编程，结果他真的开发出一个统计数据分析软件，得到了领导的赞赏和重视。国家统计局甚至在全国推广史玉柱的软件。

这些经历使史玉柱看到了计算机行业的美好前景，所以，他毅然决定辞职下海，走上了独自创业的道路。而他选定的方向就是计算机软件领域，也是他最熟悉的领域之一。

编写软件程序对于一个数学系的高才生而言，可以说是小菜一碟，史玉柱驾轻就熟，很快就研制出了第一代汉卡 M-6401，并打开了市场。仅仅半年，汉卡的销售额就达到了 16 万元，又过了两个月，汉卡 M-6401 的销售额突破了 100 万元。

史玉柱在计算机领域掘到了第一桶金，从此有了驰骋商海的资本。而他的第二次创业，同样是从他熟悉的地方开始的。史玉柱之前做过保健品，对于保健品市场可以说熟悉得像自己的手指一样。当年他的产品“脑黄金”火遍中国，但是因为巨人大厦事件，史玉柱惨遭滑铁卢。

当史玉柱准备向第二次创业发起冲锋的时候，他又选择了保健品市场。当时，史玉柱的一位老领导不认可史玉柱的选择，他认为史玉柱太想从低谷中走出来，以至于昏了头，选错了方向。其实他的看法是有道理的。当时中国大陆的保健品市场上已经有众多知名的保健品品牌，这些名牌保健品占据了市场的大部分份额，大家都认为这个市场已经饱和，没有多大市场空间可以占领了。但是史玉柱不这么认为。他觉得自己熟悉的领域只有两个，一是计算机，二是生物工程。计算机业在那个时候要白手起家很困难，投入很大，即使销售额容易上涨，利润率依然很难提高。

史玉柱觉得自己做保健品有两个优势：一个是营销策划还说得过去，另一个还有待进一步建立的，就是研发。史玉柱曾经在保健品市场上摸爬滚打，创建了“脑黄金”等知名保健品品牌，对于保健品市场非常熟悉，所以他经过认真的市场调查，决定上马“脑白金”项目。随着“今年过节不收礼，收礼就收脑白金”这一广告语的广泛传播，“脑白金”也行销全国，史玉柱又一次站在了成功的顶峰。

选项不对，努力白费。对于创业者来说，选择项目一定要慎之又慎。要想创业成功，你必须选一个自己熟悉的，而且适合自己的创业项目。如果创业者在创业初始阶段选错了项目，即使创业者再努力，恐怕成功也是遥不可及的。

选择创业项目时应遵循的五大原则

正确选择合适的创业项目是创业成功的基础。因此，创业者必须秉持严谨的态度，结合自身的优势和资金实力对行业进行细致分析。但是，很多创业者对于如何正确地选择创业项目和进入时机都不太了解，从而导致了创业失败。那么到底如何选择创业项目？选择创业项目有哪些原则呢？接下来我们将进行详细阐述。

一、因时而动，选择具有前景的行业

创业者想要开创自己的一番事业必须先知道国家目前正在扶持、鼓励哪些行业发展，哪些行业是允许创业的，哪些是限制的。创业者选择国家政策扶持、鼓励的行业，对日后企业的发展将起到不可估量的作用。同时，对于当地政府出台的优惠政策和银行贷款利率，创业者也需要核查清楚，确保资金充裕。

正确选择创业项目要因时而动，创业者主要要关注两个时间段的市场行情：一个是当前，看当前的市场需求、市场空白和市场上畅销的产品，创业者选择当前畅销的产品项目时，要注意冷静分析，弄清畅销的真正原因。另一个是今后，看行业今后长远的发展前景，比如该行业是否符合国家产业政策，是否适应人们的消费发展趋势。

二、以市场为导向，了解市场需求

不少创业者一味地认为，办企业、办公司就是为了赚钱，哪些行业火，哪个赚钱就做哪个，其实这种想法是不对的。创业必须树立“企业是为解决客户需求而存在的”观点，这样才能确保企业长盛不衰。创业项目的选择是以市场为导向的，必须从社会需求出发。创业者要想知道社会需求，就必须做市场调查，特别是第一次创业的创业者，必须对市场进行详细的调研。

首先，要了解消费者对产品（服务）需求的强烈程度。消费者有性别、年龄、文化层次、职业等因素的差异，我们可依据这些因素对消费者进行细分，从而把他们细分成一个个消费群体，每一个消费群体就是一个细分市场，也就是我们应该集中精力服务的对象，所以创业者选项目时一定要知道自己服务的对象群体到底是哪些人，他（她）们对产品（服务）需求的强烈程度如何。需求越强，项目越容易做；需求越弱，项目越难做。

其次，创业者要不断问自己该项目面临的直接竞争对手是谁，间接竞争对手是谁，竞争的程度如何，是恶性竞争还是良性竞争。如果是恶性竞争，该产品有没有有价值的新特色来应对这种竞争，或者有没有竞争不太激烈的其他项目可做。所以从竞争的角度来看，我们不应该把眼光始终盯在竞争十分激烈的项目上，应该去寻找一些有特色的新产品来做，或者寻找一些竞争不太激烈的新项目来做。必须指出的是，有些项目很有特色，但是客户不一定认可，所以创业者必须选择既有特色又有市场的项目或产品，这样才能提高创业成功率。

三、因人而异，利用自身优势与长处

俗话说：“隔行如隔山。”创业者应尽量选择与自己的专业、经验、兴趣、特长相匹配的项目。

兴趣是创业的基础，项目能让创业者兴奋是创业成功的必要条件。日本的著名创客“米饭爷爷”，几十年专注煮饭，正是因为兴趣让他沉浸其中，乐此不疲。很多创客、极客在切入项目和发展企业时选择自己兴趣所在的领域，他们在工作时往往就是享受且不知疲倦的。前些年，有人问史玉柱为什么投资巨人网络这样一个游戏公司，史玉柱很实在地回答说：“我就很喜欢玩游戏，每天在办公室玩，被下属看到后感觉不好意思，不如干脆投资一个游戏算了。”因兴趣而萌生的创业往往会走得更远并且容易取得较大的成就。

兴趣爱好决定了价值观，一个人在遇到困难、挫折时，选择坚持或放弃往往取决于他对这件事的重要性及其意义的认识，即价值观。因此，选择项目时要不断问自己：我的兴趣爱好是什么？我认为哪些事是有价值的？该项目是否满足我内在的心理需求，是否与我的价值观念相匹配？

市场好比汪洋大海，创业者犹如沧海一粟。但是每个人都有自己的长处和优势，当你充分了解了某一行业、某一领域，同时又在技术上有专长时，就形成了自己在行业里的长处。创业者选择一个能充分发挥自己的长处和优势，自己有兴趣且熟悉的行业，那么创业就成功了一半。

所谓好的创业项目，是指目前市场行情总体看好，大部分从业人员有利可图的项目。但市场行情看好的项目，也不见得人人都能通过其取得成功。再好的项目，如果不适合自己，也有可能失败。反之，大家都认为行情不好，不愿意去投资的冷门产业，如果自己在这方面有优势，也可以尝试去做。

四、量力而行，从小做起、从小利做起

创业是一种风险投资，每位创业者都必须遵从量力而行的原则。创业者若拿自己的血汗钱或借钱来创业，就应该尽量规避风险较大的创业项目，把为数不多的资金投资到风险较少、规模较小的创业项目当中，积少成多，滚动发展。

同时，创业者在选择创业项目时还要考虑产品成本、价格与利润，比如，要考虑该项目提供的产品或服务成本是多少，售价是多少，毛利是多少，毛利率是

多少等问题，创业者对毛利率低于 20% 的项目要慎重考虑，有时候仅毛利率一个因素就可以否定一个项目，因为做生意的基础是利润。

此外，资源条件也是影响创业项目选择的重要因素。创业者在选择项目时还要充分考虑自己掌控的资源条件能否满足项目本身的内在需求，避免在资源不足的情况下追求高大上的项目。

五、把握好进场的时机

事物处在发展初期，往往意味着先机仍在又没有被人重视，竞争较弱，此时进场较容易成功，例如，百度、阿里、淘宝、腾讯、京东、小米等企业的发展壮大无不说明把握先机或大趋势的重要性。事物发展成熟或衰退，往往意味着先机已经失去，此时或者市场被几大竞争对手牢牢抢占，或者该行业处于衰退期，不论在哪种情况下，进场都为时已晚。进场时机的把控成为项目能否做起来的关键因素，因此，创业者选择创业项目时可考虑一些刚刚兴起的产业，如当下最火爆的人工智能产业。

创业者在这五大原则的指导下，结合创业项目的选择条件和程序要求确定创业项目，可以大幅提高创业成功率。

判断创业项目优劣的四大标准

创业项目决定创业成败。现在，市场上的创业项目五花八门，让人眼花缭乱。经常有创业者问我：“余老师，我选择了一个创业项目，不知道靠不靠谱，请您帮忙辨别一下。”其实，如何判断创业项目的优劣是所有创业者都要面临的一个难题。上文曾提到：选项不对，努力白费，选对了项目就等于成功了一半。每个创业者都想找到一个靠谱的项目，从而实现自己的财富梦想。那么，怎样辨别一个创业项目的好坏呢？本节提出了几个具体的评价标准供创业者参考。

一、成本低

对于一般个人创业者而言，成本低是最重要的一点。如果成本太高，一般初创者都做不了，毕竟都是一个人在试水，而不是团队或公司化运作。

传统行业的创业成本一般是 30 万 ~ 50 万元，这是最低的门槛，当然，如果是摆地摊则另当别论。所以，我一般不建议没有创业经验的人开实体店，因为风险太高，亏本的概率太大。

做互联网、开网店的成本较低，主要耗费的是时间成本，而不是钱。这样的模式对于个人来说是最好的选择，哪怕创业失败，你也可以马上重新再来。而传统创业，一旦失败，个人就可能会负债，甚至有整个家庭倒下的可能。

如果你有 10 万元，笔者建议你去做 3 万元的创业项目，而不是把钱全投入进去，哪怕后期暂时赚不到钱，你也不要把手上的 7 万元放进去，而是要用之前投的 3 万元把这件事做成。

如果你实在需要钱，可以找合伙人，要是也找不到合伙人，那么你就放弃，只有懂得及时止损，才不会亏掉更多的钱。

二、利润率高

我们在选择项目时最好选择利润率高的行业，这样投入较低的成本可以获取较高的收益。但是现在各行业的竞争都非常激烈，有些行业虽然利润率很高，可竞争激烈，门槛高，不太合适创业者，那是不是就没有机会了呢？

当然不是，在很多细分的小行业里，有很多高利润率产品，是一般人接触不到的，不是说这个行业隐秘，而是行业太小，你没机会接触而已。

例如，在机械行业里，就有很多小的细分产品，非常赚钱，竞争对手加起来不超过 10 个，如果你会做互联网，就可以轻松把这个行业垄断，从而赚到钱。

而一些利润率低的产品，虽然能成交，可量跑不起来，为什么？因为做的人太多了，剩余市场份额太有限，发挥空间太小。

三、好销售

什么样的产品好销售？我是这样理解的，好产品就是客户找你买，而不是你求着客户买的产品。好多产品虽然能销售，可全要靠销售方主动去找客户。

最好的模式是只需要通过网络、微信、电话就能成单，而且都是客户找你交易，不需要你去满世界找客户。

这叫被动销售。怎么做呢？

最简单的玩法就是，SEO+SEM。

我的一个朋友做的一个小众产品就通过这个方法，实现了轻松赚钱。他没有主动给客户打电话或找客户，只是把客户搜索产品时用的几个关键词全给占领了。这样，每天都有客户主动找他买产品，先付订金，然后货到付款，安全、放心、省事。

他和工厂合作的模式也很简单，即一件代发，管售后。具体流程为接订单，收到订金，预付部分订金给工厂，工厂生产的产品就位，收到客户尾款，给客户发货，然后付尾款给工厂。整个过程他没有任何风险，不压一件库存。

因为这个产品太大，一件有几吨重，价格也高，不可能产生库存，全是现订现做，这样他只需要把精力放在优化关键词上就可以了。

四、竞争不激烈

创业者初次创业，就选择热门行业，会很容易失败。很多创业者刚开始创业，没有资金，没有客户，但这些都是小事，要是市场竞争太激烈呢？那就是要命。

例如，你开始创业卖面膜，可你进货后发了几天朋友圈，没有人买，然后去调查，发现很多人都在做，你朋友在做，你同事在做，你亲人在做，你邻居老王也在做，在这种情况下，你还能卖得出去吗？

你面对的竞争对手太多，网上有电商，线下有实体店，你还有什么竞争优势呢？在这样竞争激烈的行业里，创业“小白”很容易被扼杀在摇篮中。

所以不管你选什么项目，一定要找竞争不太激烈的，切忌盲目自信，否则等真到了市场上你就会发现，实际情况与你想象中完全不同。

已有巨头的项目，不要做；对手太多的项目，不要做；厂家太多的项目，不要做。如何判断竞争的激烈程度呢？我教你以下四种方法。

01 搜索商家数量，商家太多的项目不要做，数量最好不超过 30 个；

02 搜百度，竞价太多、结果页太多的项目不要做，数量最好不要超过 100 万条；

03 搜微信，公号认证号和日更新号太多的项目不要做，数量最好不要超过 30 个；

04 比你专业的对手太多的项目不要做，数量最好不要超过 5 个。

这是基本标准，低于这个基数，你才有机会赚到钱，进而做到细分行业垄断；要是竞争对手太强，或竞争太激烈，你根本没有机会胜出，那就没有必要进入这个行业。

考察加盟品牌的方法和策略

如今，很多创业者选择连锁加盟经营的模式。所谓的连锁加盟经营，是指创业者使用某一品牌，在品牌旗下开设门店的加盟模式。连锁商业模式分为直营店和加盟店。加盟者可以用加盟总部的形象、品牌等，在市场上招揽消费者。而且加盟者在创业之初，加盟总部也会先将自身的技术经验教授给加盟者，并且协助其创业与经营，双方必须签订加盟合同，从而获得共同的经营目标。不同的加盟品牌，其加盟优势各有不同，但是对于加盟者来说，都是利大于弊的。尤其是对于创业新手来说，选择开一家加盟店，不仅省时省心，而且大大降低了创业风险。

为了降低创业风险，我们在这里和大家谈一谈在选择加盟品牌时需要注意的事项，以及考察加盟品牌的方法和策略。

一、选择加盟品牌应注意的事项

1. 连锁经营时间越长，品牌越可靠

近年来，新冒出的热门连锁品牌很多，但有不少品牌没“火”多久就消失了。可以这样说，连锁品牌市场几乎每年都在重新洗牌，这无疑加大了创业者选择的难度。因此，创业者选择加盟品牌时，一定要选经得起市场的考验的、连锁经营

时间至少有五年的品牌，连锁经营时间越长，品牌知名度越高，经验越丰富，加盟成功率就越高。

2. 加盟要求越高，成功机会越大

据调查，找一家具有一定连锁经营经验，且连锁店数达一定规模或发展时间至少为五年的具有竞争力的连锁品牌比较有经营保障。有些新兴加盟体系，本身在市场上发展的时间就不够长，还没有经过市场的检验，顾客的消费习惯尚未养成，容易造成暂时生意兴隆的假象。当选择弱势连锁品牌时，虽然你可以少缴加盟费，甚至免费，但相比之下，你所能享有的资源和帮助也较少，许多事情都要靠自己打理，竞争力自然也就较弱。

有竞争力的连锁品牌由于发展前途较好，加盟要求自然也高。但要明白，加盟条件越严格的品牌往往有较完整的加盟制度及较强大的财力与实力，更有能力保证加盟者获利。正因为如此，越有信誉的连锁企业，挑选加盟者时把关就越严谨，加盟的门槛就越高。

3. 最好能与连锁总部“面对面”

现在的连锁企业很多，加上前些年加盟店利润可观，使得有些新兴的连锁企业和加盟者都比较浮躁。一些创业者创业心切，只看连锁企业的一些宣传广告就草率地签约加盟，等到有纠纷时才发现连锁总部只是一个空壳，甚至是一家骗子公司，根本没有成熟的商业模式和连锁经验。因此，创业者亲自走一趟总部及其加盟店，收集第一手现场资料非常必要。

二、考察连锁加盟项目的策略

1. 合规性

对连锁加盟项目方合规性的考察主要包括以下三点。

（1）项目方是否有工商登记，项目方的工商登记是否在有效期内。

（2）有的项目方可能会拿着别人的执照蒙人，所以创业者还需要辨别项目方

所持执照是否为项目方本人所有。如果项目方提供了资料，创业者要注意资料中的企业名称与其提供的营业执照上的企业名称、经营范围是否一致，如果不一致，需要项目方做出合理解释。签约时，创业者要与营业执照上的法人签约，加盖营业执照上的法人印章及公司公章。为安全起见，创业者可进一步向当地发照机关查询。

（3）按国家对加盟连锁的有关规定，项目方必须满足“2+1”的条件（2个直营店，经营1年以上），才可以进行对外招商，这是国家为保护创业者利益而出台的专门政策。据了解，目前很多正在积极进行加盟连锁招商的项目方达不到这个要求，这是违反国家有关规定的，创业者必须保持警惕，以免上当受骗。

2. 可信度

鉴于目前加盟连锁中的骗局很多，部分创业者损失惨重，创业者在考虑加盟之前，有必要对项目方进行可信度考察。

考察的内容主要包括以下几点。

（1）项目方提供的办公地址是否真实，是否与营业执照上的地址一致。此外，创业者需要考察项目方企业的存续期，即该企业已经经营了多长时间。一般来说，一个企业经营存续期越长，从业历史越久，就越可靠。必要的时候，创业者可以向项目方所在的物业公司查询其租赁期限，比如，交了多长时间的租金，到什么时候为止，是否按期交纳房屋租金等信息，从项目方的注册资金的大小也可以看出其实力和承担违约责任的能力。

（2）项目方是否经营过其他企业。进行过其他项目招商及其结果如何也是评价项目方的可信度的重要标准。目前一些骗子习惯于打一枪换一个地方，已经形成一种经营“模式”，这都属于公开行为，一定会留下蛛丝马迹，只要创业者够细心，就不难看出破绽。

（3）一些项目方很乐意在口头、广告及资料上宣传已加盟者的数量，这个数量往往很大，以增加对创业者的吸引力，创业者要注意考察其真实性。

（4）一些项目方常常宣传自己的获奖情况，例如，“十佳”“最优”“最具吸引力”“投资者最满意”“最佳创富项目”等，这些奖项往往由某些行业机构和媒体颁发，不少荣誉都是花钱买来的，不值得信任，不能作为评价依据。

（5）创业者还可以上网搜索一下，该项目方有无负面报道，以及是否被投资者投诉过，如果有，最好不要与其签约。

3. 风险大小

为了让项目做到“保赚不赔”，创业者一定要对项目的风险大小进行充分的考察。考察的内容包括以下几点。

（1）对项目先行者的考察。当你看中一个连锁加盟项目时，可以考察该项目的已加盟者的经营状况，考察对象可由项目方提供，但最好由创业者自己选择。在不告知对方的前提下，创业者先以消费者的身份进行观察，考察内容包括店址、每小时客户流量、全天客户流量、产品受欢迎程度、经营者的经营方式、雇员多少、业务熟练程度，据此估算其成本和投入产出；然后以投资者的身份出现，直接向对方询问，大多数时候，如果对方经营状况不佳，对项目方有情绪，反而会向你介绍真实情况，但如果对方经营状况甚好，有可能对你隐瞒或者介绍不真实的情况，以防备竞争，因此，创业者要有良好的判断力；最后，创业者再将考察的情况与项目方的介绍进行比较，基本可以得出符合实际的判断。要注意的是，一般来说，对项目方样板店的考察均不可靠。创业者在对经营状况不佳的加盟店进行考察时，要弄清楚对方为什么经营状况不佳，有时候是加盟者自己的原因，或是能力不足，或是不听从项目方的指导，但创业者一般都喜欢听加盟者的一面之词，因为对方和自己的身份类似，同病相怜之下容易同仇敌忾，以致错过好项目。不过，如果你觉得自己实在没有能力分辨，那就不如“宁可信其有，不可信其无”，毕竟，对于风险承受能力不足的创业者来说，投资安全应是考虑的第一因素。

（2）了解项目方在知识产权方面是否存在纠纷，是否拥有完整的所有权。

（3）了解项目方的禁忌，比如在什么情况下可能被解除加盟连锁资格，项目方所设禁忌是否合情合理。合同要明确这些细节，如果合同中没有这些内容，可以增加补充条款，对其进行说明。

（4）明确项目方的收费项目，如加盟费、管理服务费、保证金等，明确这些费用的数额，必要时还要明确已交费用的退还问题（如在什么情况下创业者退出加盟，项目方必须退还保证金），以及产品或设备的退换问题，这些都要在合同中写清楚。对于要求加盟者一次性交清的费用，如一次性交齐 2 ~ 3 年的管理费、服务费的项目方，创业者必须保持警惕，防止对方在收钱后卷款走人，或在事情不顺利时溜之大吉。为提高投资的安全性，创业者可与项目方商量采取分期付款的方式，比如，在学会技术时交多少费用，在拿到产品或设备时交多少费用，在生产出合格产品时交多少费用等。

4. 可持续性

对于创业者来说，好不容易选对了一个项目，当然希望能够长时间经营，给自己带来收益，为此，创业者还需要对项目方进行可持续性考察，具体考察内容有以下几点。

（1）项目方运作是否规范，包括行为规范和章程规范。在行为规范方面，创业者要观察项目方是否有统一的内外部标志，提供的操作流程、工艺流程、服务流程是否规范，是否对加盟者提供统一规范的培训，培训的内容、时间，培训是否收费，收费的标准是什么。在章程规范方面，创业者要观察项目方是否提供统一的操作手册、服务手册、管理手册、培训手册，手册是否经过规范编制、是否切实可行、是否便于执行、是否会让人产生歧义等。

（2）如需原材料配送，配送设备是否完整、是否先进，是否有统一的配送中心，配送人员的素质如何、管理如何，配送中心是否能及时响应加盟者的要求，配送原材料是否经常短缺，配送价格是否合理、是否变化无常等。

一些项目方收很少的加盟费或免收加盟费，将利润点全部放在后期的原材料配送上，这很正常，但随着创业者的投入越来越多，项目方在配送原材料的时候随意要价，价码越来越高，条件越来越苛刻，以至于令加盟者产生被勒索的感觉，这就很不正常，所以创业者要未雨绸缪，防患于未然。因此，应该跟项目方将配送价格说清楚，将各种可能发生的情况和处置办法、可能发生的损失和索赔条件备忘于合同。还有一种情况是项目方不负责配送，创业者需要的原材料很容易自已找到，那么，对于这样的项目创业者一定要提高警惕，因为这说明这个项目的门槛很低，被模仿的可能性很大，可能要面对竞争泛滥的局面。一般这样的项目都缺乏可持续发展的潜力。

5. 扩张性

谁都希望生意越做越大，如果一个项目做上三五年，每个月依旧只有几千元的收入，就说明这样的项目缺乏扩张性。扩张性来自两个方面，一是项目方是否拥有将事业做大的决心，是否拥有长期的战略规划，这是从高层次上来说。从低层次上来说，项目方在市场扩张上是否能够为创业者提供强有力的支持。目前加盟项目大多集中于快速消费品、餐饮、玩具、时尚饰品、保健品、新潮家居用品、社区服务性产品（如洗衣、美容美发）等领域，对广告的依赖性都非常强，项目方在广告投放上是否有持续性，是否能使广告覆盖一定范围，并且在必要的时候，项目方能否提供强有力的促销支持，如物质方面的支持和政策方面的支持（赠送开业礼品和促销礼品），等等，这些都对创业者扩大经营具有直接的影响。项目方能否持续提高自己品牌的价值对创业者能否进行有效的扩张具有间接的影响。二是项目方是否具有产品创新的能力，这决定着项目后续成长的可能性，有些项目方在推出一个项目后，数年不推出新的项目，也不改进旧的项目，其市场只能逐渐萎缩。

6. 延伸性

在对项目方进行考察的时候，创业者除了要考察项目主导人的人品、性格、经历、知识结构、拥有的企业资源和社会资源，还要着重考察项目方的团队。在各种招商会上，我们可以看到，不少招商团队是由草台班子临时拼凑成的，这些所谓的团队成员用系红领巾的手法打领带，皮鞋多年不擦，西服油渍可见，这样的一个团队，能为你未来的投资项目提供什么样的保证？对项目方团队的考察，一是考察团队成员的素质、从业经历、既往业绩、圈内口碑；二是考察团队成员在性格和专业上的互补性；三是考察团队的稳定性。对于一些比较有经验的创业者，只要通过对项目方团队成员的察言观色和对项目方的突袭式访谈，就可以得出可靠的结论。

目前，特许加盟在我国已成为一个热门投资方式，但部分商家却打着国际品牌的幌子，利用免加盟费或加盟费极低、承诺短期回收成本、承诺完善的后续服务等手段诱骗投资者，借此圈钱，坑骗加盟者。公司一旦成功"圈钱"，便逃之夭夭，处于弱势地位的加盟者只能是赔了夫人又折兵。

现在，报刊、电视、网站上的各类招商加盟广告铺天盖地，让人眼花缭乱，有的项目方还重金聘请名人代言，因法律滞后性及行业不规范导致的特许经营纠纷案件数量直线上升。因此，创业者们在选择加盟项目前，一定要认真考察，尽量选择那些连锁经营时间长（至少五年），具有丰富的开店经验，且连锁店数达一定规模（加盟店越多越好，至少 100 家），有竞争力的知名连锁品牌，这样才能有经营保障。众多成功案例表明，加盟要求越高，成功机会越大，如麦当劳、肯德基、必胜客、永和大王、海底捞、蒙自源过桥米线、真功夫、重庆小天鹅火锅等餐饮品牌，因为这些品牌都有成熟的运营管理模式，积累了丰富的经验，服务到位，品牌知名度较高，创业者加盟后的成功率很高。

总之，对加盟品牌的考察是一件非常细致的事情，需要创业者有很好的耐心和足够的敏感度。为了投资安全，创业者付出在这方面的精力和时间还是值得的。

降低创业投资风险的八大法则

既然选择创业，就会存在风险，但是只要方法得当就能降低或规避创业投资风险，因此创业投资和带兵打仗一样，要讲究战术和策略。《孙子兵法》凭借“三十六计”成为战争史上的经典兵书，其实在创业过程中，也有一些“兵法”可以帮助创业者规避投资风险。下面给大家介绍一些降低创业投资风险的法则。

法则一：先打工，后创业

现在有许多年轻人刚出校门就去创业，但是，对于大多数人来说，先通过打工积累经验，然后再创业是更为可行的办法。先打工有几点好处：一是可以学一些技术技能，积累经营管理经验；二是了解一下市场行情；三是积攒人脉和资金。然后遇到机会再创业，这样可以降低投资风险，提高创业成功率。

自主创业要有基础，需要很多条件，要么父母给你一大笔钱，要么你找到一个市场机遇。这些条件或机遇并非人人都拥有，对于大多数“草根”来说，“先打工，后创业”要现实得多。

例如，网易的丁磊、腾讯的马化腾等人都是先打工、后创业，台湾鸿海集团创始人郭台铭也是如此。郭台铭祖籍在山西晋城，作为第一代外省人，郭家的生活颇为艰难，郭台铭兄弟姐妹四个，一家六口人的生活全靠当警察的父亲维持。

大学毕业后，郭台铭进入一家航运公司，也就是在这里的工作经验，让他看到了贸易的基础是生产，才决定开工厂，从而打造出万亿规模的制造业龙头企业——鸿海集团。因此，并不是一进入社会就要开始自主创业，很多创业者都是在他们已经有了某一方面的市场经验或是工作一段时间后，捕捉到了市场需求，才去创业的。

法则二：不要大量借贷投资

“草根”创业者大多是小本投资，由于他们的经济状况相对拮据，又希望靠手中的这点钱赚钱，所以在投资过程中，他们只能赢，不能输。因此，创业者开始投资时，要根据自身的情况量力而行，不能借贷太多。因为在大量借贷的情况下，不仅风险大，创业的心理压力也大，这极不利于创业者能力的正常发挥。

法则三：不要盲目去做热门生意

创业初期，很多人由于不熟悉市场，往往是跟着感觉走，也不考虑自身情况，盲目跟风。这样，创业者往往因为市场供过于求或不适合做这项工作而失败，结果血本无归。因此，创业者在投资时要学会钻空子、找冷门，做到“人无我有”“人有我新”。

法则四：起步时不要贪大求全

有的人在刚创业时，由于心中没底，见别人开公司、办企业后大把大把赚钱，心里就痒痒，总想一口吃成个大胖子，到头来很有可能血本无归。因此，对于手中没有较多资金又无经营经验的创业者，不妨先从小生意做起，低成本创业。小本生意虽然发展慢，但创业者用不着为亏本担惊受怕，还能先了解市场，积累做生意的经验，等待时机成熟，再大量投入做大生意，这也是很多小本创业者的经验之谈。

法则五：不要轻信致富广告

现在，一些吹嘘“投资少，见效快、回报高”的广告铺天盖地。其实，投资的利润率一般处于一个上下波动但相对稳定的水平。项目的利润率有高有低，但不会高得离谱。例如,“投资10万元赚100万元”“免费加盟、零风险、高回报”“选择某某，轻松当老板”之类的广告都是“忽悠”。创业者要牢记“天上不会掉馅饼”。因此，创业者在选择项目时，最好先实地调查，摸清实际情况。

法则六：盯住最“肥”的市场

市场规模决定了企业最终能够达到的高度。在一个规模很大的市场中占有一点份额就意味着巨大的市场，而在一个小规模的市场中，即使公司做到垄断也没有什么油水。因此，创业者要尽可能选择自己可以选择的最“肥”的市场，即那些规模大、利润率高的市场，选定后就坚持做。在一个大市场中占有10%的份额，要比在一个小市场中占有50%的份额更有价值，因为大市场意味着大的成长空间。

法则七：选择被遗忘的“角落”

小本投资者由于势单力薄，经不起市场竞争的大风大浪。因此，小本投资者在选择投资项目时就应审时度势，既不要向强大的竞争对手挑战，也不要白费精力紧随其后，而要选择别人不愿意干或尚未顾及的那部分市场，采取补缺、填空策略。这样既可以开发属于自己的有利可图的“角落”市场，同时又最大限度地避免了与强手直接较量。但是，创业者必须做好三个方面的工作：一是要善于把握市场和紧跟市场；二是要善于在市场上捕捉商机；三是要善于创造新市场。当然，“背靠大树好乘凉”，小本投资者选择依附大企业、大品牌走“寄生型”发展之路，也不失为一条规避风险的良策。

法则八：抓住客户的真实需求

创业者要紧紧抓住客户的强需求，并且解决他们的需求。需求的强弱决定了市场的大小，需求越强，市场越大，赚的钱就越多。

什么是需求？就是客户消费的需要。所谓抓住客户需求，就是要想清楚什么人在什么情况下要用产品做什么。

不论是做产品还是做服务，我们都需要清楚客户是谁。只是少数人在少数时候才会需要的，叫概念不叫商品，趁早别做；而大多数人在大多数情况下非需要不可的，就是创业机会。越多的人在越多的情况下非用我们的产品不可，就说明需求越大。如果创业者能找到一个所有人每天都要用的产品，就可以比肩中国移动了。

客户的需求分为真需求（Needs）和假需求（Wants）。例如，你问客户是否喜欢钻石时，所有的客户都会回答“喜欢”，你问客户是否需要钻石时，所有的客户都会回答“需要”，你问客户会不会花钱买钻石时，很多客户回答“会”，但是当你请客户现在就掏钱来买时，哪怕是打五折，很多客户也会回答“不买”，原因很简单，回答问题和掏出真金白银是两回事。

产品是道，营销是术。当我们纠结于产品推广不畅时，不如仔细审视自己产品的客户是谁？客户用这个产品来解决什么问题？这个问题对他们而言有多重要？我们的方法是否足够简单方便？他们要付出的代价与所得是否匹配？当我们对市场进展不够满意时，检视这五个问题比检视广告更有效。

未来 10 年最具投资前景的 15 个行业

回顾历史的长河，生产力和生产关系的相互作用一直在推动全球经济的发展。从发明蒸汽机、发电机、计算机，再到互联网的广泛应用，新的科技浪潮一直主导着生产力和生产关系的大调整，并不断催生新的产业，促进社会进步。10 年前，全球市值前 10 名的企业主要集中在能源、金融等传统产业。现在，高科技与互联网企业已经占据半壁江山。

如今，互联网将逐渐往深度、精度方向发展，如从满足用户的普遍性需求开始向满足用户的个性化需求延伸。另外，"互联网 + 各行业"的模式成为共识，互联网作为基础设施，推动"万物互联"的时代到来。那么，在未来 10 年里，又有哪些新行业值得我们期待？哪些行业能够给我们带来丰厚的回报呢？

一、云计算

企业向云端迁移是大势所趋。云计算领域具有以下特点：

01 公有云和私有云市场的增长依然齐头并进，不是零和博弈。

02 IaaS 层面：拥有多元化的商业应用生态圈越来越重要。

03 SaaS 层面：主要集中在人力资源、OA、CRM、市场营销、B2B 大宗商品采购等领域。

04 PaaS 层面：没有出现独立巨头，未来更可能由 IaaS 巨头向上或 SaaS 巨头向下延伸。

目前，国内云计算市场还处在萌芽期，市场蛋糕正变得越来越诱人。虽然华为、阿里巴巴、腾讯等 IT 巨头纷纷进入，但中国企业级市场的复杂性使得 IaaS 层面依然存在机会；而在 SaaS 层面，创业者还应重点分析具体的产品和服务是否符合国内客户的实际市场需求。

二、大数据

“大数据 +”已经渗透到几乎所有行业，如“大数据 + 零售”“大数据 + 医疗”“大数据 + 房地产” 等。大数据领域的投资策略如下：

01 对于资源型大数据公司：数据资源庞大完整，数据价值有想象空间，数据挖掘整合能力足够强。

02 对于技术型大数据公司：技术门槛够高，并足以让公司快速形成规模效应、网络效应，从而快速占领足够的市场份额。

03 对于应用型大数据公司：应用市场足够大，公司成长性好且可实现性强。

三、虚拟现实

全球虚拟现实行业经过近百年的发展，目前仍处于起步阶段，供应链及各类配套设施建设还在摸索当中。然而，虚拟现实的发展前景让人充满想象，这一技术具备广泛的应用空间，如游戏、影视、教育、体育、星际探索及医疗等。当前各大咨询机构均预测虚拟现实在未来 10 年里将实现超高速增长，爆发近在咫尺。

虚拟现实领域的投资策略如下：

01 短期内，能够布局虚拟现实产业链的厂商，从硬件设备、内容生产到平台分发，均具备投资价值。

02 从长远来看，虚拟现实的内容是行业的“灵魂”，投资成熟内容产业的厂商将是充满机会的。

四、人工智能

根据预测，2025 年我国人工智能市场规模将增长至 120 亿美元。初步的技术积累和数据积累已经在过去实现了比较显著的规模效应。因而，人工智能将重塑各行各业，并引发新一轮 IT 设备的投资热潮。

在人工智能领域，创业者应该主要关注以下三个发展方向：

01 计算机视觉识别（以人脸识别为典型）。

02 计算机自适应（以各类机器人为例）。

03 各项细分底层技术领域（如自然语言处理、机器学习和知识图谱）。

五、无人技术

无人技术目前主要应用在无人机、无人驾驶汽车等领域。美国蒂尔集团预测全球无人机市场规模会从2016年的70亿美元增至2025年的130亿美元，发展态势迅猛。麦肯锡预测到2025年无人驾驶汽车领域将会有2000亿美元到1.9万亿美元的产值，届时中国无人驾驶汽车产值至少也有万亿元规模，潜力无限。

创业者可持续关注该领域的以下内容：

01 随着政策逐渐放开，百度、谷歌、宝马、奥迪等巨头加紧布局无人驾驶汽车，创业者可侧重关注汽车电子相关硬件、车联网相关软件、整车等各个领域的领导企业。

02 在无人机领域，创业者可重点关注部件制造与总体设计细分领域，以及无人机解决方案提供商中非常有潜力的优质企业。

六、机器人

在中国人口老龄化问题日益突出、人工成本急剧上升及整体经济结构面临转型的大环境下，机器人的崛起及其巨大的市场规模已经被广泛认可。

无论短期还是长期，机器人行业的投资机遇巨大，从工业机器人、协作机器人到服务机器人，均有十分可观的市场规模。

01 未来的工业机器人将具备强大的自我学习能力和专业能力，向更细分的领域和结构进行创新延伸。

02 协作机器人可以与人协同工作并且广泛应用在生活中的各个领域，属于“跨界”的产物。

03 服务机器人则没有上限，具有远超工业机器人和协作机器人的市场规模潜力。

七、新能源

中国是全球最大的新能源市场，发展新能源产业是改变我国的能源结构，降低对化石能源的依赖度，减少环境污染的必然选择。大力度的财政补贴推动新能源产业快速走向成熟，这个行业蕴含着丰富的投资机会。

01 锂电池在中国已经形成完整的产业链，下游动力和储能电池需求巨大。

02 超级电容在快速充 / 放电、高循环寿命、高功率密度方面比锂电池有明显优势，能够广泛用于城市公交、轨道交通、风力发电、石油钻探、港口机械等领域。

八、新材料

新材料是新经济的基石，我国在军工、高铁、核电、航天航空等尖端制造领域的快速发展均离不开基础材料领域的突破。随着基础化学、基础材料、纳米技术等方面的科研实力的不断发展和积累，新材料领域的创新机遇将不断涌现，新材料将成为具有数万亿元产值的大市场。

01 石墨烯的柔性、力学、光学、电学和微观量子特性与目前现有材料相比，在整体上有明显优势，未来应用行业横跨电子、生物医疗、军工、精密制造、化工等领域。

02 碳纤维是应用相对成熟的新兴材料，相对于传统材料而言，品质好、重量轻，未来需要在降低成本、突破国外技术封锁方面继续努力。

03 新型膜材料，可广泛应用于水处理、废气治理、锂电池等多个领域。

04 生物基材料用于齿科、骨科等领域，可取代、修复人体组织器官功能。

九、生物技术与生命科学

随着基因组学、分子生物学等基础学科的发展，生物制剂与生命科学技术在医疗领域发挥越来越重要的作用。

在生物制剂方面，越来越多的单抗药物对肿瘤、糖尿病等疑难杂症产生突破性疗效，“重磅炸弹”级新药频出。2016 年全球销量前十的药物中，有七种为生物制剂，其中阿达木单抗位居全球销量首位，年销售额达 110 亿美元；在生命科学技术方面，全球基因测序市场从 2007 年的 794.1 万美元增长到 2016 年的 50 亿美元，复合增长率为 33.5%，预计未来几年依旧会保持快速增长。细胞免疫疗法等新兴技术也日渐成为重要的治疗方法。

生物制剂与生命科学技术无疑是大健康领域极为重要的投资方向，创业者可以重点关注的细分领域如下：

01 先进的基因测序及数据分析公司。

02 技术驱动型生物制剂公司。

03 与基因测序解读、个体化给药相结合的精准医疗公司。

04 技术上取得突破的新型生物治疗方式。

十、医疗器械

医疗器械市场在我国起步较晚，但发展迅速。随着经济的发展及国内老龄化程度的加深，医疗器械市场呈现出巨大的发展潜力。

但从医疗器械市场规模与药品市场规模的对比来看，全球医疗器械市场规模大致为全球药品市场规模的 40%，而在我国这一比例低于 15%。同时，《创新医疗器械特别审批程序（试行）》等一批政策的出台，为国产创新型医疗器械的快速成长奠定了坚实的基础。创业者应重点关注的细分领域如下：

01 与机器人、人工智能等先进技术相结合的高端医疗器械。

02 国产创新型医疗器械。

03 智能家用医疗器械。

04 现有成熟医疗器械的进口替代产品。

十一、互联网医疗

信息技术的高速发展引发了各个行业的巨大变革，也为医疗行业带来巨大机遇。随着大数据、云计算、物联网等技术与各行各业的跨界融合，新技术与新商业模式快速渗透到医疗行业各个细分领域，预防、诊断、治疗、购药等各个环节都将全面开启一个智能化时代。

同时也应看到，互联网医疗在国内仍然处于起步阶段，传统医疗的改革必然是漫长而艰巨的过程，因此，创业者对该领域的投资应保持乐观但谨慎的态度，可重点关注的细分领域如下：

01 医药类电商平台。

02 医疗大数据分析公司。

03 慢性病管理 / 健康管理在线平台。

04 智能（可穿戴式）医疗设备。

十二、健康养老

健康养老产业受到需求和政策的双向驱动，将迎来十分确定的发展机会。未来我国政府和个人将面对很大的养老压力，截至 2016 年年底，65 岁以上老年人口已达 1.4 亿，占总人口的比重约为 10.1%，预计到 2020 年我国老年人口将增至 2.6 亿。

同时，养老作为“健康中国”的一部分已被提升到国家战略高度。国家提出的“建设以居家为基础、社区为依托、机构为补充的多层次养老服务体系”为我们提供了挖掘投资的机会。创业者可重点关注的细分领域如下：

01 涉足养老核心产业——康复医疗，并已具备可行性和连锁化潜力发展模式的企业。

02 积极探索创新养老模式的企业。

十三、文化娱乐

消费升级使得国人的消费习惯逐渐向文化娱乐方面倾斜，此外，游戏、动漫衍生而来的二次元文化兴起，生产数字化、碎片化、娱乐化内容的自媒体大爆发，这些都将聚集大量新一代年轻用户，产生新的商业模式和投资机会。

创业者可以关注以下细分领域：

01 拥有优质 IP 内容（生产或购买）和强大 IP 运营能力的公司。

02 有海量用户及营利能力的自媒体和新媒体。

03 文化娱乐行业的大数据分析公司。

04 二次元内容聚合社区。

05 泛娱乐直播平台等。

十四、教育

目前，传统线下教育培训机构除了拥有稳定的线下资源和师资以外，也在“互联网 +”的攻势下顺应时代发展做出了很多改革。教育行业对于创业者来说仍是一座富矿，创业者可重点关注如下领域：

01 顺应高考改革而生的素质教育和应试教育的优质线下培训机构。

02 职业教育培训机构与职业经验分享平台。

03 性价比高的可以帮助学生提升课堂体验的虚拟现实技术公司（硬件 + 软件 + 内容）。

04 专注在儿童教育领域的优质 IP 内容生产者。

十五、体育

中国各路巨头正瞄准海外优质体育资产项目，渐渐向成熟的盈利模式靠拢——门票、媒体转播权、赞助和体育衍生品。

因此，拥有优质赛事资源和广大受众的体育资产项目将会持续受到资本的追捧。创业者可以关注如下领域：

01 在体育各个细分领域拥有优质体育赛事 IP 的运营公司。

02 冲击传统体育的电竞行业，包括内容方和直播平台。

03 体育运动相关的智能硬件、数据分析软件和可以导流到健康医疗领域的创业公司。

04 聚焦大众健身的互联网健身上下游公司。

Chapter 04

合伙创业：选对人才能做成事

这是创业的时代，更是合伙人的时代，你的团队离成功只差一位合伙人！有调查数据显示，在移动互联网时代，有51% 的企业“死”在创业初期，90% 的企业“死”在没找对合伙人。创业不懂合伙，注定散伙，只有选对人才能做成事。

这是创业的时代，更是合伙人的时代

这是创业的时代，更是合伙人的时代。几年前，马云、马化腾、周鸿祎、雷军、郁亮发起“合伙人时代”的强势号召，完成了从“人人创业”到“人人合伙创业”的转型。公司与人的关系已经从单纯的资本雇佣关系转向共创、共享、共担的合伙联盟关系，合伙人的时代已经到来。

合伙创业是指两个以上的创业者通过订立合伙协议，共同出资、合伙经营、共享收益、共担风险，并对合伙企业债务承担无限连带责任的创业模式，其创建的企业被称为合伙企业。

合伙创业是一种相对“高起点、高规格、高层次”的创业模式（相对于独立创业而言），是为了适应更大创业规模和更大风险承受能力而产生的创业模式，也是适应独立创业再发展、再提高的客观要求而产生并存在的创业形态，通常合伙创业的投资规模要大于独立创业的，但小于有限责任公司的。目前，合伙创业已成为创业的一种普遍现象。.

大型成熟公司将高潜力员工发展成为合伙人以保持企业的活力，华为、腾讯、阿里巴巴、万科、奇虎 360、小米、复星、万兴科技等知名公司都在推行合伙人管理模式。如万科合伙人计划，万科公司总裁郁亮曾喊出一句话“职业经理人已死，事业合伙人时代诞生”，他表示，万科“事业合伙人”既为股东也为自己打工。

一个企业的创新有很多，如业务创新、产品创新、模式创新等，但是在企业管理机制上的创新可能才是最根本的。万科的进化，核心在于制度。二十多年前王石说了一句话："人才是万科的资本。万科从零开始做大，到后来上市，我们发现人才是比钱更重要的东西，人才不等同于资本而高于资本。"

郁亮说："这几年，我们遇到新的冲击和挑战，在全球互联网时代，我们发现，好像别的资源都还可以找到，人才就成了万科的唯一资本。如果有好的股东，可以"拼爹"，有好爹就行。而对于万科这样的公司，我们并不掌握垄断资源，我们也没有绝对控股的股东，这时人才就变成了万科唯一可以依靠的资本。万科所推行的'事业合伙人'有四个特点——我们要掌握自己的命运，我们要形成背靠背的信任，我们要做大我们的事业，我们来分享我们的成就。"换言之，万科不是通过大换血或发股票，而是在原有职业经理人的基础上，完成了身份角色的进化。

从"职业经理人"到"事业合伙人"，多了一样东西。如果说"职业经理人"是共创和共享的话，则"事业合伙人"要求共创、共担、共享。你创造了价值当然可以分享创造价值的成果；如果你损毁了价值，应该承担相应的责任。所以，把共创、共享发展为共创、共担、共享。

现在，万科公司 2500 多个骨干员工持有了公司超过 4% 的股票，成为万科的第二大股东。从员工到合伙人这一转变更好地解决了投资者和员工之间的利益分享机制。这些股东拥有"职业经理人"和"事业合伙人"的双重身份，既为股东打工也为自己打工，个人利益与公司的利益相一致。

2009 年 9 月，马云突然宣布，包括自己在内的 18 位创始人集体辞去元老身份，阿里巴巴将改用合伙人制度，2010 年，阿里巴巴合伙人制度正式开始试运营。阿里的合伙人不同于股东、不同于董事，合伙人必须持有公司一定的股份，但在 60 岁退休或在离开阿里巴巴的同时退出合伙人群体（永久合伙人除外），不再持有股份。

对此，马云说："在阿里巴巴工作五年以上，具备优秀的领导能力，高度认同公司文化，并且对公司发展有积极贡献，愿意为公司文化和使命传承竭尽全力的员工都将成为阿里巴巴的股东，甚至是合伙人，我们希望阿里巴巴能够走得更远。”因为马云认为，下一轮竞争，不是人才竞争，而是合伙人制度的竞争。

雷军创办小米时，也是选择合伙人制度，组建了由七人组成的创业团队，初创期员工全员持股。雷军表示：“是合伙人制度成就了小米。”小米拥有七个各挡一面的合伙人，每个合伙人各管一块，充分授权，各自全权负责一块业务，其他人不予干预。而其组织架构只有三级：合伙人——新主管——员工。

合伙人意味着共同的使命和远景，并通过共同努力，达成组织目标，因此，合伙人、员工一定要是一流的人才。小米成功的核心在于其合伙人队伍、人才队伍，其靠的是有创新意识的靠谱的技能型人才。正如黎万强所说的，“一个靠谱的工程师顶 100 个（工程师）”“最好的人本身有很强的驱动力”。

在星巴克，员工不叫员工，而叫“合伙人”。也就是说，只要你受雇于星巴克公司，就有可能成为星巴克的股东。1991 年，星巴克开始实施“咖啡豆股票”（Bean Stock）方案，这是面向全体员工的股票期权方案。其思路如下：让每个员工都持股，都成为公司的合伙人，这样就把每个员工与公司的总体业绩联系起来，无论是 CEO 还是任何一位合伙人，都采取同样的工作态度。若要具备获得股票派发的资格，一个合伙人在从 4 月 1 日起的财政年度内必须至少工作 500 小时，平均每周 20 小时，并且在下一个 1 月份，即派发股票时仍为公司员工。1991 年一年挣 2 万美元的合伙人，五年后仅以他 1991 年的期权便可以兑换 5 万美元以上的现金。由此可见，如果优厚的薪酬是星巴克吸引人才的原因，那么股票期权激励是它留住人才的关键。

对中小企业，甚至初创公司而言，是否拥有完整的管理团队和足够强大的合伙人，将直接影响投资人和股东的看法。真格基金的创始人徐小平曾公开宣称，他拒绝投资没有合伙人的创业团队。徐小平认为：“对于一个初创团队而言，是否拥有合伙人是值得投资与否的重要指标。如果只有一位创始人，常常会发生‘一票否决’的现象。此外，创始人在股权分配上要更加慷慨，不能只考虑自身利益。一个创业公司，如果没有联合创始人，是很难成功的；应该有多位合伙人，甚至是两位数的合伙人。”

此外，全球合伙人是企业走向全球化、重视人才发展的必然结果。对于业务全球化的企业来说，如果不能组建起一支强大的本土化团队，任何一家公司都不可能在海外市场获得成功。

首先，本地人才在处理商务、人事、财政等问题时更加高效。而外派人员不仅昂贵，并且从长期来看忠诚度也并不高。其次，如果本地人才认为外派人员的角色是晋升的天花板，那么企业可能最终无法雇用到那些最好的人才，因为他们会认为，在这种结构下，本地人才永远无法走进公司高层。

与之相反，如果选择正确的合伙人，首先可以与公司共担风险。同时，能够让合伙人对公司更加忠诚，为公司做出更多的贡献。此外，合伙人制度能够对优秀员工表现出足够的诚意，而对于企业而言，优秀的合伙人能够弥补公司的短板。

“合伙人”的概念其实是从西方传播过来的，它在西方社会产生，最早产生于服务业，包括律师、会计师、金融领域，较少覆盖工业领域。当服务业意识到需要更快地随着外部环境的变化而改变自己的经营模式时，合伙人就变得非常多。合伙人确实不同于普通的或传统意义上的职业经理人。

“职业经理人”的概念风行于大工业时代，所以，“职业经理人”是工业时代的产物。而移动互联网时代与传统工业化时代的区别在于，在传统工业化时代，企业发展靠的是经验，但是在移动互联网时代，企业的发展需要靠不断的学习。而且学习速度非常快，企业几乎没有积累经验的时间，需要不断发展和进步。

所以，在这样的一个时代，没有一个人是万能的，没有一个人什么都懂。所以创业者应寻找基因不同的合伙人，大家在一起互相成就、互相弥补，互相帮助对方成长，一群人共同帮助一个机构不断向新平台迈进，以及跟它的竞争对手竞争。

正是因为移动互联网时代和人工智能时代的这种特性，才使得合伙人在今天变得如此重要。当然，今天这个时代虽然在向互联网时代转型，但是其转变还有很长一段时间。所以，大多数人还是要做一个好的职业经理人，不要期望每一个人都做一个创业者。

同理，在今天的中国，大量新生企业不断出现，北京海淀区中关村每年新产生的创业企业就有 1000 多家，在这样的状态下，大家不断迭代更新，不断从竞争中成长起来。

而恰恰只有基因不同、知识结构不同、经验不同的一伙人才配当合伙人。合伙人是一群互相弥补、互相补充，带领团队往前走的一个领导群体，与原来的总经理带领一群职业经理人往前走的模式，有着很大的不同。

华为是中国民营企业当中唯一实行“全员持股”的公司，也是世界500强中唯一没有上市的公司。任正非在创办华为之初，就在公司内部推行虚拟股权制度，实行“员工持股”机制。目前，华为有近9万名员工持有公司股份，共持有公司99%的股份，而创始人任正非仅持有1%的股份。2017年，华为销售收入达到6030亿元，位列世界500强中第83位。

“得合伙人者得天下”看来任正非理解了这句话的精髓，对于创业者来说，这句话也相当有启示作用。

找合伙人首先要找准自己的定位

一般来说，创业有两种类型：一种是一个人主张，一个人发展，一个人成就；另一种是一帮人主张，一帮人发展，一帮人成就。

在现在这个全民创业的时代，“单打独斗”到底是否依然可行？我们认为并不能完全排除其成功的可能性，在以下几种情况下可以进行尝试。

第一种情况，你做的这件事情其实不需要合伙。如果你是以个人 IP 为主的创业，只要尽量发挥个人 IP 的优势就可以达到比较好的状态。如果你是作家、写手或主持人，围绕这个优势来创业，以“单打独斗”为主是可行的。

第二种情况，你的创业想法和内容还处于极为初始的状态。在这种条件不成熟的阶段，你很难找到合伙人。这时，你要尽量一个人深思熟虑，先自己单打独斗创造出某种模式、模型，或者先理出清晰的头绪来。例如，俞敏洪最初做新东方时，前两年都是“单打独斗”。尽管公司也有老师、员工，但很难称作合伙人。直到两年后，他把徐小平、王强找回来，才算是有了合伙人。

整体来说，分工合作已经成为这个时代的大趋势，并且先有分工再有合作。分工合作需要每个人的才能不一样。在一个创业项目上进行分工时，创业者要明确知道需要什么样的人，要有几个合伙人才能把这件事情做完。随后，一种合力就会在分工的基础上形成，由此形成一种合作趋势，也就是团队。中国有句古话叫"一个好汉三个帮"，其内在的含义就是要想把一件事做好，需要与人合作。

举一个大家熟知的例子——刘邦和项羽的故事。项羽是个英雄，但不是一个领袖，因为他一个人单打独斗，争夺天下；而刘邦却是一个好汉，还有不止三个人帮他，所以他最后取得天下。这是合伙才能取得成功的最好印证。

我们想要做大事业，就要有合伙人。这就涉及我们需要找什么样的合伙人，应该注意对方的哪些特质，避免哪些不足。在此之前，我们要先弄清楚自己的特质，是属于领导型的特质，还是追随型的特质，这件事情非常重要。

如果你是一个追随型的人，在创业中把自己变成一个领导者，但你又没有领导的能力和优势，这样的创业模式就会比较危险。随着时间的推移，他人会发现你其实不具备领导他们的能力，就有可能造成离心离德，或者公司被他们翻盘，这是一件非常危险的事情。你本人如果属于追随型特质的人，那么一开始最好不要去主导创业，而是追随某一个你认可的人进行创业。

就像当初萧何追随刘邦一样，尽管刘邦是一个亭长（相当于现在的乡长），而当时萧何的职位已经相当于现在的县委副书记这个级别了，他却倒过来追随刘邦，因为他认为刘邦身上有领袖气质。萧何把自己看得非常清楚，他配合刘邦把事情做得很好，而不是刘邦来配合他。如果你发现自己是一个像刘邦一样具有领导特质的人，那么你主导创业，让大家来追随你，就是一个比较正确的选择，也容易成功。

所以，对自己的特质进行界定是一件非常重要的事情。很多追随型创业者，却主导了创业，结果干了一年后发现主导不了局面；又有些人是领导型特质，由于实际问题追随一些人创业，结果追随了一两年后就很容易让公司翻盘，或者不能忍受别人对他的管理而愤然离开。所以，在找合伙人前，最重要的是先确定自己的特质是什么。

接下来，创业者在寻找合伙人的时候，应该注意什么？

第一，价值观和情趣要尽可能相同。所谓的价值观和情趣相同，就是我们对事业的看法相同。价值观反映了人们对不同事物的看法。例如，这件事情应该做成什么样子？要为什么样的人服务？为这些人服务时，背后的情怀是什么？最终目的是什么？不同人之间对于重要事情的看法是什么？什么叫正确地做事情？这种大方向的看法须尽可能一致，心意相通非常重要。

情趣相同不是指男女关系上的情趣，而是指人与人之间相处的情趣。比如，我们都很喜欢大自然，都很喜欢坐下来喝杯茶聊聊天，都很喜欢读书。大家在紧张的工作之余可以有共同的话题、共同的趣味或共同的生活方式，这样才能拥有更好的关系。

所以，找合伙人需要注意两个方面，一是价值观相同，二是情趣相同。这样的合伙人能够坚持得久一点。如俞敏洪和王强、徐小平在这两个方面就比较相似，最后他们才能够在一起长期合作。

第二，合伙人需要拥有不同的能力。能力相同的人在一起会出现能力拥挤现象，能干的事情都抢着干，不能干的事情没人干。所以，在寻找合伙人时一定要寻找能力互补的人。

小米公司的七个合伙人都有明确的分工，雷军负责全面工作，其他六人分别负责研发、营销、公关、手机、电视和网络等板块的工作，彼此之间互补性很强。

这个例子表明，创业者找能力互补的合伙人非常重要。雷军在组建小米团队时，就特别注意核心人物在能力上的互补，甚至在思维角度上的互补。

如果想要长久合作，创业者要注意两个非常重要的要素，就是利益分配机制和能力贡献测评模型。当创业时间过了一两年，大家会发现各自的能力贡献不一样，如果股权结构和利益分配机制僵化，可能会导致有实力的人拿得股权少，没能力的人拿得股权多，最后导致散伙。

此外，还有一个重要因素是领导人的替换。当我们发现最初引导创业的人原来是个追随型特质的人，而且在团队中出现了有领导型特质的人时，一定要交换岗位，尽管这件事会有一定的难度。但记住，让最合适的人待在最合适的岗位上，并且保持一种能上能下、互相配合的心态，创业者才能真正成功创业。

怎样才能找到理想的创业合伙人

创业是每一个人的梦想，但在这个合伙创业的时代，如何找到理想的创业合伙人是很多创业者在创业时遇到的最大的困惑。下面我们针对寻找创业合伙人过程中的一些难题做一个综合的解答。

一、创业者最重要的工作之一就是找人

创业者最重要的工作之一就是找人，而这一点，在创业之初显得尤为重要，很多人都说，找合伙人太难了，但我觉得，你找不到合适的人只是因为你花的时间不够多。

创业者在找合伙人时，首先要认识自己：自己是个什么样的人？自己愿意付出哪些代价与合伙人共事共享？只有对自己有清楚的认知，才能找到与自己志同道合的合伙人。

二、为什么要有创业合伙人

在这里我将创业合伙人的必要性归纳为“三分一信”:“分工”“分劳”“分忧”，以及“更可信”。

分工：产品找技术，内容找市场，内向的人找能说会道的人，有关系的人找干活的人。合伙人各司其职，不求全才，但求专业、负责。

分劳：一些细小的工作难以定位，企业日常管理也很难由一个人全盘负责。大体上，CEO 总揽全局，但这不代表其他合伙人只是像部门总监一样各扫门前雪，他们仍然是领袖。此外，当 CEO 过于繁忙，或因故难以出席某些重要场合时，合伙人有义务，也有资格担起这份责任。

分忧：像朋友一样互相支持。理想的合伙人应成为彼此不同寻常的好朋友，互相提供精神上的援助，避免在繁忙的初创期感到孤独和恐惧。

更可信：你认为投资人敢轻易投资给只有一个股东的公司吗？答案是否定的。很多投资人都把“合伙人制”当作投资的首要条件，其目的就是要防范一个人做决策的风险。“共和”是一个好东西，独断专行的风险是很高的——至少一般人都会这么认为。

三、选择创业合伙人时容易出现的问题

先到先得：一些人才很早就对你的项目产生兴趣，但可能缺乏领导能力，或者很难与你亲近，因此，他们更适合成为公司的核心员工，而不是你的合伙人。你要与他们明确说明这个问题，然后继续寻找更合适的创业合伙人。

“闪婚闪离”：我们无法避免一个很尴尬的事实——不是每个人都有知人之明。你可能不慎将一个第一印象很好的人拉入团队，但接触半年后就开始对其感到不满意。这就是我们常说“选择合伙人时要接触至少三个月”的原因。

分权管理：创业者必须保证自己的股权足够控制公司，并且需要和合伙人之间建立良好的沟通机制。各自管理小团队、各自下命令的行为对公司是极其有害的。在较好的情况下，创业者只是丧失了对公司前进方向的控制，公司战略动摇；更糟的时候，创业者遭受董事会的排挤，比如年轻的乔布斯曾被自己一手创建的“苹果”踢出公司。

分工不明：如果三个合伙人都是技术人员，也许各自职能还不会太重叠，但如果三个合伙人全是公关人员，到底谁去见媒体？合伙人的技能并非不允许重叠，形象良好、能说会道的技术大牛也不是没有，但他不能包揽所有事务，让其他人无事可做。团队成员在确定分工后必须各司其责，否则，你会发现股权浪费在低效的人手中。

股权兑现制度不完善：公司一定要建立类似于“合伙人基金”的股权兑现制度，或者至少设立股权的成熟期（分四年兑现成熟的股权，一个占 20% 股权的人如果 1 年就走，则只能拿到 5%）。否则，大量股权到手的合伙人若选择离职，又不同意交还股权，也不允许公司回购，这将会给公司带来极大的损失，也会影响其他合伙人及员工的士气——他们接下来要为一个没贡献的人打工了。

四、什么样的创业合伙人适合你

定位明确的人：他是投资人、核心员工还是合伙人？他能负责技术、产品还是公关？如果他有明确的能力和愿望，你就可以考虑将他选为合伙人，切记不要将投资人（尤其是纯粹的财务投资人）选作合伙人，即便他很有才能。你应该把投资人视作老板和导师，因为你们的地位并不平等，将他作为合伙人会带给你压力。

知根知底的人：你的老朋友、老同学、老同事、老战友。你们不用耽误太多时间试探彼此的人品和才能，彼此深厚的关系更是加强了彼此信任。如果你一定要考虑认识不久的人，在和他聊股权之前，请先把他当作核心员工对待。

可控的人：可控不代表他必须听你的，你不需要一个傀儡。可控指的是你们有良好的沟通方式，不会因情绪或性格问题发生争吵，在出现分歧时可以坐下来协调。此外，不要选那些懒惰或者爱说谎话的人，他们非常难控制。

灵活的人：他愿意接受公司的新决定，愿意调整自己的工作，愿意应对预料之外的情况。不管是因为理念还是其他原因导致你们被迫散伙的时候，你要确保你与他可以妥善处理公司事务，而不是闹上法庭。

五、哪些渠道可以找到创业合伙人

身边：老朋友、老同学、老同事、老战友或亲戚。不推荐将亲戚作为创业合伙人，一方面，你们容易闹出事业之外的纠纷，另一方面，其他合伙人会感觉与你们之间有距离。但是亲戚也有亲戚的好处，尤其当你的亲戚有钱或有地位时，创业者可以根据情况自行斟酌。

行业：如果你要做垂直细分深耕某个领域，你就需要在这个领域寻找人才。首先，你要接触这个行业的各种人，多与他们交流，听从他们的推荐，你就有机会发掘该领域的一些牛人。通过引荐或主动联系，你可以和牛人探讨、学习。如果你们情趣志向相合，你可以毫不犹豫地拉他们入伙。

网络：好网友如灵魂伴侣，你们长期在网上的交流也使彼此有一定程度的了解。同时，在网上接受推荐及联系到某人的可能性更高，成本也更低。但是在决定合伙人人选之前，你们一定要见面，一定要有一定程度的线下接触交流。不要轻视网络，但也不要盲信网络。

六、怎样说服目标人选加入你的公司

人们会自然想到一个词——“威逼利诱”。我们先讲“利诱”，用股权、领导力和理想来吸引一个人往往已经足够，只要你具备一定的说服力。

偶尔打打感情牌也是一个不错的选择，只要这确实对企业有利，让那些和你很亲近的人才加入你的公司也并非是不好的行为。

感情牌还有另外一种打法，就是你难以说服其人，但可以说服他的家人（如妻子）。事实上，我所认识的创业者里，不止一个人用这种方法挖到了合伙人，并且关系很牢靠。

很多人认为“威逼”是不可行的，但事实并非如此。我们可以用他本身所处行业的衰落或者他本身职务前途的黯淡来刺激他。怀才不遇的人最容易跟你创业，你要告诉他：“凭你的才能，你本应有更好的发展。”

七、如何寻找技术合伙人

我的一个朋友在北京中关村创办了一家软件公司，他自己并不懂技术，但是在他了解何为创业之前，就非常羡慕这些技术人员，也知道自己一定要寻找到这样的人才，使他们成为自己的创业合伙人。但是想找一位优秀的技术合伙人也并不是一件容易的事情。在过去的三年中，他曾犯过很多错误，走了很多弯路，浪费了很多时间。

但最终，他还是成功地找到了两个技术类合伙人，下面我将他的经验分享给大家。

1. 找到技术人才

其实技术人才有很多，可以说随处都是。但是，如果你害怕他们会偷走你的创意，那么你永远都不会找到优秀的技术合伙人，更不要提邀请他们与你一起进行创业了。

事实上，创意被偷走的风险，比你以为的要小得多。每个人都有自己的创意，而且你的创意在技术人员眼中，很可能非常幼稚，他们没有必要窃取你的创意。

如果你的创意非常简单，任何技术人员都可以在短期内完成，那你就要耐心等待，直到找到值得你信赖的技术人员，并且让他知道，要想实现这个创意，你是不可缺少的因素之一。

如果你的创意非常复杂，十分依赖你的专业知识，那么其他人也无法偷走这个创意。如果你的创意非常吸引人，他们也愿意和你一起，将这个创意变成现实。

2. 制作一个视频

如果你需要立刻找到技术人员，让他们帮助你将你的创意变成真正的产品，你可以做一个视频，向人们详细解释你的创意，告诉人们你需要什么样的技术人才，并且详细说明你会为对方提供什么样的回报，来感谢他们为你付出的时间和精力。

这个视频做得越吸引人越好。如果你没有制作高质量视频的条件，视频的质量差一些也没有关系，有总比没有好，它仍然能够起到作用。

并不是所有技术人员都能成为你的创业合伙人。你需要一个愿意同一家初创企业一起奋斗和成长的技术人员，这样的技术人员才是最难找到的。因为加入一家初创企业意味着在刚开始的 1 ~ 2 年时间里，他们需要承受巨大的压力，每天都要拼命工作，而且收入偏低。

我的建议是，你应该多参加一些初创类型技术人员的聚会，如编程马拉松、初创企业训练营等，尽可能参加所有你能够找到的这类人才的活动。我的几位朋友就是这样找到合伙人的。

这些活动不但可以让你与许多技术人才进行面对面的接触，还能让你建立起一个关系网络，让你在未来需要更多创业合伙人的时候，能够找到他们。

3. 为未来播种

如果你的朋友是一位技术人员，你也可以试着邀请他加入你的初创企业，即使被他拒绝也没关系。因为未来他有可能会对自己的公司失望，然后离职。

当那一天来临的时候，他会主动来找你，问你是否还需要他的帮助。我的朋友就是这样找到第三位创业合伙人的。

4. 寻找“备胎”

如果你的技术人员是兼职为你工作的，那么你需要寻找一名“备胎”。找个“备胎”似乎并不难，但是难点在于，你需要找一个愿意免费为你工作的“备胎”。

无论有多难，你都要找到这样一个人。当主力技术人员忙着其他事情时，你不至于手忙脚乱，甚至将所有工作都停下。

5. 突出自己的价值

作为一个非技术类人才，你的首要原则，就是要清楚你的产品和其他人的产品相比，有何优势。

这样做的好处，是让你能够在竞争中获得优势，而且还能让你在技术类合伙人眼中成为一个更有价值的合伙人，这样你也就不用担心自己会被他们架空了。

6. 技术人才多元化

大多数初创企业的人员构成，都是 20 ～ 30 岁受过高等教育的年轻男性。但是这样做，会让你的办公室中充满了相同的想法和创意。

优秀的创意往往来自不同的经历、多元化的背景及奇怪的个人兴趣。你需要让办公室内的人员呈现出多元化的特点。志愿者经历、旅行的经历、兼职工作的经历或是个人兴趣，都有可能在日后成为创意的引爆点。

合伙“合”的不是钱，而是价值观

在创业起步阶段，最重要的不是融资，而是寻找合伙人。找合伙人是创业的第一个难关。

好多创业合伙人，做了一年不到就散了，这是为什么呢？因为他们只是在“硬件”（物质）上合伙了，比如，钱合伙了、资源合伙了、人合伙了，而在“软件”上并没有真正地合伙起来。我们认为，选择合伙人时最重要的要素有两点：一是价值观一致及事业方向互相认同；二是能力资源互补。大部分创业团队之所以散伙分家，要么是由于创始人价值观不一致或不认同而产生严重分歧，要么是某人的能力或资源对公司的发展未带来核心价值，从而被迫出局。合伙人之间的理念、性格及信任程度，决定了公司的生死。

创业者在找合伙人之前，应该先问问自己为什么要找合伙人。参与创业的每一个合伙人应该是优势互补且在创业过程中不可替代的。如果你的创业项目需要一个技术人员，你可以找一个技术合伙人，但是你的项目并不是技术主导的，那也许花几万元把这个技术外包出去更划算，因为在这种情况下，技术合伙人不是必需的。如果你的创业是技术方向的，某人正好是技术大牛或能够管理技术人才，那么请他来一起合伙是很有必要的。另外，在选择合伙人时，尽量选择自己熟悉和了解的人，如你的同学、同事或你信任的人推荐的朋友，你们对彼此的价值观及性格、能力、资源等方面有较深的了解，因为创业初期的强执行力往往来自创始团队成员的相互熟悉与信任。

大家一定要记住，创业合伙人之间，真正“合”的是心、人品、价值观、愿景、使命感、规则，是一些“软件”的东西，而“硬件”的资源、金钱、人脉等都需建立在“软件”的基础上，只有这样，创业才能走向成功。

一、心

在“合伙”的概念里，包括合资与合作，但最重要的却是合心。只是把钱放在一起，或者“你出钱我出力”的简单组合，只是一个松散结构，绝不牢靠。

那么，能够把大家长久地聚为一体，有难不乱、有利不散的黏合剂是什么?是共同的理念。它主要包括对事业发展目标的认同，对经营、管理原则的主张相近，对权利分配方式的认可。没有这几点的“合伙”，创业团队迟早会散伙。

二、人品

良好的品德永远是选择合伙人的第一法则。在创业初期，我们可能没有太多的资金，没有良好的社会背景，也没有丰富的人脉，唯有自己的一腔热血与对事业的一份执着追求。此时，我们还处在事业的初级阶段，我们的想法、计划书可能都不太成熟，在创业过程中可能会遇到各种事先没有想到的困难。

此时最需要的是我们的合伙人有良好的人品，具体体现在合伙人对伙伴的理解、包容、支持、信任与正面的鼓励，不因为一点小小的困难而抱怨、指责，甚至是动不动就喊着要散伙。合伙人既要做到同舟共济，也要做到雪中送炭。

三、价值观

企业价值观是指企业及其员工的价值取向，是指企业在追求经营成功过程中所推崇的基本信念和奉行的目标。

价值观决定了很多选择：工作动力、职业愿景、为一件事愿意投入多少、为什么离开上一家公司等。在选择合伙人时，创业者要选出与创业公司价值观最匹配的人。

如果两个人的价值观不同，在沟通时就会非常费劲。有一点需要注意的是：如果只是招一个普通员工，那么你只需要关注工作价值观，比如，他选择工作的标准是什么？这是他的工作驱动力。但如果你要招一个合伙人，就一定要关注他整体的价值观：他是一个什么样的人？他想过什么样的生活？因为你找的不是职业经理人，而是一个事业的伙伴。

为此，公司董事长或 CEO 需要先把自己的价值观梳理清楚，才能作为参照物。在比对价值观时，CEO 虽然不需要追求其百分之百符合，但也要避免价值观差异过大，否则会遇到很多问题。合伙人能力特别强，却和 CEO 价值观特别不一致，这种情况对创业公司的破坏性极大，公司会面临“请神容易送神难”的局面。

合伙人对于事物的判断要达成共识，包括什么是对的，什么是错的，什么能做什么不能做，底线是什么。避免主导的人决策后，引来不必要的冲突。

2001 年，马云、关明生、彭蕾、金建杭、吴炯五个人一起聚在办公室，提炼阿里巴巴最核心、最不能丢的东西——目标、使命和价值观。

当天，大家把创业的所有感受、教训、血泪都写在纸条上，贴了整整一面墙。然后他们从 100 多条中筛选出了 20 多条，最后精简到 9 条。这就是阿里巴巴最早的“独孤九剑”价值观：创新、激情、开放、教学相长、群策群力、质量、专注、服务与尊重、简易。

马云说：“没有这 9 条，我们活不下来。有的公司的企业文化是尔虞我诈，搞办公室政治。我告诉新来的同事，谁违背这 9 条，立即走人。只有在这种环境下，我们才能拥有良好的工作气氛。”

2004 年 8 月，比“独孤九剑”更为精简的“六脉神剑”得以确定。当时，邓康明刚刚来到阿里巴巴，出任阿里巴巴集团副总裁，负责人力资源管理。在邓康明的建议下，阿里巴巴将“独孤九剑”简化为“六脉神剑”（六大价值观）：客户第一，团队合作，拥抱变化，诚信，激情，敬业。

最重要的是，阿里巴巴的价值观，不仅要在“百年大计”课堂上宣讲，而且是要持续考核的。在考核中，价值观与业绩的比重各为 50%。

2016 年，马云在一次演讲中这样回顾阿里巴巴的价值观考核：“价值观不是虚无缥缈的东西，是需要考核的，如果不考核，价值观就没用。企业文化是考核出来的。我们十多年来每个季度都考核价值观，将业绩和价值观一起考核。每年的年终奖、晋升都要和价值观挂钩，这是一整套考核机制。”

四、愿景

公司的短期和长期发展规划是什么？一年、三年、五年甚至在更长时间里，公司想做多大？通俗来说，就是大家的野心有多大。

愿景在很大程度上影响了人对于当前工作的重视程度，比如同样是做手机数码店，一个人就想安稳地开个店铺，一年收入 30 万元，另一个人想开许多家店，甚至想做成连锁品牌，最终年收入 200 万元。两个人的愿景差距大，投入的精力、认识的高度也都不同，自然没法在一起合作共事。

五、使命感

一个公司的使命感很重要，它是公司对用户或社会体现的核心价值，是创业者开创事业的动力之一，也是一种潜在的方向，它是一个值得去奋斗的目标。

一个有使命感的人和一个没有使命感的人，对于事物的看法、追求的方向都会有一定偏差，这一点在做决策时会有明显的体现，一边可能体现为利他，另一边可能就是利己。使命感也决定了创业者的格局和高度，决定生意能做多大。

六、规则

规则相对来说是最理性的，合伙人之间必须建立公平、透明、清晰的规则，不管是早期还是后期，只有事先建立规则，才有约定的做法或事后评判的标准，这样才能保证公平性与合理性，以及人的满意度。

总而言之，创业合伙人，"合"的是什么？合伙创业"合"的不是钱，不是资源，而是心，是彼此的商业思维，是价值观，是格局。但是，合伙人要拼钱、拼资源，更要拼价值、拼事业！

优秀合伙人必备的七个特质

找对人，才能做对事。创业者找到好的合伙人至关重要，一个创业者找对了合伙人，就算成功了一半。创业合伙人可以是朋友、同学，也可以是同事，但这些并不是最重要的。一个优秀的合伙人需要具备以下七个方面的基本特质。

一、品性优良

在选择创业合伙人时，创业者首先要看人的品性，如果某人脾气暴躁、不怎么说话，是不适合做合伙人的。那种性格开朗，遇到事情能自我调节，在失败当中还能总结、学习的人才适合当合伙人。

优良的品性还包括重信守约。重信守约是宝贵的商业道德，也是合伙经营中对合伙人的基本要求。

李嘉诚说：“企业成功最重要的因素是正直。为人正直，必能赢得对方的信任与忠诚。成功的合作，是建立在长期互利的基础上的，而绝非短视及贪图小利。一言九鼎，讲到做到，这样的企业家必获商界的尊敬，而商界必助他成功。”

香港鸿基公司董事长李兆基说：“诚信乃创业之本，立国之基，融二者于一体，自能运筹帷幄，决胜千里。经营之道，贵在把握时机，运用市场规律。既要勇敢善战，又需严谋明断；同时还应承担社会道义之责任，古今中外皆然。”

合伙企业对合伙人的道德要求非常高。“人上一百，形形色色”，我们所接触的人难免鱼龙混杂。假如在合伙企业中混入了不具备基本商业道德的人，很可能会断送企业的前途。首先，内部的人防不胜防，“堡垒最容易从内部攻破”。契约和制度规定得再具体、考虑得再周密，也免不了有疏漏，为居心不良者留下可乘之机。其次，合伙人的革除比较困难。在合伙企业建立之后，创业者假如发现了合伙人居心不良，不再愿意与他打交道，只能通过让其退伙或散伙的方式解决，而这就会严重危及企业的生存与发展，甚至企业可能从此一蹶不振。

二、具有危机意识

21 世纪，最大的危机是没有危机意识，最大的陷阱是满足。

企业合伙人一定要有强烈的危机意识，要居安思危。合伙人是否具有危机意识，关系企业应对环境变化的反应能力。无数事实证明，一个组织越是满足于过去的成就，就越容易忽略外部竞争环境的变化。越是缺乏危机意识的合伙人，其变革意愿就越小，变革能力越差，转换核心竞争力的动力就越不足，企业也就容易在竞争中遭到淘汰。

三、勇于实践

勇敢面对一切挫折和失败，是创业合伙人应该具备的一种素质。创业是一个过程，创业并不一定能成功，创业者在这个过程中会遇到很多困难和挫折，要想坚持到最后，就需要合伙人有勇敢的品质，相互给彼此勇气。

只有行动才会有结果。行动不一样，结果才不一样。知道却不去做，等于不知道。不敢犯错误，就容易出错，因为不犯错误的人一定不敢大胆尝试。创业者做错了不要紧，一定要善于总结，然后再做，一直到正确的结果出来为止。

四、舍得付出

创业者要想成为杰出的人，一定得先付出。斤斤计较的人，一生只会因小失大，难成大事。没有奉献精神的人，是不适合创业的。

只计较眼前利益，不懂得“舍”的人一定不是一个合格的合伙人，更不可能成为有成就的人。在合伙初期，创业团队不可能将什么利益都分得一清二楚，也不能在创业的过程中将小利算得太清楚，更多的时候，合伙人之间可能是不分你我的。也许你在平常的生活中是一个特别节俭的人，省吃俭用、精打细算，但在合伙创业之后，绝不能计较太多。因为过分的计较会使合伙人之间产生猜疑而失去信任。凡事让对方一步，对方也会让你一步，这样合作起来才会更舒畅与轻松。

五、善于沟通

沟通无极限，这是一种态度，而非一种技巧。一个好的团队当然要有共同的愿景，需要随时随地的沟通，从目标到细节，甚至到家庭等，都在沟通的内容之列。

计划没有变化快，创业者可能在创业之初做了详尽的商业计划，但随着市场的变化，计划需要随时进行调整。在调整的过程中，合伙人之间除了要有积极的心态，还要及时听取对方的想法与态度。在此过程中，沟通将显得特别重要，如果对方不易沟通，则双方无法有效地合作。所以，沟通和信任是合伙的关键。

六、优势互补

合伙企业就像一部由多个部件组成的机器，各部件之间相互配合、互为补充才能使整台机器正常地运转。一个合伙人组合，假如各自都有各自的优势，而且相互之间互补性强，不仅能为合伙人发挥其优势提供更好的条件，还能产生单个人都不具备的新的力量，而使整体的能力得到加强。

最成功的合伙企业是由才能和背景不相同且能默契配合的人们创办出来的。闻名遐迩的劳斯莱斯实际上是由两位创办者的姓氏合并而成的。在高级轿车的制造上，两人合作无间，使得劳斯莱斯家喻户晓，然而在个性上，两人却有天壤之别。劳斯出身英国贵族世家，从小养成勇敢进取的性格，长大后迷上了赛车，不计代价地希望得到天底下性能最优越的赛车。莱斯则是一名实事求是的工程师，在他看来，一部车只要安全就够了。两人的意见虽有分歧，但两人一起造出的车，却成了爱车人梦寐以求的精品。

合伙人不仅应优势互补，而且还要互通有无。既然是合伙人，就需要做到互通有无，尤其是在商业信息和资源方面，要毫无保留地彼此交换，这才是一个合伙人应该做到的。

七、学习力强

学历代表过去，学习力关系未来。任何一个人在学校所学的知识总是有限的，如果创业合伙人不能养成终身学习的习惯，就很难成长。整个社会的发展和技术的革新，要求人们不断学习，从实践中学习，向竞争对手学习，并在完成一件事情之后，认真总结经验和教训，养成一种习惯。

当前，科技正在改变一切，包括人类自身，改变正飞速而来，一切都在洗牌，企业将面临许多不确定的挑战。因此，对于创业合伙人而言，不断学习新的东西，接受新的观念，适应时代变化是非常重要的。在商业环境发生变化的时候，能够生存下来的，不是强者，不是大佬，而是能迅速适应环境的人，是善于学习的“善变”者。如果你不骑在新时代的背上，你就会被新时代踩在脚下。

怎样防止合伙人散伙

合伙人不管出于什么原因散伙，只要是闹得沸沸扬扬的案例都是因为分家没分好，或者不会分家，如雷士照明、蓝翔技校、真功夫等。如果当初制订好了散伙规则或有散伙预案，不至于亲情破裂，两败俱伤。

很多人不知道，好散比好合更重要，换句话说，好散才是好合的开始。事先约定好散伙规则，会让合伙人内心更坦然，合作更长久、更稳定。而且公平、透明是解决一切争端的基础。那么，如何才能避免合伙人在创业期间散伙？

一、分清友情与合作关系

两个完全陌生的人，不会坐在一起商讨共同创业的相关事宜，只有彼此之间有一定关系的人才能在创业的道路上走到一起，他们可能是亲戚，可能是同学或朋友，也可能是通过朋友介绍而认识的。毕竟，共同创业需要彼此之间相互信任，如果是陌生人，做到这一点并不容易。

但是，一旦双方决定要共同创业，我建议，无论是创始人还是合作伙伴，都不要将对方看作亲密的朋友，并且应该首先将以后可能产生分歧的问题一一列出来，清晰地展现在合作伙伴面前，并对此发表自己的意见，双方共同商讨出彼此都认为比较合理的解决方式，然后将其作为协议的一部分。这便是今后双方都要遵循的内部原则与制度，如果有任何一方的行为违背了协议，另一方都可以以此来维护自己的利益。

无论企业处于什么发展阶段，双方都应该时刻明确做事的原则，如果其中一方因为讲情义而疏忽了原则，就可能在日后被对方钻空子，只有双方都恪守规矩，才能一起走到最后。

二、先做一个彻底的“小人”

中国有句老话:“先小人，后君子。”合伙人之间应先把计较利益得失的话说在前头，把以后可能产生分歧的问题摆出来，并且共同制订可行的解决方案，然后再讲情谊。

然而，有很多创业者都没有做好这些准备工作，有的人是因为觉得对方是朋友，这样做可能不妥；有的人则没有认真对待，只是走了一个过场；还有人因为在法律问题上不够专业，制订的协议也没有多大作用。基于此，一旦今后在企业发展中产生分歧，最后的结果往往不容乐观。

三、多站在对方的角度考虑问题

合伙创业的前提之一就是创始人要正确对待合作伙伴的利益及地位，双方保持公平。怎样理解公平呢？就是能站在对方的角度考虑问题，假设你处于对方的位置，认为提出的要求对你而言是合理的，这就是公平；相反，如果你自己都觉得提出的要求不合理甚至会侵害对方利益，就不应该勉强合作伙伴答应你的要求。

虽然这个道理简单易懂，但很多人都会忽视这一点，就算当时对方不会计较，但长期积累下去，必然会导致危机。所以，凡事都要站在对方的立场想一想。

四、不要怕吃小亏

虽然说在合伙创业的过程中双方要讲求公平，但创业者也不应该凡事都斤斤计较，适当的时候应该懂得吃点小亏，不在小事上过于苛责，这是礼让对方的表现。这样，对方也会懂得在小事上不与你过分计较，只有这样大家才能和平相处，在合伙创业的道路上互相照顾，而且不会损害公司的整体利益。

五、制订好合伙人制度，做到有章可循

与合作伙伴共同创业，双方难免会有意见上的分歧与矛盾，但问题总归要处理，不能因为意见不一致就一直拖延，不去解决，否则，即使拖过了今天和明天，以后势必还会遇到矛盾，这样下去早晚会因为矛盾僵化而难以解决。

对此，最好的办法就是先制订原则与制度，如股权分配制度、散伙制度、对争执不下的问题该如何解决的制度、退股制度等，对这些方面都做好详细的规定和约束。双方达成一致后，以后再遇到类似问题，就按照规矩来办。规章制度就是企业内部统一的做事原则，能够对合作各方都产生合理的约束作用。

不要担心合作伙伴会对你立的规矩太多而表示不满，在企业的发展中会遇到各种各样的问题，当问题出现、各方产生分歧时，他们就会懂得你的苦心与用意了。毕竟，当矛盾出现时，只有各方都有章可循，才能及时处理问题、化解矛盾，合作关系才能够继续维持下去。

六、明确职责分工，各司其职

做好职责分工，做技术的人就专注于研究技术，做营销的人专注于做好营销，做管理的人做好管理，同时，各个部门之间建立起良好的沟通机制。

再者就是合伙人之间要有共同的愿景和共同的目标，才能长久地走下去，这就和谈恋爱一样，两人有共同的目标或共同的喜好，才能在一起生活。

合伙人就像夫妻，天天在一起，总会磕磕碰碰，总会腻歪，但是如果长时间不见，突然一见面又黏在一起了。合伙人也是一样的，平时分工明确，各干各的，每个周会、月会时偶尔见面，又或者晚上时不时一起聚会，探讨一下工作，只有这样，合伙人才能更好地相处下去。

七、不要奢求对方时刻与你保持意见一致

当然，合作各方因为想法一致才能共同创业，但是企业的发展需要漫长的过程，双方不可能一直不产生分歧，这时就要懂得怎样解决分歧、化解矛盾。我们认为，最好的办法是采用控股制，当没有人愿意退让时，将决定权交给控股方。

有人说，找合作伙伴就像找配偶，我们认为这个观点是有一定道理的，因为合作伙伴与配偶之间确实有很多相同的地方。首先，与配偶一样，合作伙伴必然和自己有着密切的联系；其次，合作伙伴与配偶都是对自己知根知底的人；还有就是，能否在创业的道路上走到一起也是需要讲求缘分的，这一点与配偶也是一样的。

在散伙分家这个问题上，新希望集团的刘氏四兄弟能够平稳地将靠亲情维系的模糊产权过渡到现代企业管理的明晰产权，而且每一次“分家”都能让企业实现“裂变式”发展，这不能不说是一个典范。刘氏四兄弟的“分家”模式蕴含着他们的胸怀和智慧，值得每一个企业经营者去思考。另外，管理界有一个“七人分粥”的故事也可以拿来借鉴，故事说的就是怎样才能做到公平。

其实，合伙人离开这件事是一个正常现象，无须过度恐慌。很多导致合伙人离开的问题都可以在事情发生之前解决，防患于未然很重要。创业企业在赚钱养活自己的同时，要重视组织架构的搭建，做到科学管理，好的企业哪怕是换了CEO，也一样可以继续前行。

合伙创业，你必须是个“老司机”

现在，很多人会选择与自己志同道合的朋友一起合伙创业，但在合伙创业过程中往往会出现这样或那样的问题。那么，合伙创业应该注意什么呢？创业过程中合伙人要离开怎么办？书享界创始人、转型家联合创始人邓斌先生向创业者们分享了他合伙创业的感受和经验。

邓斌毕业于华南理工大学计算机科学与技术专业，曾就职华为11年，担任华为公司咨询部资深顾问。

2014年8月，邓斌离开华为，与朱文博、杨道全、蔡明峡、陈吉浩合伙创立了书享界和广州转型家文化公司。书享界创立三年来，坚持以“读书分享，跨界交流”为核心理念，以书读人，兼收并蓄，跨界汇聚中国多样化的新锐思想，与国内200多家出版社建立了合作关系，聚集了大量的读书人。书享界坚持每周分享一本好书，至今已分享了180余期，深受广大读者的欢迎。目前，书享界拥有7万余名来自社会各界的精英书友，其公众号的订阅用户高达10万，是面向企业高管群体的最具持续影响力的读书交流平台之一，在业界风生水起。

谈起自己的创业经历，邓斌深有感触地说：“要合伙创业，你必须是个‘老司机’。创业，就像几个人一起开着一列火车在深夜里飞奔，远处没有灯塔，近处没有灯笼，前面是不是深渊也不知道，这是一件事前热血沸腾、事后想起来后怕的事情。”

在邓斌看来，创业之难在于“创”字，也就是没有向导，创业者面对的大都是不确定的新问题，焦头烂额是常态而非意外，变化总比计划快。雷军说得很形象：“小米是踩着西瓜皮滑到现在的。能滑当然好，但我觉得这个过程更像是‘过山车’，翻过一个山头又遇到一个山头，苦且看不到尽头，但创业的最大魅力恰恰就是在这个过程里痛并快乐着，而非创业成功的结果本身。”

在和平时代，我们所创的“业”，其载体就是企业。“企业”就是“人业”。没人才，企业这辆火车就没有动能，项目只有计划书而没人落实，也是没任何意义的。况且，创业是“开夜车”，一个人“开夜车”是非常恐怖的事情，三更半夜掉到坑里，呼救都没人听到，因此，和伙伴一起上路，是降低风险的常规手段。

邓斌表示：“我们都希望这列‘火车’不是绿皮火车，而是动车，前者的动能只能来自火车头，而后者的动能来自每一节车厢。如果合伙人在一起，力却不往一处使，那可能比绿皮火车还慢。啥叫合伙人？不是为了多加一个人手，而是他的素质、能力和资源，是你自己再孤军奋斗三年都无法补齐的，合伙人的本质是补齐你的短板，以股权换时间。”

合伙是一件开创性的事情，创业者都是摸着石头过河，走弯路是再正常不过的事情，因此，信任很重要，不要质疑合伙人的人品和动机，创业公司不是世界500强，经不起人性的测试，创业者对合伙人要疑人不用、用人不疑。同时，你会发现创业合伙人主要来自“三同”：同学、同乡、同事。因为这“三同”的选择范围虽然看似狭隘，却是简单有效的，马化腾当年创业，也是如此选择合伙人的。

邓斌认为，合伙人的选择，就像选择走进婚姻殿堂的恋人，和对方在一起是否舒服非常重要，什么叫舒服？首要是三观一致，其中一个关键点是：对金钱的看法一致。你想做现金流，他看不上小钱要赚大钱；你想把企业当作马拉松来跑，他想百米冲刺；你想谈情怀，他想谈变现；你想拓新，他想杀熟。这些分歧，都是对金钱的看法不一致而导致的。从邓斌观察到的案例来看，99%的中国式散伙，都是源于对金钱的看法不一致。

一山不容二虎，天上只有一个太阳。一个很糟糕的情况是，大家通过平均股权来创业，集体决策也够兄弟、很民主，然而这却给日后埋下无穷隐患。创业公司为了生存，独裁必不可少，那些看起来很好的民主决策，导致最终没人为决策结果负责，因为一个叫“团队”的虚拟人背负了这个责任。“狼狈为奸”是对创业合伙的最高赞赏。以我们的观察，狼和狈的素质模型是有很大差异的。

狼的素质：做正确的事，重在方向把握。狼具有成功的决断能力，能听得进大家的意见，而且能做出正确的判断结果，有带领团队成功的能力，同时，还有强大的心理素质，肩压千斤依然能微笑。

狈的素质：正确地做事，重在节奏把握。狈有正确的执行能力和准确的理解力，能理解头狼决策背后的真正含义；甘于当绿叶，受得了委屈，在狼要通过跳跃矮墙去捕获猎物时，能让狼踩着肩膀过去。

但人的本性都是“宁为鸡头、不为凤尾”，作为头狼的带头大哥如果没有足够的胸襟和艺术，作为狈的老二们，就会心生委屈了，想要独立门户。如果说99% 的中国式散伙是因为对金钱的看法不一致，那么剩下 1% 就是出于这个原因：不愿寄人篱下，让内心委屈。

邓斌表示：“万幸的是，我从在华为当职业经理人到创办书享界，总体还是在我的能力范围之内。2014 年，在华为接待过多位高层客户后，我发现企业高管们普遍都喜欢阅读，实际上阅读本身就具有非凡的魅力。因此，我创办了书享界，这是一个面向企业高管群体的新锐读书交流机构，其定位为思想践行者的视界，一个阶层的文化生活！”

邓斌说，书享界在创办早期，步伐艰难，但正是合伙人之间对阅读的共同兴趣和能力互补，让书享界在中国读书交流领域获得一席之地。

邓斌表示：“合伙人的好处是可以集思广益，聚集人才和资金。合伙之道是‘合’而不同。创业本来是件蛮不容易的事情，最好的团队肯定是能‘合’而不同的，就是大家的技能、观点不会完全一致，但是能够和谐地为一个目标而努力。”

书享界创立三年来，邓斌一直心怀感恩。他说：“非常感谢合伙人朱文博、杨道全、蔡明峡、陈吉浩等兄弟的合力支持，感谢陈春花、余胜海、李开复、王育琨、段永朝、方兴东、刘江峰、胡泳、铁丁、唐文等老师的支持，在后面的路上，我们会更加努力。以书为纽带，连接背后的思想，进而激发书友思考自己的角色、定位和价值。”

有人说，中国民营企业的企业文化，是老板文化。同理，对于初创企业而言，初创企业的文化，就是创始团队文化。文化是自然而然形成的，是创始团队以身作则，潜移默化形成的。取舍之间见文化，那些不得人心的老大，往往试图名利双收；那些走得远的企业，老大基本是舍利求名的人。名与利，在创业期间的资源紧缺阶段，真是鱼与熊掌之间的关系。回归到价值分配上来，可共苦、无法同甘的事太常见了，上山打野猪虽然辛苦，但兄弟情义在，但一到分猪肉时，兄弟情义就会四分五裂。所以，华为基本法起草者之一、包子堂创始人包政老师说：“企业的核心命题就两个字——分配”。初创企业更是如此。

邓斌认为，一个“现在赚钱、未来值钱”的业务，是维系大家走下去的动力，在创业路上，创业者会时常有走不下去的感觉，在大家都十分辛苦的时候，成功彼岸的美好，是大家坚持下去的原因。

最后，邓斌提醒合伙创业的朋友，一辆火车从海南开到哈尔滨，有人想在武汉下车看樱花，有人想在黄河壶口下车看瀑布，有人想在长城怀旧，不想再一路向北了。就算有人要下车，你也要理解，因为每个人都有自己的人生追求，创业也是一种生活方式，这种生活方式的特点就是不确定性特别大，因此特别绚丽多彩。

Chapter 05

赢在团队：
组建高效团队让事业如虎添翼

当今是团队作战时代，一个企业仅靠领导的个人能力显然难以生存，唯有依靠团队的智慧和力量，才能获得长远的竞争优势和发展潜力，一个优秀的、具有凝聚力的团队才能够做到战无不胜。刚刚起步的创业公司在人才竞争方面往往比不过大企业，因此，打造一支高绩效的团队，培养团队精神，调动团队成员的工作积极性是团队建设的首要工作，也是创业成功的关键。

组建高效创业团队的七大法则

这个世界上没有完美的个人，只有完美的团队。想管理好一支团队，打造一支一流的队伍，不是一件容易的事。

杰克·韦尔奇说："优秀的领导者应当像教练一样去培养自己的员工，带领自己的团队成员去实现他们的梦想。"很多研究和实践都证明，团队型创业的成功率高于个人型创业，一个优秀的团队对于创业的成功起着举足轻重的作用，团队工作的形式可以使团队成员相互取长补短，以此拥有更多的资源、更广阔的视野和更强的能力。因此，唯有组建一支高效的创业团队，依靠团队的智慧和力量，创业的成功才有保障。下面介绍组建高效创业团队的七大法则。

法则一：目标明确，志同道合

创业者要打造一支优秀的企业团队，首先要明确团队的目标和使命。团队的目标很重要，因为目标就是方向，没有目标的团队就失去了存在的意义。所以，创业者要让团队成员清楚自己的奋斗目标和使命，将工作都围绕一个共同的目标展开，才能达成团队目标。

在明确团队的目标后，团队的领头人应该以这个共同的目标为出发点来召集团队的成员。找创业搭档就和找对象一样重要，对方是你事业上的另一半，你和你的伙伴应是志同道合的，有共同的价值观和人生观。

该如何选择团队成员呢？创业者应选择那些认同公司价值观、能够优势互补的人来团队工作。价值观的认同很关键，如果大家不认同公司的价值观，就不能实现良好的沟通，也就没有效率可言。

郭广昌给组建团队的创业者们提了一条建议："我觉得在你考虑谁可以成为你的合作伙伴的时候，最重要的有两点：第一点是他关于人生的基本价值信条跟你的是否一致；第二点是要找到彼此之间有互补性的人。这就要求你对自己要有所了解，你擅长什么？你要寻找跟你互补的人，光这一点就可以筛掉一批人。那些对金钱太斤斤计较的人，你根本就不能要，也就不用去考虑。"

法则二：优势互补，相得益彰

创业者在组建团队时要用人所长，以达成优势互补。创业团队成员不能是清一色的技术型人才，也不能全都是做终端销售的人。在一个优秀的创业团队中，成员应该各有各的长处，大家结合在一起，相互补充，相得益彰。

相对来说，一个优秀的创业团队必须包括以下几种人：一个创新意识非常强的人，他可以帮你决定公司未来的发展方向，相当于公司的战略决策者；一个策划能力极强的人，能够全面细致地分析整个公司面临的机遇与风险，考虑成本、投资、收益的来源及预期收益，甚至还可以负责规范公司的管理章程、设计长远规划等工作；一个执行能力较强的成员，具体负责联系客户、接触终端消费者、拓展市场等工作。此外，如果是一个技术类的创业公司，那么还应该有一个研究高手（甚至是研究型领导者），当然，这个创业团队还需要有人掌握必要的财务、法律、审计等方面的专业知识。唯有这样，团队成员的配备才算合格。

需要补充的一点是，在一个创业团队中，不能出现两个核心成员位置重复的情况，也就是说，不能有两个人的主要能力完全一样，比如，两个人都是出点子的人、两个人都是做市场的人等。因为只要团队成员的优势重复、职位重复，日后团队必然会出现各种矛盾，最终甚至可能导致整个创业团队散伙，这样的例子不胜枚举。

管理者要明白一个道理：并不是所有最强的人组合在一起就能组成一个最强的团队，团队成功的关键在于充分发挥整体优势，做到用人所长、优势互补，以实现最高的效率。

法则三：建章立制，做到有章可循

“没有规矩不成方圆”，一个团队如果想要提升战斗力，必须建立健全的游戏规则，如岗位职责、权利的界定，团队成员沟通、交流方式的确立等。这些规则应能保证一个团队的正常运行，激发团队成员的主动性、积极性和创造性，使整个团队充满活力。

创业者在建立内部制度时，一定要制订相对完善的股东协议，明确合作伙伴和原始投资人之间的关系。

对合伙创业而言，现在是“股份 + 期权”的契约年代。不管是兄弟创业还是合伙创业，能够做大、做强的企业不多，这是因为我们对于创业契约文化还不够了解。在组建团队时，有一些事情需要合伙人坐下来板着面孔谈清楚，提前做好约定。创业者与朋友共同创业时，千万别说“请你来帮我”，而是要事先讲好规则。友情不能维持合伙关系，事实上生意上的合伙关系很容易破坏多年的友情。

俗话说“亲兄弟明算账”。凡涉及权利、义务与利益分配的问题，创业者既不能感情用事，也不能避而不谈。创业契约是创业者在寻找创业伙伴时必须思考、讨论、制订、执行的公司的第一份契约。有了创业契约，大家各司其职，最后可能是一辈子的兄弟、伙伴。如果没有创业契约，最后创业很可能会失败。

规范的创业契约应该说明创业的具体目的，说明每个合伙人的财产、设备、专利和无形的服务、特有技术、人脉资源等投入，把最基本的责、权、利说明白，尤其是要说清楚股权、利益分配，包括对增资、扩股、融资等行为的规定。这样的协议允许合伙人占有不同份额的公司股份，但一定要说明各个合伙人在公司中的地位和职务，是否允许合伙人从事公司以外的其他业务等问题。有一点很重要，那就是合伙人之间以什么样的方式结束合伙关系，即制订“退出机制”，此项一定要在协议中写明，免得日后双方产生不必要的纠纷。

法则四：职责清晰，分工明确

准确的自身角色定位，是团队建设的重要砝码。事实上，一个企业、一个部门想要创造出优良绩效，首先要对每位成员做出准确的定位，做到职责清晰、分工明确、资源共享、消除壁垒，从而使团队实现高效运行。

创业者在对团队成员进行角色定位时要注意以下几个方面的工作。

1. 团队中的角色安排要清晰

在团队中，成员一旦出现角色模糊、角色超载、角色冲突、角色错位、角色缺位等现象，会使成员之间职责不清、互相推诿，最终将会导致团队效率低下。只有清晰的角色定位与分工，才能使团队高效运行。

2. 明确团队成员职责

团队效率与团队成员的职责状况是直接相关的。要使团队更有效率，条件之一是团队成员了解并接受各自的职责，职责不明、职责混乱的现象势必会导致团队效率低下。

3. 角色、职责的安排要以人为本

团队成员角色、职责的分配要坚持以人为本的原则，团队应根据每个成员的能力、特点，把他们放到最适合他们的岗位上，给他们提供施展才华的平台，充分发挥团队成员的专长并促进其个人的成长。

4.“世间万物各有功用”，人亦如此

团队中的每一位成员都是非常重要的。因此，在制订团队角色、职责时，领头人要恪守每一位团队成员都同等重要的理念，才不至于在进行角色职责制订时只强调一个成员而忽视其他成员。只有充分地调动全体成员的才华、特长，才能成就高效的团队。

5. 角色、职责的制订要立足现实，明确成员的期望值

立足现实，明确期望值，就是要求领头人对团队成员有一个全方位的认知，要分析团队成员各自的性格特征、能力、体力和所处环境等具体条件，并了解和把握好团队成员的期望值，进而根据这些认识去安排他们的角色、职责，最终使他们的角色安排合理化，充分调动他们的积极性，为提高团队效率贡献力量。

在设定角色、职责时，领头人要将团队成员的表现作为首要目标，而不是强调个人英雄主义，确保团队成员既要独当一面，又要相互协作。

6. 要进行上下级职务双向互动描述

对上级而言，更要以高屋建瓴之势，俯瞰下属的职责是否均衡覆盖本团队的所有流程和作业，优化分工、统筹安排。合理的组织结构和岗位设置既可以防止人浮于事，又能保证科学分工。

明确角色定位能为团队的高效运作提供有力的保障。这是因为明确了各自的职责后，就能有效确保团队成员各司其职、各尽其力，避免了因不规范而相互扯皮的现象。

法则五：心胸博大，宽厚待人

创始人应该有博大的心胸，能宽厚待人，懂得如何与人合作，让团队成员体会到合作带来的快乐、喜悦，并分享劳动成果。

携程网创始人梁建章曾说过：“我觉得包容性是很重要的，越是高层的领导，能包容的人越多。我们几个管理层之间也有分歧，但都是‘健康’的分歧。一开始的时候，对于模式的确立，大家都提出了自己的观点。现在我们的分工非常明确，都是互补性的，大家的决策越来越准确，争吵会少很多。”

一个人的心胸决定了他所能达到的事业高度。宽容是领导者首先必备的一种道德品质，是合作的黏合剂。唯有和谐的合作才能让合作者感到愉快，才能激发出合作者最大的工作热情和才智，打造一个有竞争力的团体。

在合作过程中，不要太计较小事。创业团队里最关键的人自然是企业的领军人物，而其对员工的管理要审时度势，宽严有度。

法则六：建立有效的沟通机制

有效的沟通能及时消除和化解领导与成员之间、各部门之间、成员之间的分歧与矛盾。因此，企业必须建立良好的沟通环境，以增强团队凝聚力，减少“内耗”。

对管理者来说，首先应意识到沟通的重要性。管理就是沟通，许多企业的管理问题多是由沟通不畅引起的。良好的沟通可以使人际关系和谐，有助于团队顺利完成工作任务，达成绩效目标。沟通不良会导致生产力低下、品质与服务不佳，使成本上升。

沟通的实现得益于良好的机制。第一种是正式的沟通渠道，如月会、周会、座谈会。第二种是非正式的沟通渠道，如电子邮件、周末旅游、小型聚会等。无论是通过哪种形式沟通，都必须让别人说话，并且是说自己愿意说的话。陈总是上海一家知名企业的 CEO，他非常擅长与员工沟通。虽然公司的营销网络遍布全国，业务队伍庞大，但无论陈总多么繁忙，都会在百忙之中打电话给团队成员，或者亲笔给团队成员写信。因而，即使是一名身在远方的普通业务员，都会感到自己与公司的距离很近。公司每月会收到来自全国各地一线员工的建议书，这些建议一旦被采纳，建议人还会受到奖励。

法则七：宽容对方，求同存异

由于团队成员在认识上的差异，加上在信息沟通上的障碍、态度的相悖及利益的互斥，矛盾和冲突在所难免。当破坏性的矛盾和冲突发生后，大家就应该坐下来，通过协商的办法来解决，但在协商中也应注意一些技巧的运用。

1. 先做自我批评

团队成员之间的矛盾、冲突是由多方面原因引起的，其中有自己的原因，也有对方的原因，还可能有第三者的原因。我们要顺利地化解矛盾，就应该从自我批评开始。这样能给对方造成负疚感，也能把自己的错误找出来，避免将矛盾激化。当然，提倡自我批评并不意味着没有原则地迁就对方。从某种意义上说，“责己”既是手段，又是策略。

2. 宽容对方

宽容是一种高尚的品质。在一个团队内部，由于每个团队成员的性格特征都不同，考虑问题的出发点也不同，难免会产生摩擦，但每个人都应该抱着一种“对事不对人”的态度去接纳别人对自己的批评和不理解，而不能一味地去争执。许多东西需要时间去证明，争论没有任何意义。

3. 回避退让

回避不等于逃避，而是为了防止矛盾激化，并在回避中等待解决矛盾的时机。当矛盾或分歧比较严重并难以立刻解决时，为了避免矛盾激化，我们应有意识地降低与有矛盾的合伙人的接触频率，避免正面冲突，争取使大事化小、小事化了。

4. 求同存异

存在矛盾与冲突的各方，可以暂时避开某些分歧点，并在某些共同点上达成一致，以达到矛盾与冲突的逐渐解除。这是解决合伙人之间的矛盾与冲突而不影响企业正常运行的最好办法。求大同、存小异，大事讲原则，小事讲风格，在枝节问题上不苛求于人，这不但可以避免冲突的发生，还有利于解除现有的矛盾与冲突。

5. 模糊处理

在特定的条件下，对于一些非原则性的矛盾与冲突，我们可采取模糊处理的办法。模糊处理，不是不问青红皂白，而是因为无法分清在冲突中谁是谁非。若冲突双方均为无事生非、毫无道理，却硬要争个是非分明，反而会助长对立、激化矛盾。模糊处理法是处理非原则性的冲突的最好方法。

总之，一个企业能否走得更远，取决于领导和创业团队成员的基本素质。企业的成长是人才成长的一个集中体现，企业的成功也是人才的成功。组建一支优秀的创业团队，对任何企业而言都是一项至关重要的工作，它决定着创业的成败。而优秀团队的标准是团队成员拥有高度责任感、丰富的行业经验和合作的心态。

世界上没有完美的个人，只有完美的团队。作为一个创业公司的老板，你与其跟马赛跑，不如骑在马上。团队成员就是所谓的“千里马”，只有组建出最合适的创业团队，才能马到成功。

如何让新员工快速融入团队

众所周知，新创办的企业招聘的大多数员工都是新手，当一名新员工加入企业后，面对新的工作环境和陌生面孔，心中难免有些不安。如何帮助新员工驱除这种陌生感？如何使他们更好、更快地融入团队，在短时间内成为优秀的员工？

一、进行必要的入职培训

新员工加入企业后，第一件事就是进行入职培训。新员工通过入职培训可以进一步了解企业文化、业务流程、管理制度、发展历程等。同时，入职培训也能验证企业在招聘过程中的各种说法，可以使员工进一步坚定自己的选择。因此，新员工的入职培训对企业来说特别重要。

中国最大的民营企业华为公司就建立了严格的培训制度，新员工在入职后，都要根据不同岗位，进行两到三个月的入职培训。

同时，华为大学是华为公司的优秀人才的摇篮，它没有专职讲师，而是让公司最优秀的员工来培训员工，让最优秀的人培养更优秀的人。年轻人一批批被派往国外考察学习，一批批走向领导岗位。

必须指出的是，很多企业把枯燥的文档和文件作为帮助新人快速上手的主要途径，这会让新员工感到反感和厌学。

管理者不应该只是一味地给新员工灌输信息，还应督促他们与老员工建立良好的同事关系，因为这也是促进信息传输的途径之一。有了这种关系，老员工就会帮助新员工弄清什么是真正重要的，什么是无关紧要的，未来他们还可能成为新员工宝贵的人脉资源。一家深圳的科技公司把新员工“空运”到上海总部，让他们接受了几个星期的培训，但在这期间又给他们留出了足够的社交时间去与其他员工见面交往，并把老师和各部门、车间负责人的姓名、电话都告诉了新员工。结果，一位参加了培训的新员工说：“我成功地和公司上上下下的人都混熟了，如果五六个月后我遇到了什么工作难题，可以随时拿起电话向他们求助。”

管理者可以通过各种方法更好地平衡信息传递和培养员工之间的关系。他们在帮助新员工熟悉情况时，可以着重说明组织成员各自担当的角色和职责，尤其是要解释新员工所属工作团队以外的那些员工的角色和职责，而不要只讲公司的业务和工作流程。

二、提供富有挑战性的初始工作

在传统管理中，新员工被看作什么都不懂，什么也不会干的实习生。在国内初创的中小企业中，我们经常听到这样的话：“这就是大学生，还不如我这个高中生干得好呢！”确实，即使是那些头脑灵活的大学毕业生，面对人情世故，面对需要双手灵巧操作才能做好的“下手活”时，也可能表现得笨手笨脚。

主管经理要给新员工提供富有挑战性的初始工作，这是件很重要的事情。富有挑战性的初始工作是指员工现有能力所不及的，但通过发挥潜力和主观能动性又可以完成的工作，这项工作还可作为临时性岗位安排。

如果管理人员对自己的新下属已经有一定的了解，可以针对各员工的素质特征，提出契合员工情况的“期望”，这会让员工感到自己的上司不仅关心自己的发展，而且对自己很了解，最终真的成为上司所希望的那种人。事实上，管理者对新员工越是抱有希望，给予的信任和支持越多，他们就干得越好。

在新员工融入企业的过程中，企业管理者和员工都扮演着重要的角色，只有各方都做到各司其职、互相沟通，才能使新人尽快融入公司。

三、要帮助新员工建立伙伴关系

对刚入职的新员工来说，伙伴比导师更重要，原因有以下几点。新员工在初始阶段更关心的是如何弄清公司的制度和常规，而不是未来的职业发展。通过伙伴的指导，新员工能够很快掌握公司的情况（例如，在客户会议上如何着装才得体），以及公司运作背后的各种繁文缛节和微妙之处（例如，争取加入重大项目组的最佳方法是什么）。此外，伙伴关系有利于新老同事建立和发展友谊，而由经理或导师来介绍就未必能建立这种关系。

所以，精明的管理者会主动通过正式或非正式流程来帮助新员工与至少一位同事建立起伙伴关系。一旦指定了某位员工作为新员工的伙伴，管理者会经常检查，看这种关系是否能保持下去。如果这种关系没能发展下去，那么管理者会挑选另一人充当这一角色。有些公司故意指定不属于新员工项目组中的人作为他的伙伴，目的是使新员工能马上接触到公司其他部门的人。

公司的大部分知识和专业技术都存储在员工身上，因此，新员工要在他们真正融入集体之前，克服工作初期不愿与他人交往的心理障碍，建立起自己的信息网络。管理者可以通过一种全新的思维方式，帮助新员工实现这一目标，即从问自己“我的新雇员需要知道些什么？”到问自己“我的新雇员需要认识谁？”的思维方式转变。这样，管理者就可以把精力放在为新员工制订一份关键人员名单上，再以此为基础为新员工的融合计划安排各种必要的互动。

四、支持员工的职业探索

每个员工都会有自己的职业生涯设计，他们追求的可能是权力、财富或是工作的稳定性。员工对自我的职业认识有一个探索过程，因为同一专业的人可以从事不同的职业。另外，有一些特性可以在工作中进行培养，但有些特性却难以培养。所以，为了避免埋没员工在现有岗位上无法展露的一些特殊能力，管理者应大力支持员工的职业探索。

五、注意直接主管对新员工的影响

新员工进入某一具体部门工作后，由于工作关系，与之接触最多的就是其部门主管，作为该部门的主管和业务骨干，他们对新员工有着极大的影响和带动作用。

新员工的直接主管们要严格按照工作规范办事，并尽可能做到最好，这对于培养新员工规范、熟练、精湛的业务技能十分重要。

管理员工的八大要点

企业管理的核心就是建立激励制度，让员工减少负能量，把公司当作自己的家。初创企业的员工管理方法，大致有以下八个要点。

一、充分了解员工

管理者要想充分了解员工不是一件容易的事，但若能做到，工作开展起来会顺利得多。俗话说“士为知己者死”，一个能够充分了解自己员工的管理者，无论在工作效率，还是人际关系上他都会是个一流的管理者。

了解员工，分为三个阶段。第一阶段：了解员工的出身、学历、工作经验、家庭环境及兴趣、专长等，同时，还要了解员工的思想，以及其是否有干劲、诚意、正义感等。第二阶段：当员工遇到困难时，如果你能预判他的反应和行动，并能恰如其分地雪中送炭，这就表明你对员工的认识更进了一步。第三阶段：知人善任，管理者熟知员工的专业技能可以使每个员工在其工作岗位上发挥最大的潜能。

另外，管理者要给自己的员工足以考验其能力的挑战性工作，并在其面临困境时，给予恰当的指导。总之，管理者与员工彼此间要相互了解，在心灵上拥有默契，这一点对一个中小企业的管理者来说尤为重要。

二、聆听员工的心声

企业的管理者都有强烈的自我主张意识，这种倾向有助于果断、迅速地解决问题，但也容易使管理者一意孤行，听不进他人的意见，导致决策失误。在企业的管理中，聆听员工的心声也是团结员工和调动员工积极性的重要途径。如果一个员工的思想出了问题，失去了工作热情，便很难卓有成效地完成你交给他的任务。

这时，管理者应耐心地听取员工的心声，找出问题的症结，解决他的问题并耐心开导他，这样才能有助于管理目标的实现。对待犯错误的员工，管理者不应一味地责难他们，而应采取聆听的办法，给他们解释的机会，因为只有了解个别情况，才能对症下药，妥善处理。

三、不断创新管理方法

管理员工就像开汽车，司机在开车时需小心地观察指示器和路面，如果路况有新的变化或指示器的指针有变化，司机应及时采取措施，避免出现事故。管理员工也是如此，管理者要想让员工在其制订的轨道上工作，就要仔细观察、经常调整，以防出现偏差。

在日常管理中，管理者要注意员工的各种变化，在基本管理框架内灵活地运用各种技巧管理下属。对于中小企业的管理者而言，他们的责任更加繁重，因为他们既不能墨守成规地管理下属，也不能用固定的模式去设计企业的蓝图。管理者要想采用新的方法处理员工管理中的新情况、新问题，就必须有超越常规的意识和能力。

四、德才兼备，量才使用

俗话说：“尺有所短，寸有所长。”我们每个人在能力、性格、态度、知识、修养等方面各有长处和短处。为此，管理者在用人时先要了解每个人的特点，十个员工十个样。有的人工作起来利落迅速，有的人谨慎小心，有的人擅长处理人际关系，有的人却喜欢埋头默默工作。

在许多企业的人事考核表上，经常有一些关于处理事务的正确性、效率等评分项目，能够取得满分的人才称得上是优秀的员工。但一个管理者不仅要看到人事考核表上的评分，更要在实践中观察员工的处事态度、效率和准确性，结合每个员工的长处给予适当的工作，此外，管理者还要关注其潜能。只有如此，管理者才能灵活、有效、成功地管理员工，使事业蒸蒸日上。

五、淡化权力，强化权威

对员工的管理最终要落实到员工对管理者或下属对上司的服从关系上来。这种领导服从关系可以来自权力或权威两个方面。如果管理者地位高、权力大，谁不服从就会受到制裁，那么这种服从来自权力。如果管理者的德行、气质、智慧、知识和经验等人格魅力，使员工自愿服从其领导，那么这种服从来自权威。一个企业的管理者要想成功地管理自己的员工，特别是管理比自己更优秀的员工，人格魅力形成的权威比权力更重要。华为公司创始人、总裁任正非就是靠个人的人格魅力来管理华为 18 万名员工的。

六、允许员工犯错误

一个管理者若要求下属不犯任何错误，就会抑制其冒险精神，使之缩手缩脚，失去可能成功的机会。冒险精神是一种宝贵的企业家素质，而冒险需要勇气和资本。

只有靠着灵感去冒险，才可能有成功的机会。虽然冒险也有可能导致失败，但是若管理者不允许员工失败、冒险，甚至对员工的失败、冒险行为进行处罚，那么员工就会不愿创新，企业便失去了赖以发展的重要动力。因此，管理者应鼓励员工理性地去冒险、去创新、去创造商机，应允许员工失败。当下属因冒险而犯了错误时，管理者不应过多地指责；当下属冒险成功时，管理者务必多加赞赏，并给予相应的回报。

七、引导员工合理竞争

企业再小，员工之间也是存在竞争的，而竞争又有正当竞争和不正当竞争之分。正当竞争就是采取正当手段或积极方式正向攀比，不正当竞争就是采取不正当的手段制约或打击竞争对手。一名管理者应关注员工的心理变化，适时采取措施，防止不正当竞争，促进正当竞争。

为此，企业要有一套正确的业绩评估机制，要以工作业绩评估员工能力，不要根据员工的意见或上级领导的偏好、人际关系来评价员工，从而使员工的考评尽可能公正、客观。同时，企业内部应建立公开的信息渠道，让员工之间多接触、多交流，有意见时可以正面沟通。

八、激发员工的潜能

每个人的潜能是不同的，对不同特质的人，采取不同的刺激手段才可能达到好的激发效果。医学研究表明，人类的思维和行动均源于大脑皮层的活动，而大脑皮层又有内侧与外侧之分，这两部分各有不同的功能。管理者应将这一原理运用到企业管理中来，根据不同员工的特点采取不同的激励方法。

初创公司如何留住员工

经常有人跟我说，在公司里员工工作没有激情，制度执行不下去，公司也留不住人才，管理者不敢管员工，稍微一严格，员工就会辞职走人。这些都是摆在管理者面前的棘手问题。

要想解决这个问题，就要找到问题的根源，“赶走”员工的究竟是什么？经调查发现，员工离职主要有以下十大原因。

01 员工对直接上级的管理方法和风格不满意。

02 企业的管理制度与流程不合理。

03 员工感觉自己的待遇与贡献不成正比，干得多拿得少。

04 对单位的发展前途缺乏信心。

05 员工对企业的工作环境与工作条件不满意。

06 员工不喜欢自己的工作。

07 工作量不合理，压力大。

08 没有时间做自己喜欢的事情。

09 工作职责不明确。

10 与同事关系不好。

如果你还在为员工的不断离职感到烦恼，不妨尝试以下十种留人方法。

一、招人不如留人

中国有句古话叫“外来的和尚会念经”。同样是和尚，为什么外来的会念经呢？这反映出许多管理者舍近求远的思想：总觉得没有得到的才是最好的，却不知道珍惜已经得到的。同样的情况发生在现在的许多企业，尤其是初创的企业，它们在前门大量招聘，而大量员工却正从后门溜走。

我们要明白替换一个员工的成本其实并不低。它包括招聘的费用，还包括因为员工离开企业而流失的客户价值，新员工在学习阶段的培训成本、适应时间的成本，以及他们融入团队的适应成本。据调查，替换员工的成本高达辞职者工资的 150%。因此，管理者在挖空心思到处招聘人才的时候，首先应该想到的就是如何留住人才。

留住人才的前提是招聘到合适的员工。很多企业的经验表明，当初招聘什么样的人与你能否留住他有着重大的关系。很多初创公司因为人才频繁流失，怕招不到员工，就降低录用门槛，匆匆忙忙地把人招进来，但这些人往往干几个月就离职了。很多企业在招聘人才时，并不强调或不去了解他们是否愿意长时间地待在公司，或者能否适应企业文化，结果导致整个团队的不和谐。因此，对新进员工进行科学的测评来确定合适的人才应该是管理者必须考虑的措施。我们都不希望雇用那些频繁跳槽的人，即便他很有才华。

二、给予有竞争力的薪酬

薪酬这一点，当然是很重要的，大多数人还需要考虑挣钱的问题，他们工作的一个主要目的就是挣钱。特别是在创业公司中，很多年轻人都需要先解决物质方面的问题。如果企业能给出有竞争力的薪酬，那么在一定程度上可以留住员工。

除了薪酬，股权或期权也是薪酬的一种方式。对于创业管理者来说，股权激励更加重要。如果管理者给员工一定的股份，让员工变成公司的股东，他将更加愿意为公司长期努力工作。

三、加强员工培训

培训——最好的礼物。21 世纪企业最紧缺的是什么？人才！人才最急需的是什么？“充电”！一份调查显示，80% 的人认为“学了新的知识和技能，能力又上一层楼”是当今职业发展路上最令人满意的事。对于企业来说，为员工制订科学的培训计划并持续开展培训工作，不仅能提升员工的综合素质、核心竞争力，更能使员工体验到一种被关怀的感受。

培训的作用和功能，还体现在能为企业的各个岗位储备随时可以使用的后备人员，能真正减少某些岗位上员工流失所带来的负面影响。在许多企业里，员工都认为教育和培训是公司为他们提供的最好的福利和奖励手段。管理者要牢记：培训是高于金钱的留住员工的有效措施。

四、持续培养员工对工作的兴趣

兴趣是一个人努力工作的强劲动力。当一个人对某项工作感兴趣的时候，即使不分昼夜地工作一个星期，他也不觉得累；而当他对工作厌烦的时候，即使干一个小时，也觉得身心疲惫。而一个人是否对一项工作感兴趣，很大程度上取决于他认为工作是否有意义。如果他认为一项工作是很有意义的，他就会非常投入，即使在他人看来，他的收益和付出不对等。因此，如果让员工觉得自己的工作是有意义的，员工就会长期心甘情愿地干下去。

五、建立独特的企业文化

虽然经常有人说："钱不是问题，但是没有钱，是很大的问题。"然而，对于企业来说，可能一个员工会因为较好的薪酬待遇而进入一家初创企业，但是如果这家企业的文化没有足够的吸引力，企业无法获得他长期的认同，等他找到下一家待遇也不错的公司时，可能就会离开了。

所以，只有持续地将帮助员工健康成长及帮助他们实现梦想和目标作为工作的关注点和出发点，制订科学、合理、规范的激励制度，塑造适合员工和人才成长的企业文化，才能从根本上解决员工的困扰。

在阿里巴巴的员工看来，他们崇拜的是自己和自己的事业。在这种不断复制的文化价值中，阿里巴巴激发了员工的工作潜力，也使得阿里巴巴的员工有着相当高的忠诚度。

马云曾说："在阿里巴巴公司的平时考核中，销售成绩好，但是不讲究团队精神和质量服务的人，我们称这些人为'野狗'，并会毫不手软地'杀'掉他。因为这些人会对团队造成非常大的伤害。当然，对那些热情、善良、友好，但业绩不好的人，也就是我们称为'小白兔'的人，我们也要'杀'。毕竟我们是公司，不是救济中心。不过，'小白兔'在离开公司三个月后，还是有机会再进阿里巴巴的，只要他能把业绩搞上去，而'野狗'就没有这个机会了。"

虾米网创始人王小炜曾供职于阿里巴巴，在他看来，阿里巴巴是所有互联网巨头公司中最喜欢给员工灌输价值观、塑造企业文化的公司，它能把自己的梦想和价值观源源不断地灌输给你，用其"扭曲磁场"使得你产生认同并与之共同努力。

总而言之，打造一种先进的企业文化，对于企业来说是非常重要的。刚创立的企业没有原始文化基因，就如在一张白纸上画画，会更容易打造出先进的企业文化。在企业文化中，要多体现一些对员工的关心，对员工个性、人性的理解。当然，企业文化要有企业的特质，如果员工不符合企业的特质要求，那么也没有留住他的必要。

六、了解员工的真实需求

不同的人，价值观是有区别的。所谓价值观，就是这个世界上不同的事物在人们心目中的重要性。同一个事物，在不同的人心目中的重要程度是不同的。基于人的这一特点，我们在对待员工的时候，特别是在对待员工去留的问题上，要尤其注意了解员工内心的真实需要。

用人难，难用人。压倒骆驼的可能是一根稻草，“赶走”员工的原因则是管理者不懂他们的心。了解员工的内心所需，才能尽可能地避免员工特别是优秀员工的流失。

七、防止关键性人才流失

对一个企业而言，最可怕的不是员工的流失，而是优秀员工投奔到竞争对手的阵营中去。如果这个（或这些）员工又掌握了企业的关键性技术或机密，或者拥有众多的客户资源，那后果简直不堪设想。关键性人才在企业里是具有影响力的，他们的言行会极大地影响其他员工的思想和行为，他们一旦“叛逃”，从某种角度上来说，对公司所产生的影响不亚于一场“地震”。

那么，如何防止这种情况发生呢？首先，管理者要及时了解员工的思想动态。管理者一旦发现某人不那么忠诚了，就应该立即着手帮助他转变思想、解决问题，同时加强有关防范工作。其次，管理者要以明确、公平、合法、科学的制度和合同契约予以约束，要让员工在“叛逃”前衡量他要为此付出的代价。

八、帮助员工制订职业发展规划

能留住员工的除了钱和文化，还有一个很重要的因素就是职业发展。在当今社会中，人才的流动性是非常高的。为什么会出现人才流动？水往低处流，人往高处走。员工流动的大多数原因是他认为别的公司可以给他更多的物质回报、更高的薪酬，或者他在这家公司待久了，需要一个更好的发展环境。如果公司不能给员工一种良好的可持续发展环境，那么总有一天他会选择离开。具体的措施需要针对不同的情况来制订，如果公司能帮助员工进行职业生涯方面的规划，使其个人的职业发展与企业的发展相一致，那么他将更有可能留在公司中。

九、定期进行员工满意度调查

一个企业要创造高业绩，需要使客户感到满意，而客户满意度又是由员工满意度直接决定的。因此，从某种角度来讲，我们在工作中的一切方法、手段看似是为了提高企业的业绩，其实，真正的目的是持续保持和提升员工对客户和企业的满意度与忠诚度。

员工满意度是指一个员工将企业可感知的效果与他的期望值相比较后所形成的感觉状态。

企业定期或不定期地进行员工满意度调查可以提高员工对企业的忠诚度，使员工感到受重视和被尊重，可以激发员工的主人翁精神。

满意度调查是指根据科学的方法对数据进行收集、整理、分析，最终得出员工对企业一切工作的最真实的看法。企业在此基础上对各项工作进行改进，从而降低人员流动率，提高企业的生产力。满意度调查是企业与员工保持紧密联系、维持持续竞争力和促进企业的永续经营的有效手段。

十、保持沟通

管理者想要留住员工，关键是要留住员工的心；要留住人心，就要积极沟通。沟通包含语言沟通和非语言沟通，这是留住人才的法宝。

沟通是重要的管理技巧，贯穿于每个人的职业生涯。沟通也是人与人之间相互了解的重要方式，存在于人们生活的每个角落。人生的第一声啼哭声就是一种沟通，并从此沟通不断。研究表明，人在觉醒状态下，有 70%的时间在进行各种各样的沟通，沟通的重要性由此可见一斑。

沟通的类型有单向沟通和双向沟通，而积极沟通有三个指标：准确性、实时性和效率。管理者不应拘泥于探讨沟通的定义和概念，而应注重探索沟通中的一些关键技巧，并在实践中加以应用。

沟通要从员工的角度出发。管理者与员工沟通的形式各不相同，包括例行的会议、每月的员工大会，以及一起吃午餐（可以听到每个基层人员的声音）等。

在大会上，管理者向员工报告公司上一年度、上一季度或上一月度的表现情况，包括公司的营收、成本、利润，甚至连应收账款都可以一一列出。有一些优秀的员工很想了解公司到底在做什么、公司现在的表现如何、自己有没有可能帮助公司进步，因此，他们会仔细领会报告的含义。管理者甚至还可以采取团结员工家人的办法，给员工家人写信，希望他们的家人增进对公司的了解。根据中国的文化，留意员工家里发生的大事，并及时出面给予关心，是一个非常有效的沟通方式。

以上仅为一个沟通案例。其实沟通的技巧有很多，管理者要注意沟通的出发点，而出发点包含在表述方式、语气和神态等沟通形式之中。沟通中要尽量少做假设，把假设当作事实来沟通会让人产生逆反心理。在与别人沟通前，先进行自我沟通，可以增强沟通的有效性。所谓自我沟通，是指为自己定向，包括弄清楚沟通的目的、心态、方式等。沟通一种价值比沟通一种内容更容易让对方接受，沟通价值与沟通内容的差别，本质上是沟通出发点的差别。

其实，非语言沟通在一些特定场合是沟通的最佳手段。例如，领导为鼓励和赞扬业绩突出的员工，由衷地竖起大拇指；领导在公共场所拍拍员工的肩膀、给出一个赞许的眼神等。这些动作的效果，相对言语鼓励而言，有过之而无不及。

积极沟通事半功倍，消极沟通事倍功半。消极沟通可能导致员工情绪低落、失去动力、失去信心，并且这种后果有可能在员工间蔓延，形成消极的企业氛围。

总之，企业想留住员工，需要给员工四个机会：要让员工有机会做事、有机会挣钱、有机会成长、有机会发展。没机会做事就意味着没机会表现，没机会表现就意味着没机会升迁，没机会升迁就意味着没机会涨工资，而大部分人工作的第一个目标就是增加收入以满足自己的物质需求，如果没有做事的机会，也就失去了满足这个基本诉求的可能性。如果光有做事的机会却没有挣钱的机会，员工也会离你而去。这两个基本条件满足之后，员工就开始寻求自我成长和发展了，一旦自己成长起来了，就会有强烈的满足感和愉悦感。

与此同时，企业还要给员工四种感觉，即目标感、安全感、归属感、成就感。没有目标地工作就如同毛驴拉磨、原地打转，员工很快就会失去原有的兴趣。没有安全感会让员工天天提心吊胆、无心工作，这也是为什么经营不善的企业都不对员工坦白的原因：倒闭的流言一旦传开，员工就会失去斗志，一门心思地想着自己的后路。归属感是提高员工工作效率和激发主观能动性的法宝，只有把企业的生意当作自己的生意，员工的动力才是最强劲的。成就感则是一个更高层次的精神追求。

正如马云所说：“只要钱到位了，并且不让员工心里憋屈，公司就能留住一个员工。”结合上面所说的，我们就能够发现，钱给到位并不是指越多越好，多数员工对自己的薪资是有一个定位的，只要薪资到了心理阈值就可以了，不用虚高。而心里憋屈就难解决了，因为员工心里憋屈都是因为感觉自己的被重视程度不够，而这只有认真观察才能知道具体的原因。

总之，员工管理特别人才管理是企业发展的根本动力，选对人、留住人是企业管理中最艰难的一项工作。

如何培养团队精神

团队精神是高绩效团队的灵魂，一个企业如果没有团队精神，就如一盘散沙，就不会有统一的意志与行动，更不会有高的绩效。因此，团队必须避免员工成为“温水里的青蛙”，要想办法激发团队活力。

团队缺乏活力多数是团队自身的缺陷造成的，如团队成员没有工作积极性、关系不融洽、缺乏沟通等，如果团队内部的气氛紧张，成员连简单的谈话交流都无法进行，就更谈不上交换和共享信息。同时，团队活力欠佳说明其自身设置也存在问题，如团队所属的组织没有提供明确的目标、合理的指令或解决问题的工具。因此，很多时候团队出现问题并不是因为疏于管理，而是由于团队内部出现了问题。团队工作方式、目标、程序和决策及人际关系等方面的问题才是导致团队无法正常运行的元凶。

一、优化组织文化，塑造团队精神

健康向上的组织文化能够引导员工树立正确的世界观、人生观、价值观，引导员工将自己的行为与团队的整体目标协调起来。同时，良好的组织文化有利于营造和谐的人际关系，温馨的组织气氛有利于增强员工之间的信任与理解，加强人员之间的合作有利于给员工建立一个良好的工作环境，使每个员工都有归属感。只有这种融洽的、正向激励的工作氛围，才能真正激发出员工的工作激情。

而团队精神是保持团队活力的必要条件。团队精神是一个团队的共同价值观在企业文化上的反映，也是企业的灵魂。一个群体如果没有团队精神，就是一盘散沙；一个团队如果没有共同的价值观，就不会有统一意志、统一行动和战斗力；一个团队如果没有灵魂，就没有生命力。

团队精神的培养，有利于塑造团队凝聚力。塑造团队凝聚力是指通过对团队意识的培养，结合员工在长期的实践中形成的习惯、信仰、动机、兴趣等文化心理，引导人们产生共同的使命感、归属感和认同感，并反作用于团队精神，形成一种强大的团队意识。

二、以人为本，加强沟通

公司里有些部门或班组存在团队成员之间、管理者和员工之间缺少沟通的情况。缺少沟通会导致团队的凝聚力不够，还会使员工的执行力大大降低。

沟通作为一种交换信息、交流情感的手段，一直伴随着我们的成长。沟通是管理的灵魂，无论是安排工作、化解冲突，还是进行计划控制，无不需要良好的沟通。一个优秀的管理者必将其 70% 的时间用在与他人的沟通上。因此，只有进行有效的沟通，才能打造出高效率的团队。随着团队管理理论的发展与成熟，各类活动的组织将更多地依赖说服教育，而非强制命令。团队成员之间的有效的沟通与协作，对于提高企业的生产效率也尤为重要，同时它也是医治团队成员偷懒的有效方法。

三、定期与团队成员进行面谈

管理者要定期与每位团队成员进行面谈，至少每月一次，最好每两周一次。许多忙碌的管理者都会说:“我的员工都知道，他们可以随时来找我，我有‘开放’的政策。”然而，大多数团队成员可能都不愿去打扰领导。拥有顶级团队的最佳上司明白“定时报到”的重要性，也知道自己应该掌握每位团队成员的情况，否则，团队成员之间就会逐渐产生隔阂。

四、以情为重，塑造人格魅力

管理者应放下架子多与员工聊天，增进感情，让员工感受到团队是一个温馨的大家庭。同时，管理者要给予员工足够的尊重和信赖，这样才会提高员工的积极性，从而激发团队的活力。此外，管理者要淡化权力，强化权威，用管理者的德行、气质、智慧、知识和经验等人格魅力，使员工自愿服从其领导。

五、进行年度绩效评估，并讨论团队成员的发展需求

绩效评估是高绩效团队和低绩效团队之间的一个重大区别。我们研究了多个行业和很多家企业，绩效评估是团队绩效的重要预报器，最优秀的团队领导会为此花时间，团队成员也会重视这件事，因为这有助于他们在需要进步的领域做得更好。

总而言之，打造团队精神绝非一日之功，一个人的世界观、价值观要通过多年的教育训练和生活实践的积累才能逐步形成。团队管理者的世界观、人生观、

利益观、幸福观等，对于打造团队精神具有决定性的作用。管理者有什么样的精神追求和价值取向，他带领的团队就会有与之相似或相近的价值观。管理者应时刻提醒团队成员，优秀的团队是互补的，就像在战争中一样，成员之间是互为依靠的。如果一个士兵倒下，后面的人就会取代他的位置。因此，我们要把握公司发展的路线，提炼公司文化，培养团队精神，从而激发团队的活力。

打造高效团队，从有效授权开始

在任何时代、任何企业，一个杰出的领导者必定是高明的授权人。创业者如果学会了这一招，就好比有了“分身术”，从此在经营管理工作中游刃有余。

授权是指企业的领导者授予下属各部门及员工一定的权力，使其在企业经营者的指导和监督下，自主地对本职范围内的工作进行决断和处理。然而，如今许多创业者都不会授权、不敢授权、不愿授权。

管理者想要实施有效授权必须做好授权前的准备工作。首先，管理者要确定授权的内容，原则是该独揽的独揽，该授权的授权。对那些即使出现失误也不会影响大局的日常性事务，应当尽量授权让有关部门或人员去做；而对那些关系到企业命运的工作，则应持慎重态度。其次，管理者要确定授权对象，凡是能胜任工作的职能部门或员工，就应给他们充分权力；反之，也不可随意施加压力，强迫员工去做无法胜任的工作。

授权在形式上可以划分为充分授权、不充分授权、弹性授权、制约授权。无论哪种形式的授权，明确职责是基本前提。管理者应把各层次、各岗位的权利和义务搞清楚，不要越级授权，既不可授权于下属的下属，也不可代替自己的下属把权力授予他人。管理者在授权时应明确授予权力的性质、目标、范围、责任，以及完成任务的时间和质量，并公之于众；在授权后应该放手让下属运用被授予的权力来完成任务；同时还要通过有效的控制方法，对授权对象加以考核、协调和监督。

但必须指出的是，实施有效授权的另一个关键问题是如何把握授权限度。如果授权过度，无异于授权者放弃了权力；如果授权不足，授权者仍将被杂乱的事务所困扰。对于企业的核心权力，如决策权、集中指挥权、财务审批权、人事任免权等是不能被授予下属的。此外，企业的投资人及经营者不能任意授权，否则，企业将失去控制。

充分授权被认为是成功创业的最佳手段之一。它使企业的每个人都感到受重视、被信任，进而整个团队同心合作，企业充满活力。那么，领导者该如何放权、授权呢？

一、疑人不用，用人不疑

用人之“用”，包含任用、使用两层含义。其中，恰当任用是基础，正确使用是目的。企业领导要把合适的人，在合适的时候，放到合适的岗位上。那么领导在任用人以后如何对其进行使用呢？我以为，领导的责任，就是要做到人尽其才、才尽其用，让人的聪明才智和能力得到充分发挥。而要达到这一目标，关键在一个“放”字，即领导使用干部时要做到放心、放权、放手。

所谓放心，就是领导要充分信任下级，用人的关键是信任、不猜疑。宁可在选人时费些时间和精力，也不能轻易任用以后又对其不信任。因为对人不信任会严重挫伤下属的自尊心和归属感，影响下属的主动性、积极性的发挥，损害团队的凝聚力。领导的信任能使员工感受到自己的价值与尊严，从而产生催人奋发向上的强大动力。领导信任下级的同时，下级也会信任领导，由此产生出一种向心力，能使员工上下拧成一股绳，和谐一致地行动。所以，领导给下级多少信任，下级就还给领导多少干劲，信任和干劲成正比，这是很有道理的。正如司马迁所言：“士为知己者死。”

领导要做到充分信任，一是必须待人以诚，出于公心，不搞亲亲疏疏；二是要能容人，特别要能容人之过（错）、之短（处）、之（失）误；三是不能听信谗言，要近君子远小人，不信小报告。上级对下级的信任是下级工作的推进器，这方面的例子不胜枚举。

二、放权需要勇气，也要遵循规则

所谓放权，就是要合理设置各个层次的员工的权力，把该给下级的权力都给下级，并支持下级规范行使。这样才能激发各个层次的员工的积极性，提高工作效率。反之，领导如果大事小事一把抓，就算本事再大、水平再高，也难以把事情办好。领导并不需要事必躬亲，而要善于引导、协调各方，调动下级做好工作、完成任务。

当然，放权也并非易事，既需要智慧，也需要勇气，同时还需要遵循规则。领导者在放权时至少要把握如下几点：第一，规范性。授权要有依据，遵循法定程序和公司干部任用管理原则，避免主观随意性；第二，权威性。授权要由相应领导班子或董事会做出正式决定，并用公文公布执行；第三，层次性。每一级职权范围多大，应对此有明确规定。上级对下级不能越俎代庖，下级对上级也不得僭越。具体要注意以下几点。

首先，领导者要合理设置各个层级的权力，该是哪一级的权力就给哪一级，上级不能截留。

其次，在权力运行过程中，上级不要超越权限对下级进行干预，更不能越级指挥，不能因为怀疑他们的忠诚度和能力而处处干预。不仅如此，在授予权力后，领导还要为下级提供支持，为他们完成任务创造条件。有些领导习惯于一竿子插到底，凡事都喜欢亲力亲为。尤其是有的领导对手下不放心，或者权力欲望太强，总喜欢对下级指手画脚，甚至越俎代庖，直接干预、处理下级职权范围内的事情，使得下面的干部不敢做事、不敢负责。

三、放权但不放任，放手但不放纵

所谓放手，就是要消除顾虑或限制，鼓励下属在工作中充分发挥主动性、创造性，在遵守大的原则、规定的前提下，结合实际去创造性地工作。

当前世界经济全球化、社会信息化、管理扁平化的趋势越来越明显，行业越来越多，分工越来越细，不同地区、层级的情况千差万别，上级不可能全面了解下面的具体情况，更加需要对下属放手，让下属大胆去闯、去试、去探索，让听得见“炮火”的人去呼唤“炮火”，让听得见“炮火”的人做决策。

领导要建立激励机制，提高下属的自觉性、主动性、创造性，鼓励下属在遵守规则的前提下，结合本公司的实际情况，努力探索、大胆创新。领导要充分相信下属的水平和能力，一旦交办了工作，就要让他们放开手脚，自己想办法解决问题，千万不要在交办工作后还事事过问，从而导致下属束手束脚，工作越弄越糟。领导不仅要鼓励下属敢于负责、勇于创新，而且对于那些在工作中发挥主观能动性、取得成绩的下属要进行表扬，对于成绩突出的下属要提拔重用。

领导要保护敢闯敢试、开拓创新的下属，尤其要保护在探索中受到挫折、出现失误的下属。因循守旧的员工可以少犯错误，但难有大成就；探索创新才能有所突破，但在其过程中可能会出纰漏。在这种情况下，领导就要分析原因，帮助下属总结教训，有时还要主动为下属承担责任，充分保护下属创新的积极性。

有人可能会担心放权、放手会造成下属失控，这种担心有一定的道理。为了防止这种现象发生，领导者一是要明确各级、各岗位的权力与责任，使每一层级、每一岗位都严格履行岗位职责；二是要做到放权但不放任，放手但不放纵，加强上级对下级经常性的检查监督，发现问题及时纠正，严肃处理违规、违纪行为。

四、筛选授权对象，明确授权内容

领导者在考虑授权人选时应该注意：准备授权的工作需要被授权者具备什么样的知识、技能？哪些下属具备这些条件？谁有兴趣做这项工作？

领导者应该明确工作的任务、权力和职责，为被授权者排除工作障碍。

在授权前，领导者应提醒被授权者在工作过程中可能遇到的困难，使其做好充分的心理准备。

在授权时，领导者要充分考虑授权的原则，做到按原则进行授权。

在授权后，领导者要进行必要的控制与监督。

对于授权后的监督与效果评估，企业要建立授权工作的执行情况的反馈系统，以监控被授权者的工作进度，当发现其偏离工作目标时，领导者应及时进行纠正。

此外，还需按预定的工作标准对授权工作的完成情况进行评估，在被授权人完成任务后，上级要进行验收，并将评价结果与奖罚、晋升等举措联系起来。

不管是哪种方式的授权，领导者都要进行交代。交代是授权双方权限转让的一种沟通方式，是能否实现授权目的的重要影响因素。

衡量一个管理者是否优秀的标准并不是他能做多少具体的事务，而在于他是否能够充分授权并借助下属的力量去完成工作任务。因为一个人的力量毕竟是有限的，只有发挥集体的力量才能攻无不克、战无不胜。

Chapter 06

激活组织：领导懂激励，员工有干劲

管理就是激励，激励员工向上才是管理的本质。对于员工的管理工作而言，激励是一种方法，更是一门艺术。企业管理者必须掌握激励员工的原则，并根据不同的情况，针对不同的员工，选择合适的激励方法，只有这样才能调动员工工作的积极性，激发员工的潜能和组织活力。

激发员工活力的八种方法

组织激励所产生的力量是无穷的，它既能直接影响员工的行为准则与工作理念，赶走员工身上固有的惰性，又能激发员工潜在的创造性及献身事业、实现自我价值的热情，将员工的意志和毅力、情操和信念提升到一个崭新的层次，从而使员工努力为企业工作。但很多管理者仅仅把激励停留在口号上，导致很多员工日渐懈怠，缺乏工作动力，活力不断流失。

如今，很多年轻员工的要求正变得越来越高，但对企业的忠诚度却变得越来越低；他们的个性正变得越来越强，但承受力却变得越来越弱。从前那些为了养家糊口，顺从一切、服从一切且辛苦工作的员工已经越来越少了。为此，管理者应该洞察员工的不同需求和不同目标，并采取有针对性的、行之有效的激励方式来提高员工的士气，激发员工的战斗力，从而使员工保持最佳的工作状态。那么，怎样才能激发员工活力呢？我在实践中总结出了激发员工活力的八种方法。

方法一：愿景

企业领导者必须对自己所做的事情有一个清晰的愿景，从心里对未来抱有一份强烈的期望。因为大部分人是不知道自己要干什么的，这些人需要一个心中有愿景、有目标的人引领。可以说，一个职员，他的事业舞台不会超过他的领导的格局。因此，企业管理者要多考虑如下问题：愿景是否能够激励人心？愿景是否清晰，以及怎样算清晰？愿景能不能让你的追随者信服？你对未来有没有必胜的信念？这个信念是否能有效地传递出去？

方法二：舍得分钱

俗话说："财聚人散，财散人聚。"利益分配是激发组织活力的一个重要途径。员工加入一个组织，是为了解决自己的生计问题，他必须从组织得到相应的物质回报。对于企业管理者来讲，愿不愿分钱，是胸怀问题；会不会分钱，是技术问题。如果不分钱，企业就无法聚集人；如果分不好，就会招致麻烦和意见。因此，管理者要敢于分配、舍得分配，同时要建立起组织成员共同认可的价值评价标准。虽然分配难度很大，管理者还是要敢于迈出第一步，并且不断摸索出适合自己企业的价值评价体系和分配办法。

在这里要特别提醒企业管理者：不要有守财奴思维，一定要意识到，企业的利润都是员工挣来的，天下的财富是分配出来的。管仲在 2000 多年前就说过一句很深刻的话："天下不患无财，患无人以分之！天下不患无才，患无人以使之！"企业管理者千万不要因为觉得财富是自己的，所以不舍得分，其实财富越分越有，关键是分对对象！

方法三：实行民主管理

民主管理可以让员工感受到自己是企业的主人，意识到自己要对企业负责任，这样能激发员工的主人翁精神，提高工作积极性。

领导者平时应多听取员工的意见，让员工了解并有权参与企业重大事情的决策与管理，并对管理人员进行监督，这样就能极大地调动员工工作的积极性。同时，领导者要发动、鼓励员工献计献策，对企业管理提出合理化建议，这也是调动员工积极性的好办法。例如，日本松下电器公司积极鼓励职工参与企业管理，向企业提出建设性意见。每年松下职工提出的建议有66万条，其中有10%左右的建议会被采纳。

方法四：激励

激励分物质激励和精神激励。物质激励主要体现在给予表现突出的员工一定的奖金和薪资调整。工资也可以作为调动积极性的手段来运用。工资制度的改革，有利于调动员工的工作积极性，有利于贯彻“按劳分配、多劳多得”的社会主义社会分配原则。奖金是对优秀员工的一种物质鼓励，也是调动积极性的手段。工资与奖金的表现形式都是金钱，用它可以满足员工的物质需求。虽然工资和资金属于物质刺激，但同时也满足了员工的精神需求，因为它们都包含了对员工价值的肯定，如我们评定工资时需要考虑“工作表现、劳动态度、技术高低、贡献大小”等综合因素。

没有一位员工存心要做平庸的人，每位员工都希望自己能力争上游，在工作上有杰出的表现。领导者利用适当的方法来激励他们，可以帮助他们每个人成为不凡的人。当领导者在运用这些激励办法时，员工的工作士气将变得更加高昂，工作将变得更加有效率，公司上下都会享受到更大的工作乐趣。

方法五：关心员工生活和福利

员工的家庭、婚姻、生活等问题对其情绪影响很大，处理不当将直接影响到他们的工作积极性。如果企业员工中有相当一部分是青年员工，有经验的管理者就会关心青年员工的恋爱、婚姻等问题。关心员工的生活问题，做好员工的饮食、住宿等生活福利工作，解决员工的后顾之忧，才能充分唤起他们工作的积极性。

方法六：营造良好环境和氛围

很多公司里的生存环境较好，员工在一个岗位上待几年甚至十几年，虽然他工作顺手，但没有创新和提高，像一潭死水里的青蛙，没有危机感，没有威胁，也没有驱动力，缺乏工作积极性。另外，有些公司存在多劳而不多得的情况，有的员工或班组干活多、得的少、没有受到激励，导致员工积极性下降，团队死气沉沉，没有活力。

管理者一定要组织正面、积极的氛围建设，以在组织中形成相对公平、公正的氛围，学习的氛围，相互协作、分享经验和教训的氛围，以及不让老实人吃亏的氛围。氛围靠什么建设？最有效的办法是建立和氛围导向一致的考核机制，倡导什么就考核什么。

方法七：了解员工情绪与工作表现

员工的工作积极性不高，有时是因为对工作存在不满之处，或者是个人遇到不顺心的事情。而这些心理状态又会从他们的情绪上流露出来，在工作中表现出来。因此，领导者要经常观察分析员工的情绪和工作表现，以便及时了解情况，把员工的消极情绪转化为积极情绪。

方法八：制订流程和规则

管理者的主要职责就是建立一个像“轮流分粥，分者后取”一样合理的游戏规则，让每个员工按照游戏规则进行自我管理。制订的游戏规则要兼顾公司利益和个人利益，并且让个人利益与公司整体利益统一起来。责任、权力和利益是管理平台的三根支柱，缺一不可。缺乏责任，公司就会产生腐败；缺乏权力，管理者的命令就变成废纸；缺乏利益，员工的积极性就会下降。只有管理者把“责、权、利”的平台搭建好，员工才能“八仙过海，各显其能”。

毋庸置疑，激励员工在今日的商业环境里，比过去的任何时候都更为重要。一方面是因为，对于员工的行为，管理者的影响力越来越低，今天的管理者不能强制员工一定要做什么，只能像教练那样，间接影响员工，尽量让员工按管理者希望的方法去做；另一方面是因为管理者对员工的要求越来越高，他们希望员工以自治和自律的方式，在工作的质与量上达到更高的标准。在这种情况下，只有通过对员工的激励来提高他们的工作绩效，使他们发挥出最高的水平，才能够使企业得以生存和发展。

激发员工活力是一个系统性工程，单靠一招一式起不到实际作用。这八个方法是很多企业长期以来反复实践的结果，企业在组织建设中只要抓住了这八个方法，就抓住了激发组织活力的“牛鼻子”。企业管理者在激发组织活力的过程中，要在自己能影响的范围内营造一个强大的正能量氛围，让员工感到安定、充实、奋进，让员工在这个环境里不断自我超越和成长，让员工的人生充实而有意义。

激励员工应该遵循的五项原则

管理就是激励，激励员工向上才是管理的本质。激励是现代企业管理的精髓，管理的过程就是激励的过程。员工的工作绩效不高，往往是因为员工没有工作的动力或缺乏积极性。激励就是激发、鼓励和调动人的积极性、主动性与创造性。

世界上的成功企业，都是靠员工奋斗出来的，员工的素质和活力是企业前进的根本推动力。成功的管理者在经营中都会深刻认识到：只有有效地结合企业目标与员工个人目标，激发出员工的工作热情和内在潜力，使之奉献出自己的智慧、才能和责任心，去努力、去创造、去革新，企业才能生存、发展、强大。

员工激励极富科学性、艺术性，优秀的管理者总能深刻洞察到员工之间不同的需求、不同的目标，并从表象挖掘到实质，采取针对性强、行之有效的激励方式，使员工保持最佳的工作状态。

2016年，美国的一家咨询管理公司展开了一项调研，其结果显示，很多公司的大部分员工都未能将自己的全部精力投入到他们的工作之中。该公司CEO分析，这是公司的管理者缺少有效的激励员工的方法所导致的，管理者未能激发员工自身的潜能，不能调动他们工作的主动性和积极性。

员工既不是企业的机器，也不是企业的成本，而是企业中最重要的资源和财富，同时又是企业在竞争中不断发展壮大的根基。因此，管理者只有善于鼓舞员工的士气，激发员工的潜能，才能让员工与企业共同成长和进步。

企业的管理者必须正确地运用激励原则，才能提高激励员工的实际效果。激励员工应该遵循以下五项原则。

一、物质激励与荣誉激励相结合

激励员工必须坚持物质激励和荣誉激励相结合的原则。

物质激励的具体手段根据公司的财务状况来定。比如说奖励第一名500 ~ 1000元钱，这些钱虽然不多，但是是一种荣誉，是物质方面的一种激励。

同时也要做荣誉方面的激励，比如每个月要通过业绩的高低排名来评选出优秀员工，并在公司里面建光荣榜。

沃尔玛在全球有200多万名员工，有几万家店，每个月都在评选优秀员工，而且要把这些优秀员工的照片贴在光荣榜上，公示出来。

百度公司有一个非常有名的总裁奖，这个总裁奖叫作“黑马奖”，是奖励给程序员的。这些程序员每年都举行一些竞赛，竞赛的优胜者可以获得一次和总裁李彦宏共进晚餐的机会。虽然这个奖项没有多少奖金，但它是一种荣誉，能够极大地调动员工的工作热情。

美国的惠普公司有“金香蕉奖”，“金香蕉奖”也是一种荣誉，让很多员工孜孜以求；华为公司有“金牌员工奖”，一年评选一次，由公司总裁或董事长亲自颁奖，是华为员工的最高荣誉。这些都是物质激励和荣誉激励相结合的典型例子。

二、激励要因人而异

激励员工必须坚持因人而异的原则。由于不同员工的需求不同，所以，相同的激励政策起到的激励效果也不尽相同。即便是同一位员工，在不同的时间或环境下，也会有不同的需求。由于激励效果取决于内因，取决于员工的主观感受，所以激励要因人而异。管理者在制订和实施激励政策时，首先要调查清楚每个员工的真正需求，并将这些需求整理归类，然后制订相应的激励政策，帮助员工满足这些需求。

三、奖惩要适度

奖励和惩罚不适度都会影响其效果，同时增加其成本。如果奖励过重，会使员工产生骄傲和满足的情绪，失去进一步提高自己的欲望；如果奖励过轻，起不到激励效果，会让员工产生不被重视的感觉。惩罚过重会让员工感到不公，或者失去对公司的认同，甚至产生怠工的情绪；惩罚过轻会让员工轻视错误的严重性，甚至可能还会犯同样的错误。

四、激励要公平

激励员工必须坚持公平原则。公平性是员工管理中一个很重要的原则，员工感到的任何不公的待遇都会影响他的工作效率和工作情绪，进而影响激励效果。取得同等成绩的员工，一定要获得同等层次的奖励；犯同等错误的员工，也应受到同等层次的处罚。如果做不到这一点，管理者宁可不奖励或不处罚。管理者在处理员工问题时，一定要有一种公平的心态，不应掺杂任何偏见和个人喜好。虽然某些员工可能更令你喜欢，有些则令你不太喜欢，但在工作中，一定要一视同仁，不能有任何不公的言语和行为。

五、奖励正确的事情

领导者在奖励员工时不能奖励错误的事情，否则，错误的事情就会经常发生。这个问题虽然看起来很简单，但在具体实施时却容易被管理者忽略。我们经过多年的研究，发现一些管理者常常奖励不合理的工作行为。根据这些常犯的错误，我们归纳出应该奖励和应该避免奖励的以下十个方面的工作行为。

01 奖励彻底解决问题的行为，而不是只图眼前利益的行为。

02 奖励善用创造力的行为，而不是愚蠢跟风的盲从行为。

03 奖励承担风险的行为，而不是回避风险的行为。

04 奖励果断的行为，而不是光说不练的行为。

05 奖励多动脑筋的行为，而不是一味苦干的行为。

06 奖励使事情简化的行为，而不是使事情复杂化的行为。

07 奖励沉默而有效率的人，而不是只会夸夸其谈的人。

08 奖励有质量的工作，而不是匆忙草率的工作。

09 奖励忠诚者，而不是跳槽者。

10 奖励团结合作的行为，而不是互相对抗的行为。

团队激励计划可以增强团队制订计划和解决问题的能力，而且有助于促进团队成员之间的相互合作，提高团队的工作业绩，为企业带来更多的收益。

研究证明，在提高绩效方面，团队激励计划和个人激励计划具有相同的功效。如果团队规模为 8 ~ 12 人，并且给予成员的任务是整个团队的任务而非个人的任务，这时团队激励方案的实施效果将是最好的。另外，一些高科技企业和科研机构也大量采用团队激励方案来奖励某一领域的课题研究人员。

但是，如果采用了整个机构范围的激励方案，个人的努力与回报之间的关系将会非常小，以至于个人的努力同总产出之间不会有很明显的关系。员工会觉得，不管工作是否努力，大家的收入都是非常接近的。他们也会感到，除了自己与同事的工作质量，还有很多别的因素可能影响总产出，如工作流程和技术变革等，这正是团队激励计划应该避免产生不利影响的地方。

怎样增强员工的归属感

让员工有归属感是企业管理的一个秘籍。员工对企业归属感的高低，直接关系到企业的生存发展与和谐稳定。归属感是提升企业核心竞争力、激发员工工作热情、调动员工积极性、发挥员工创造性的内在动力。员工有了归属感，工作起来才能事半功倍。

员工归属感是指员工经过一段时期的工作，在思想上、心理上、感情上产生对企业的认同感、安全感、价值感、工作使命感和成就感，这些感觉最终内化为员工的归属感。归属感的形成是一个非常复杂的过程，一旦形成后，将会使员工产生自我约束力和强烈的责任感，从而调动员工的内部驱动力，形成自我激励，最终产生投桃报李的效应。

因为人是感情动物，感情的缺失往往会导致员工与企业的脱离，而脱离的原因就是员工缺乏归属感。这种归属感体现在企业要给员工“家”的感觉。

那么，如何才能增强员工对企业的归属感呢？我认为应从以下四个方面入手。

一、构建融洽的人际关系

首先，管理者要从尊重员工的立场出发，以春风化雨的方式，引导员工自己去思考问题、明辨是非，注重激发员工自我成长的内在潜能，让员工在自我成长中自我完善，全面提升素养与人生境界。其次，管理者要加强个人品德修养，虚心听取员工的意见和建议，积极开展善意的批评，不歪曲事实，不偏听、偏信，不打击报复，不当面一套、背后一套；正确处理与员工的关系，尊重员工的人格和权利，关心员工生活、安全和健康，关注员工的成长和进步，从而建立和谐、融洽的人际关系，营造“平等、宽松、和谐”的氛围。同时，管理者还要尊重员工的主人翁地位和依法参与企业管理的民主权利，发挥员工在决策中的参与和监督作用，坚持把关系企业发展的重大决策和涉及员工收入分配、职业安全健康、劳动保护、教育培训等切身利益的问题，纳入职代会议题，对其进行审议，提高决策的透明度，减少失误。这样可以使员工切实体验到自己的主人翁地位，从而把领导的决策转变为自觉的行动，积极地搞好生产经营，为企业的发展尽心尽力。最后，管理者要善于发现员工的优势和长处，充分挖掘他们的潜能，让其在合适的工作岗位上施展才华。

二、为员工创造良好的工作环境

首先，企业管理者在日常的生活和工作中要善待员工，创造条件、搭建平台，以满足员工的物质需求和精神需求，解决员工的后顾之忧，为职工创造一个优美的生产、工作、生活环境，从而增强员工对企业的认同感、自豪感和责任感，激发员工潜能。其次，管理者在鼓励和帮助员工实现自身价值、奉献企业的同时，也要切实考虑员工在物质上、精神上的需要，在发展生产、提高效益的基础上，给予合理的薪酬和福利，为其提供增长才干的机会，帮助和促进员工个人成长。最后，管理者还要开展丰富多彩、高雅健康、寓教于乐的文化娱乐活动，引导每一位员工形成文明、健康、向上的生活方式，缓解职工的心理压力，调整职工的不良心态，使职工愉快地上岗，真正把企业当作自己的家，从而推动企业实现永续经营、持续发展。

三、“安人”必先“安心”

俗话说：员工的心，是企业的根。要让员工对企业有归属感，必须先让员工“安心”。

一般而言，归属感是家庭感情的延续。团队成员的感情有很多种表现形式，什么样的情感能够影响团队成员的归属感？这些感情又是如何影响团队成员的归属感的？一般来说，如果一个团队的氛围能够满足成员保持积极情绪的需要，那么，这个团队的成员的归属感就会大大增强。其员工对工作的满意程度也会比其他企业高出许多，并且能够以更加生活化的状态投入到工作中。

归属感是组织管理的前提，更是组织管理的最终目的。每一位致力于“创造一个员工想要归属其中的组织”的人，都是优秀的领导者。能让员工持续成长的领导才是好领导。“创造一个员工想要归属其中的组织”的最终目的是推动企业员工与企业共同成长。

“家”不是一日形成的。人与人之间的联系，以及人们的归属感，需要积极努力地去创造。借助归属感展开的人力资源管理，既是理想主义的，又是现实主义的，既是员工的，又是领导者的。领导者要积极探索、解决人力资源管理中的现实问题，重塑企业核心竞争力。

其实，中国的企业文化就是“安人”，把人安顿好了，工作就好了。“安人”不是“管人”，不少企业在管理上难改传统观念，总是想着法子琢磨人、治人、卡人，缺乏人性化管理。事实上，员工对企业的忠诚，是企业管理者用心换来的，只有管理者用心，员工才会“安心”，才能最大限度地发挥其聪明才智。

四、建立和完善激励机制，搭建发展平台

首先，管理者要牢固树立“以人为本”和“岗位是平台，人人可成才”的人

才理念，指导和帮助员工设计个人职业生涯，帮助员工实现个人目标，为员工成长和实现自我价值搭建平台，使想干事的人有机会，能干事的人有舞台，干成事的人有地位，使员工感到在企业里有干头、有甜头、有奔头，从而最大限度地发挥其主观能动性和潜能，为实现企业又好又快的发展做出贡献。

其次，企业要推行首席岗位制和技师考评制，根据不同工种或岗位，设立“首席职工”，让其负责工作协调、难题处理等事务，在待遇上享有高于普通职工的奖金系数和岗位津贴，从而使员工在工作实践中亲身感受到，只要勤学苦练、技术过硬，无论是在技术岗位还是在一线操作岗位上工作，都能得到发展，实现自我价值。这样就可以引导员工立足本职岗位、爱企如家、公而忘私、勇于奉献，自觉维护企业稳定，为企业发展贡献聪明才智。

最后，管理者要在企业管理和激励机制中，注重意愿管理、个性化管理、满足人才的个性需求和成就感，帮助员工实现其职业诉求。人力资源部要通过调查做到“八个了解”，即姓名、籍贯、出身、家庭、经历、特长、个性、表现；“九个有数”，即工作表现、身体状况、学习情况、经济状况、家庭成员、住房状况、兴趣爱好、社会交往、个人意愿，并将其记入档案，通过观察、考核掌握每个人才的技术水平、工作能力，以此分析达到员工意愿要求的难易程度，针对性地做好工作。管理者要通过沟通，掌握每个成员的心态变化，适当调整岗位、工作，使人才的工作与自身性格、意愿、动态要素水平相适应；根据人才的工作能力、技术水平变化，提供必要的培训，使人才水平得到提升；通过级别晋升，使人才得到相应的薪酬待遇；按照贡献大小，实行特薪和特奖；通过目标激励、支持激励、关怀激励、榜样激励、集体荣誉激励、数据激励、领导行为激励、创新激励等激励方式激发人才活力、想象力、创新力，提升人才对企业的忠诚度和归属感。

日本很多知名企业的员工大多是终身任职的。在企业危难之时，他们都能从大局出发去考虑问题，主动要求减薪或暂时不拿薪水，帮助企业渡过难关，而企业也不会随便裁员。

日本企业的员工为什么能这样为企业付出，为老板着想？因为他们都非常明白，他们的成长源于企业对他们的培养，没有企业为他们量身定制的培训，也不会有他们如今的成就。虽然以他们现在的能力完全可以跳槽到更好的公司，拿更高的薪水，但是有相当一部分人，即使企业陷入困境了，他们仍然坚守阵地，共同努力，帮企业渡过难关。这说明员工早已把企业当成自己的家，细心地经营、维护。

所以不难理解，为什么像日本、德国这样的国家能够造出世界尖端产品，因为他们都是在用心做事。

员工幸福指数越高，企业越有活力

员工幸福指数越高，企业越有活力。曾有人这样说:“员工不快乐的企业，多数会止步不前，甚至倒退。而那些环境宽松的企业反而蓬勃发展。”员工幸福指数影响员工的工作效率和企业的持续发展。如何提升员工幸福指数，增强企业凝聚力，调动员工积极性，推动企业又好又快地发展呢?

企业首先应把员工当作最大的资产，建立多元化激励机制，通过福利创新提高员工幸福指数，进而提升工作效率和效益，这或许正是在当前经营环境下企业管理的新突破口。

华为曾经刊登过一则广告，画面上是一双芭蕾舞者的脚，一只穿着舞鞋，光鲜亮丽，另一只赤裸着，满是伤痕，并配以广告语“我们的人生，痛并快乐着”。华为传递的价值观和企业文化不得不引起每位管理者的反思：我们提供的工作是仅仅满足了员工的生活需求，还是也能给他们带来快乐?

对于绝大多数人来讲，幸福只关乎生活，而与工作无关。我们必须忍受痛苦的工作才能享受幸福的生活。可是仔细想一想，工作的时间差不多要占据我们人生的 1/3，如果一个人不能在工作中体会到快乐，那么无论如何，他的人生都算不上是幸福的人生。大家都觉得 90 后员工越来越难管，为什么会这样?原因之一就是 90 后的人们越来越关注工作中的幸福度。而老套的管理方式却加重了他们“我工作的目的就是为了不工作”的想法。

著名管理学家陈春花老师提出，今天的组织有四个新属性，其中之一就是“幸福属性”。提升员工的幸福感，需要组织在两件事情上下功夫，一是组织要给员工提供支持资源，二是让员工能够拥有主人翁的感受。当一个人发现自己在组织里能够真正成为主人的时候，幸福感是会提升的。

提到幸福感，不得不说一说谷歌，这个神奇的公司对工作环境的打造堪称企业界的巅峰。且不说它近年来不断购置土地、建设或优化办公场所，它还在办公楼内配置了健身设施、按摩椅、台球桌、帐篷、咖啡间，装修风格也很人性化，另外它向每名新员工赠送1000美元用于装饰自己的办公室。它还成立了专门的机构——谷歌文化委员会，在督导文化推广的同时，也倡导一些主题活动，并由员工来组织社区活动、环保活动和资助残疾人活动等。

就工作环境来说，已有越来越多的公司在向谷歌看齐，比如华为、小米、阿里巴巴、腾讯等，其工作环境的建设也做得越来越好。除此之外，知识型员工关注自身技术能力提升和自我价值实现的特质，也对组织提出了另一维度的要求。知识型员工力求完美，不满足于平庸，他们强烈期望得到同行和社会的认可。为他们提供实现自我价值的机会，更能激发他们的生产力和对组织的归属感。

美国心理学会主席塞利格曼创立了积极心理学，研究人性中积极的特质，并且倡导人们在工作和生活中使用这些特质，从而创造幸福的人生。塞利格曼提出的PERMA模型直接点明了五个使人快乐的元素。

P：积极情绪

E：投入

R：人际关系

M：意义和目的

A：成就感

从这几个方面可以看出，幸福并不是单一的感受，而是由这五方面的体验共同组成的，并且组织的绩效和PERMA的相关度非常高。AD领导力课程致力于将PERMA模型运用到管理中，从而创造高绩效且幸福的组织（我们称之为PERMA型组织）。

积极情绪

情绪的英文单词是 EMOTION，动机的英文单词是 MOTIVITION。这两个词来自同一个拉丁文词根 MOTERE，其意为推动。引申一步讲：情绪和动机推动我们追求结果，二者进一步调动我们的积极性，一个人在工作时有积极的情绪才能产生良好的工作效果。

创建积极情绪的积极行为主要包括以下几种。

01 使用 AD 领导力课程提供的情绪表格对团队成员的消极情绪进行管理，包括探索触发消极情绪的事件是什么，将要采取的行动是什么。

02 在压力面前保持自信和平静，不要显露一丝恐惧和动摇。

03 创造经常和团队成员在一起的机会。

04 保持一贯的行为风格，让下属能够预测你的情绪反应。

05 及时回复下属的邮件、短信和未接听的电话。

06 尽量采用一对一、面对面的方式和下属沟通。

投　　入

PERMA 模型的第二个维度是投入。想让员工工作投入，并非一定要让工作有趣。中国香港前特首曾荫权曾说，他压力大的时候会用擦鞋这一方式减压，因为擦鞋能给他带来投入感。擦鞋并非是一件有趣的事情，曾荫权为何会投入呢？因为擦鞋这个行为符合心理学定义的让人投入的规律。

使下属对工作产生投入感的积极行为主要有以下几种。

01 给下属构建清晰的任务结构，包括要实现的目标、可采取的方法、考核的标准、时间计划。

02 保持下属能力和挑战难度的平衡，既不能让下属面对过大的挑战，也不能使其工作没有挑战。AD 领导力课程中提供了一个工具，可以测量何时需要提升下属的挑战难度，何时需要给下属更多的支持。

03 及时反馈，比如每周对下属的好的行为和不好的行为给出积极反馈和建设性反馈。

04 适当授权，不对下属进行细节控制。

人际关系

团队成员间的良好人际关系能够使员工产生归属感，提升其敬业度。

建立良好的人际关系并不像想象中那么困难，只要处理好以下四个关键时刻即可。

01 某个成员分享好消息的时刻。

02 提意见的时刻。

03 感恩的时刻。

04 冲突的时刻。

管理者可以在每周例会后留出几分钟的时间，这个时间叫作感恩时刻。如果谁想表达对某个人的感激，就在这个时刻表达出来，这样可以帮助团队成员建立良好的人际关系。我曾经给一家公司做培训，这家公司的客服部每天都要应对客户投诉，甚至是遭遇客户的谩骂，导致整个团队成员的情绪非常低落。但是通过感恩时刻，团队成员内部建立了非常好的关系，提升了整个团队的幸福感。

管理者还可以鼓励员工将那些对自己生活有重要影响的人列出来，把他们的名单写在一张纸上，包括好友、上下级、同事和客户等；然后，员工可以把这张纸贴在办公桌上，每周五快下班的时候，花几分钟审视这个名单，回想在这一周中这些人里有谁曾经帮助过自己。如果有，管理者可鼓励员工用电子邮件、微信、短信甚至当面向那个人表示感谢。

意义和目的

团队成员是否觉得当前的工作有意义？为什么他们觉得没有意义？怎样才能让他们觉得有意义？

你需要建立共同的、可期待的、有画面感的愿景，并将这个愿景与当前的工作连接起来。AD 领导力课程给出的具体方法如下。

第一步：组织一次部门会议（在轻松的氛围下，效果会更好）。

第二步：请每个人说出自己在一年后，一个有可能实现的愿望是什么。

第三步：将所有人的愿望用画面的形式展示出来。

第四步：为了这个愿望，团队的目标是什么，是否可以更具挑战性？

第五步：为了共同的愿景和目标，每个人需要做些什么？

第六步：进一步讨论行动计划。

第七步：将团队的愿景、目标和个人的行动计划记录下来，贴在醒目的位置。有的团队喜欢在上面留下每个员工的手掌印，这样的效果会更好。

成就感

人性的特点之一就是，如果有人肯定、赞赏你，你不仅感到高兴、得意，而且真的有可能朝着这种积极的方向去发展；如果有人否定、批评你，不仅会让你感到挫折、压抑，还可能会激起你强烈的“自我防卫”心理，使你拒人于千里之外，而且事情也许真的会朝着这种消极的方向去发展。这就是心理学中的“自我预言”理论。

没有什么比每天通过有意义的工作来获得成就感更能激励人心了，但管理者却常常忽视成就感的作用。如果管理者善于发现并利用每个成就去激励团队，一切都会朝着积极的方向发展。

创建成就感的方法有很多，比如在每周的例会开始前，成员轮流介绍上周的成就，所有人为其鼓掌庆贺。也有的公司会准备一面大鼓，每当有订单产生时，都会击鼓庆贺。不管形式如何，要把握以下三点原则。

（1）庆祝每个小小的成就，确保每个下属每周都能体验到成就感。

（2）将组织内的好消息及时分享。

（3）适当增加庆祝的仪式感。

下面我们分享两个例子。

小公司的“大家庭”

在木蚂蚁科技公司的开放工作间里，一位员工铺上了一张瑜伽垫，伴着工作间里全天播放着的音乐，就地做起了瑜伽，让自己紧绷了一天的神经和身体得到了放松。还在加班的同事们习以为常，吃零食、喝茶、玩电脑，没人在意他那太不标准甚至有些滑稽的动作，只有木蚂蚁公司的创始人杨波躲在自己的桌子后偷偷地拍了一张照片，分享给下班路上的“蚂蚁们”，让大家乐和乐和。

杨波介绍说，他们公司几乎是清一色的二十多岁的年轻人，大家都爱玩儿也会玩儿。五六十人的公司却有近十个社团：篮球小队、吉他小队、骑行小队、滑雪小队、减肥小队……这些形形色色的社团活动让大家的业余时间很忙，但也很充实，而这种融洽的氛围也会从“一起快乐地玩儿”蔓延到“一起好好工作”中去。

公司每季度会组织一次旅游，每天提供温馨自助早餐，全天供应零食和水果。年轻人还设计出内部沟通专用的各种“天然呆、自然萌”的“木蚂蚁表情”。谁过生日，公司都送上一个大蛋糕，大家跟着一起过。不管项目大小，大家在完工后一定要出去聚餐……“这里没有职场，只有温馨的大家庭，我们阳光工作，幸福生活。”

但他们在管理上也有严格的一面，如要求员工在工作时间里要“像蚂蚁一样”，追求高效率，除非特别情况，公司不鼓励加班；上班迟到 1 分钟也算迟到，但每位员工一个月有两次迟到机会。工作总结汇报以季度而不是年为单位，公司要对每季度的工作总结进行打分，将其作为年度奖励和下年度升职、加薪的重要参考依据。

杨波虽然才 30 岁出头，却在 10 年前就创建了通过互联网分享的木蚂蚁社区，2010 年创立了木蚂蚁科技公司，不到三年的时间，木蚂蚁成为最大的安卓中文资源网站之一。木蚂蚁因此拿到中国创业者大会颁发的“最佳移动应用市场”奖，木蚂蚁手机乐园获得“最具影响力的垂直网站”奖。

在竞争日益激烈的移动互联网领域，木蚂蚁已经抢先圈起了一块地。而这种富有活力和创造力的互联网小公司，或许正是未来让“马化腾们”恐惧的“不知道会从哪儿冒出来”的竞争对手。

大公司的“小福利”

小公司有大家庭般的温暖，大公司也有人性化的贴心小福利。曾获得“中国最佳雇主”称号的腾讯公司，其薪酬水平与同行相差不大，但近两年来，腾讯公司对人才的吸引力骤增，其“54 张福利扑克”就是一张招揽人才的“王牌”。每位入职腾讯的新员工，都能领到一副“福利扑克”，54 张牌，每张都代表了一种福利，其中最大的福利项目是“无担保免息安居贷款”。

不过，免息贷款等福利举措其他公司也有，腾讯公司的福利的吸引力到底体现在哪里？其实，腾讯的福利创新源自他们做产品时以客户为导向的思维方式。腾讯以员工需求为导向，用做产品的思维做福利，注重细节，注重通过包括福利在内的管理举措让员工的感受变得更好。

腾讯的福利受到员工的欢迎和外界的关注，这与马化腾本人非常重视员工的福利工作密不可分。几年前，在腾讯大厦刚建好时，公司要采购一批椅子，马化腾要求行政部先采购几款让他试坐。最后，他定了最贵的一款，价格1000多元，当时腾讯已经有1万多名员工，这可是一笔不小的投资。马化腾是程序员出身，他觉得让员工坐舒服了是非常重要的事情。

腾讯的福利并不都是由公司老板和人力资源部门制订好了，再通知员工的，而是由员工的呼声开始的。相关职能部门先通过论坛等各种内部渠道关注员工的福利需求，收集意见，再制订策略并执行。员工有权在内部论坛对福利进行吐槽，相关部门必须一一回复并解决。员工呼声越多，公司压力越大。但也正是在员工的督促下，才有了腾讯福利产品的不断完善。

腾讯也给员工发放中秋月饼和端午粽子，行政部会提前四个月左右开始筹备，从包装设计到口感和健康问题，每个细节都要考虑到位。此外，考虑到很多员工背井离乡，“每逢佳节倍思亲”，腾讯就免费替员工把水果、粽子、月饼等福利寄回员工老家，而员工只需在内部论坛登记家庭地址即可。如此一来，腾讯公司只是多花了一点邮费，但温暖人心的效果却无法估算。

腾讯其他的贴心小福利还有：Image的超级性价比咖啡，只需六元一杯；员工的下一代在出生后可获得与出生日期相似的QQ靓号，并且直到18岁都是免费会员；中医定期到公司问诊等。

在腾讯，人、时间、钱，构成了福利的基础条件，但钱只是充分条件，并非必要条件。有心的人和足够的时间，才能将钱用到最值得的地方。

在互联网企业，人是第一竞争力，面对激烈的行业人才竞争，吸引和留住核心人才是腾讯、阿里巴巴这样的互联网企业设计福利制度的初衷之一。但是，他们的员工福利之所以做得好，大部分原因还是缘于他们在用做产品的思维做福利，注重员工的需求，注重带给“用户”幸福、快乐等好的体验。

幸福、快乐地工作是每一位职场中人都向往的境界。让每位员工幸福、快乐地工作，是人力资源管理者向往的理想境界，是一名领导者的基本职能和必备能力。能否提高员工的幸福指数，充分调动员工的积极性是衡量一名领导者是否成熟、是否称职的重要标志。

互联网企业在福利方面的做法，给其他企业提供了一个启示：在新的宏观环境下，企业需要重新定义“员工忠诚度”这一概念，新的“忠诚度”实际是指工作投入度。企业要通过提高员工的幸福指数提升工作效率和效益，这种思路适用于所有性质的企业。

信任和宽容是最有效的激励

如何挖掘员工的潜力，最大限度地发挥其积极性与主观能动性，是每个管理者都要面对的问题。为了达到这一目标，人们谈得最多的话题，就是激励手段。在实施激励的过程中，人们采取的较为普遍的方式是根据绩效，给员工以相应的奖励，如发放奖金和福利、提高工资、晋升职务、提供培训和深造的机会等，以此来激起人们的工作热情和创新精神。的确，高工资、高奖金、晋升机会、培训、优厚的福利，对于有足够经济实力并能有效运转这一机制的机构与企业来说，是一针有效激励员工的兴奋剂。但如果在企业发展的初期或一些没有足够经济实力的单位，又如何进行激励呢？在执行激励机制的过程中，分配不均等问题引起的相互攀比、消极怠工等副作用，又该如何进行处理呢？高工资、高奖金、晋升机会、培训、优厚的福利是激励的全部手段吗？是否还有别的更好的激励途径与手段呢？答案是肯定的，那就是信任与包容。

在管理实践中，真正有效的激励与物质无关。信任他人，不仅能有效地激励人，更重要的是能塑造人，在人与人相互信任的氛围中，彼此无忧无虑、无牵无挂，思维空前放松与活跃，每个人都能尽情地发挥自己的聪明才智。在这样的境界里，人性的本能驱使自己要维护这方相互信任的净土，当每个不光明的念头出现时，都会让人觉得自惭形秽。这种境界是物质激励无法达到的。我们要承认，物质收入是重要的，但不是最重要的。

因为人有被尊重的需求与实现自我价值的需求。人是脸面动物，活在世上就是追求一种尊重与认同，尊重与认同体现的是一种自我价值，没有什么比被人理解、尊重更能调动人的劳动激情，而信任就是一种理解，就是一种尊重和认同。

作为一名员工，他看重的是你把他当做什么。你给他多少信任，他就会给你多少回报。信任对于员工而言，是一种最好的激励，而对于管理者而言，则代表一种能力。

给人以信任需要智慧、胆略、胸怀和勇气。例如，当发现你的员工犯了诸如“吃回扣”的错误（在不违反法律的前提下），你可以私下找他，语重心长地问：“你家里有什么困难吗？只怪我关心不够，唉，人嘛，总是会……但……希望……好吗？”之后，你还要为其保密，以维护其尊严。如此，你将有可能获得一个能为你出生入死、忠心耿耿的良将。

其次，只有建立在授权和包容基础上的信任，才是真正的信任，否则，信任就是一张无用的空头支票，是无法购买到员工发自内心的工作热情的。

具体而言，信任，首先要有敢于授权的勇气。作为管理者，我们很多时候认为自己是最好的，有非常丰富的工作经验，会因为想要达到目标、想要最好的业绩，而事无巨细、亲力亲为，这其实正是对他人不信任的一种表现。因为不信任，所以不敢授权。一应大小事项，无论是该管的还是不该管的，皆亲自处理，结果不仅自己大为伤神，还极大地挫伤了下属的积极性。如此一来，忙者愈忙，闲者愈闲，就在企业内部形成了一个“人不能尽其事”的怪圈。一个企业，连员工的能力也不能充分激发、有效利用，岂不是对人力资源的莫大浪费？

信任，还要有包容他人的胸怀。经常听到管理者抱怨：“不是我不信任他，只是……”言外之意，都是员工不称心、不争气。但管理者应反过来想一想自己对员工的要求是否有些苛求。因为越有能力的人，往往越有一些与普通人不太一样的个性，就像孙悟空，一方面本领高强，能降妖捉怪，另一方面也摆脱不了一些“猴气”，时不时惹出点祸事来。管理者的责任不是发现员工的缺点，而是发现他们各自的优点，并帮助他们扬长避短，在包容员工个性的同时，也要允许员工在尝试的过程中犯错。

任正非作为华为的“教父”，对下属非常宽容（除了腐败）。他鼓励员工大胆创新，敢于试错，不要害怕失败。在任正非看来，宽容是领导者的成功之道。为什么要对各级主管说宽容？这与管理者的工作性质有关。任何工作，无非涉及两个方面：一是同物打交道；二是同人打交道。不宽容，不影响同物打交道。一个科学家，性格怪僻，但他的工作是一个人在实验室里同仪器打交道，那么这种性格无伤大雅。同理，一个车间里的员工，只是同机器打交道，那么即使他同所有人都合不来，也不妨碍他施展技艺，制造出精美的产品。

但是，任何管理者，都必须同人打交道，有人把管理定义为“通过别人做好工作的技能”。一旦同人打交道，宽容的重要性就会立即显现出来。人与人的差异是客观存在的，所谓宽容，本质就是容忍人与人之间的差异。不同性格、不同特长、不同偏好的人能否凝聚在组织目标和愿景的旗帜下，靠的就是管理者的宽容。

任正非说：“宽容别人，其实就是宽容我们自己。多一点对别人的宽容，我们生命中就多了一点空间。宽容是一种坚强，而不是软弱。宽容所体现出来的退让是有目的、有计划的，它的主动权掌握在自己的手中。无奈和迫不得已的退让不能算是宽容。”

在任正非看来，只有勇敢的人，才懂得如何宽容，懦夫绝不会宽容，因为这不是他的本性。宽容是一种美德，只有宽容才能团结大多数人与你一起寻找方向，只有妥协才会使众人坚定不移地走向正确方向，只有如此才能达到你的真正目的。

因此，任正非多次提到：“我们不想培养和尚、牧师，我们是一支商业部队。华为要信任下属，要容得下各种不同的人，宽容是领导者的成功之道。”

当然，给人以信任，不是无原则地放任，有问题不能视而不见，更不能盲目地理解与认可他人。这就是目前最时髦的讲法：授权不等于放权，放权不等于弃权。管理者必须敏锐地去发现、去防范问题，争取把问题解决在萌芽阶段，还要敢于看到问题并准确地判断其本质，然后恰到好处地予以扭转和修正。此外，管理者处理问题时要多一些理解，这样才能取得好的效果。

如何用股权激励吸引并留住人才

股权激励是企业普遍采用的留住人才的最有效方法之一。股权激励制度是一种能够有效体现人力资本产权价值的制度，使得人力资本产权价值在形式上固化，并通过股权的市场价值得以实现。

马云说过："员工的离职原因很多，只有两点最真实，一是钱没给到位，二是心委屈了，归根结底就是干得不爽。"想要解决这个问题，企业就需要引入股权激励。因为股权激励的本质就是把员工和公司的利益绑在一起，充分发挥团队成员的主人翁意识，团结一致实现企业利益的最大化与个人价值的增长。如此一来，员工为自己工作，怎么会委屈呢？有如此双赢格局，企业又怎能留不住人才？

但是，有不少企业管理者不懂得股权激励的方法，即便是给了员工股权，也仍然吸引不了优秀的人才。那么，管理者要如何使用股权激励吸引并留住人才呢？

首先，在使用股权激励前，管理者需要知道以下基本知识和技巧。

一、目的

以"工资 + 股权（或其他物质形式）"的结构，吸引、约束、留住人才，让公司的人力资本价值最大化，推动企业和人才的持续高效发展。

二、问题

在进行股权激励时，创始人需要以出让股权为代价，但若股权比例安排不当，控制权便会受到威胁。

三、理想状态

1. 合理、公平地出让股权，人才得到有效激励。
2. 创始人的控制权不会受到威胁。

四、实际操作

拟定规范的股权激励计划 → 授予激励对象（合理确定激励股份的比例和数量）→ 股权管理（激励对象是否符合行权条件？退出时该如何处理股权？）

【**注意事项：**科技含量高、竞争激励的行业，对人力资本的依赖度更高，更有吸引和留住人才的需要，建立股权激励计划的需求也就更加迫切。另外，企业要树立全局观，提前规划好整体布局，从而保证更灵活的操作方式。】

不同公司架构（内资、VIE 外资架构）下的企业，股权激励的模式也不尽相同，下文将分别对其进行阐述。

内资架构

1. 初创及天使轮阶段

（1）激励对象：联合创始人（创始人）、核心员工。

（2）时机

①初创期。在企业初创期，人员不是特别稳定，同时企业的现金流也不是特

别多，如果此时拿出一部分股权当作激励，用于前期初创团队的搭建，将更好地吸引和激励人才。

1999年，18个怀揣梦想的年轻人建立了阿里巴巴；2014年，阿里巴巴在美国上市，市值一度超过2000亿美元，逼近工商银行总市值。当年的18位合伙人成就了阿里巴巴，而这18个人也都已经成为亿万富翁。资料显示，当年的“十八罗汉”占有30%的股份。

②融资期。在此阶段，投资人会给企业一个估值，企业可以加大对本公司的股份激励制度的宣传力度，这有利于更好地吸引和凝聚激励对象。

（3）比例：建议拿出10%的股权当作股权激励。

（4）方式：股权代持。股权代持又称委托持股、隐名投资或假名出资，是指实际出资人与他人约定，以他人名义代实际出资人履行股东权利与义务的一种股权或股份处置方式。企业可以通过该方式将股权奖励给特定员工。

【**注意事项：**隐名股东由于特殊原因借用他人名义，在公司章程、公司名册、工商登记中不显现其名。需要注意的是，隐名股东的权利需要通过签订代持协议来得到保护。我建议，具体代持协议的内容必须请一位资深律师来把关，针对代持人、被代持人拟定一份专业的文件来规避风险、保证权益。

意义：员工以隐名的方式得到了股权奖励，同时，创始人也可以通过代持隐名股东（激励对象）的股权间接控制公司的股权，从而紧握控制权。】

2. A、B轮阶段

（1）激励对象：中层高管（VP、总监）、核心员工。

（2）时机

①融资期（具体内容如前文）。

②改革调整期。在此期间，员工最易发生变动，此时采用股权激励，可以帮企业吸引和留住优秀人才，助力企业发展。

2003年是一个比较特殊的时期，当时国内爆发了“非典”疫情，同时华为陷入和思科的知识产权纠纷。但是华为采用股权激励的方法，妥善稳住了高管和核心研发人才。

（3）比例：建议拿出 0.1% ～ 3% 的股权做股权激励。

（4）方式：有限合伙。与普通合伙企业相比，有限合伙企业的合伙人分为普通合伙人（GP）和有限合伙人（LP）。二者的区别就是只有普通合伙人才能执行合伙事务，承担管理职能，而有限合伙人只是作为出资方，不参与企业管理。

创始人可以通过注册一家有限合伙企业，使员工担当 LP，拥有股权，以此实现股权激励；而创始团队成员可以担当 GP，既作为出资人，又参与企业管理，如此，达到激励与控制权互不冲突的效果。

3. C 轮及以上阶段

（1）激励对象：高级管理层（VP、CXO）、核心员工。

（2）时机

①融资期（具体内容如前文）。

②改革调整期（具体内容如前文）。

③并购重组期。一般来说，在并购重组时，大部分公司都是以股票和现金的方式来实现收购计划的，此时，企业比较容易实施股权激励计划，因为被激励对象拿到的是现金回报或上市公司的股票，这对员工来说是非常有吸引力的。

（3）比例：建议拿出 0.5% ～ 3% 的股权做股权激励。

（4）方式：有限合伙（具体内容如前文）、股权变更（将股权分给 CXO）。

VIE 外资架构

国外公司的股权激励常采用员工持股计划（Employee Stock Ownership Plan，ESOP）形式，通常是由公司拿出 10% 的股权给管理委员会，由其代为设置股权激励方案。关于如何做股权激励，具体可参考下文——内资架构下实施股权激励的方法。

实战：如何实施股权激励？（内资架构下）

1. 如何授予股权？

（1）行权时限：一般约定期限是四年。

（2）形式与条件：可以业绩或时间为限制条件，当达到特定要求时，激励对象可以逐步解锁部分股权。

例如，K 公司为了留住一名优秀员工，授予其 5%的股权，并在时间上做出了限制——该员工若想要拿到全部股权，就需要在公司至少工作四年，因为 K 公司的行权要求是 5%的股权需要分四年发放，也就是说该员工每年只可以拿到 1.25%的股权，四年之后才可以拿完所有股权。

（3）如何行权：在每一阶段的授予期限到期后，激励对象需要在股权激励协议中列明的期限内发出行权申请书，公司在收到行权申请书并核查后，向激励对象发出行权通知书，其持行权通知书办理相应手续即可完成行权。

2. 如何退出？

我们需要明确的是：实行股权激励的目的是加强员工与公司间的关联度，让员工与公司一同发展。那么，如果员工离职，处理方式应当与上述目的保持一致。

关于退出的方式，我们仍以 K 公司为例进行介绍。

假如该员工第一年达到了行权条件，拿到了 1.25%的股权，结果第二年就离职了，那么该如何处理他的股权呢？

毫无疑问的是，剩下尚未行权的 3.75%股权就与其无关了，但该离职员工已完成行权的 1.25%股权又该如何处理呢？我们分为两种情况来看一下。

（1）公司不允许员工继续持有或员工自愿放弃。

①员工违反了公司的劳动制度或其他纪律并离职，在这种情况下，公司不允许其继续持有股权。

②员工在未违反劳动制度或其他纪律的情况下，正常离职且自愿放弃。

这两种情形下的处理方式如下：已行权部分由创始人或其指定的第三方（如果采用创始人代持的方式）、有限合伙企业的普通合伙人或其指定的第三方（如果采用设立有限合伙企业作为激励平台的方式）分别以最低对价和适当对价回购。

回购单价通常有以下三种计算方式。

①按离职时公司前一年年底净资产总额乘以拟转让股权占公司股本总额的比例（经常用）所得的结果进行回购。

②按离职前公司最后一轮融资估值单价的 X% 进行回购。

③按激励股权取得价格的 X 倍进行回购。

（2）正常离职，公司允许员工继续持有。

如果公司决定让未违反公司制度或其他纪律而离职的员工继续持有已行权部分，那么还要观察其是否有其他离职后的义务，如竞业禁止等，如果发生违反离职后的义务的情形，则该员工已行权的激励股权应当被收回。

建议公司收回离职员工的股权，因为如果让其继续持有，那么公司后期在进行统一股东身份登记时，对于已经不在公司任职的前员工，无论是在联系沟通还是进行其他决策时，都会有很大的障碍，这将阻碍公司进一步发展。

为了避免企业股权激励失败，建议大家注意以下几个方面的问题。

（1）股权激励要注重利益捆绑效果，要能将激励对象与股东的利益捆绑起来。

（2）股权激励不是股权奖励。奖励着眼过去，激励着眼未来。股权激励要注重经营绩效，注重激励与约束并存，这个约束既要在公司的管理与监督制度中有所体现，也要将激励对象的激励失败成本转换为对激励对象的约束。

（3）股权激励要上升到企业经营制度的高度，同时企业还要注重激励后的配套制度，要明确设定对激励对象的约束条件，也要约定激励对象的退出机制。

下面举一个例子。

1984 年，修鞋匠南存辉投资 1.5 万元与人合作创办求精开关厂（正泰公司前身）。1991 年，求精开关厂一分为二，南存辉分得 100 万元，这七年给南存辉带来了第一桶金和创业的经验。同年 9 月，南存辉从妻兄黄李益那里借得资金，成立了温州正泰电器有限公司（简称正泰公司），把弟弟南存飞、外甥朱信敏、妹夫吴炳池和亲戚林黎明揽入公司作为股东，完成了正泰公司的基础构建，其中南存辉的股份比例为 60%，此时的正泰公司是典型的家族企业。

20 世纪 90 年代初，温州柳市电器假冒伪劣成风，遭遇全国抵制，正泰公司凭借过硬的质量而幸免于难。此时，许多电器企业开始与正泰公司合作，给正泰公司贴牌生产，到 1994 年已有数十家企业加入，这种松散合作的弊端开始显现，正泰公司的品牌管理混乱，合作关系脆弱。针对这种弊端，南存辉开始了他的股权革命。南存辉通过出让正泰公司的股份，完成了对48家企业的兼并，形成正泰企业集团。集团的股东多达40位，南存辉的个人股份比例下降到40%左右，这一行为在当时不被人们理解，但它带来的结果是正泰公司整合了大量社会资源，净资产完成十倍以上的增值，南存辉的个人财富也增加了近20倍。

到了1996年，正泰公司迅速扩张，企业核心仍为家族成员，正泰公司在管理上又一次出现了混乱，并引发了严重的人才流失现象。为了留住人才，南存辉逐步推行股权配送制度，用“生产要素入股”的方法，让核心科技人员、管理人员和营销人员，分别以管理、技术、经营入股，正泰公司的核心股东扩充到了一百多位。在这一次股权改革中，南存辉按贡献大小合理设置了分配级差，没有进行平均分配，避免了分配不公和内讧。同时，正泰公司推行与职位考核联系在一起的岗位激励股，受益人不需要出资购买，只享有分红权，但当业绩达到标准后，岗位股可以转成普通股。这就是正泰公司在当时推行的“员工入股计划”。

2003年，正泰公司开始推行限制性股权结合分红权的股权激励方式，激励对象是企业高级管理人员和骨干人员，以经营绩效对其进行考核和限制，再通过分红权加强激励的效能。由此，正泰公司进一步制度化推行股权激励，留住骨干人才和突出贡献者。

2006年后，正泰公司全力争取上市，股权激励继续朝着制度化的方向发展，公司建立了经营业绩比较和量化制度，以减少主观因素，最大限度地调动管理层和员工的积极性。公司上市后，即推行股票期权激励计划和股票增值权激励计划，直至现在。

南存辉被誉为“最具现代企业家气质”的温州老板，一方面是因为他从修鞋匠到温州第一大老板的高跨度角色变化，但更重要的原因是他通过稀释家族股权来获得社会资源和留住人力资源所体现出来的罕见魄力。

但必须提醒的是，股权激励还与企业上市、股权改制、风险投资、税收、财务、公司治理结构等一系列问题有着密切的联系。企业在设置股权激励时，会涉及控制权的问题，建议大家请专业律师制订一个合理的股权激励方案。

一般来说，设计一个股权激励方案的第一步是根据企业的行业特性、发展阶段、股权结构和未来的发展战略提炼出企业的需求，然后就按照“七定法”（定对象、定模式、定业绩、定数量、定价格、定来源、定时间）分别确定合适的股权激励对象、企业的股权激励模式、股权激励的业绩标准、激励股份的数量和比例、激励股权的来源和购股资金的来源、股权激励计划中的时间安排，最后，形成三份重要的文件：股权激励合同、股权激励实施方案和业绩考核书。其中股权激励实施方案和业绩考核书可以作为股权激励合同的附件，具有同等法律效力。

激活团队战斗力的 15 种方法

在一个企业里，团队有没有战斗力，能不能有所作为，关键是看这个团队有没有活力和士气。如果团队没有活力和士气，像一潭死水一样，是打不了胜仗的。

团队的活力都是激励出来的。一名管理者如果不能激励团队在工作中发挥出最佳水平，即使拥有一个一流团队也无法战胜自我和竞争对手。管理者只有在工作中把员工的全部潜能激发出来，公司才能在竞争中脱颖而出。下文分享了行之有效的 15 种激励团队的方法，帮管理者激活团队的战斗力，激发员工潜能，让员工每天都能高效地工作。

一、榜样激励：好上司才能激励好下属

榜样的力量是无穷的，在任何一个组织里，管理者都是下属的镜子。可以说，只要看一看这个组织的管理者是如何对待工作的，就可以了解整个组织成员的工作态度。要让员工充满激情地工作，管理者就先要树立榜样。

榜样激励要注意的 9 个细节

01 领导者要身体力行，树立榜样。

02 激励别人之前，先要激励自己。

03 用沉稳的作风赢得员工的敬佩。

04 以身作则胜过一切发号施令。

05 感召力源于管理者的魅力。

06 成为组织里做人做事的典范。

07 用距离让下属对你产生敬畏感。

08 做到一马当先、身先士卒。

09 用自己的热情点燃员工的热情。

二、目标激励：调动员工的积极性

人的行为都是由动机引起的，并且都是指向一定的目标的。这种动机是行为的一种诱因，是行动的内驱力，对人的活动起着强烈的激励作用。管理者要通过设置适当的目标，有效诱发和激励员工的行为，调动员工的积极性。

目标激励要注意的 10 个细节

01 掌握制订目标的要点，发挥激励作用。

02 让下属参与目标的制订工作。

03 要制订目标的实施计划。

04 平衡长期目标和短期任务。

05 用共同目标引领全体员工。

06 领导要当好总指挥。

07 给员工设定目标，目标要与职业生涯规划相结合。

08 让员工对企业的前途充满信心。

09 把握“跳一跳，够得着”的原则。

10 避免“目标置换”现象的发生。

三、授权激励：委以重任方能激发潜力

有效授权是一项重要的管理技巧。不管多能干的领导，也不可能把工作全部承揽过来，这样做只能使管理效率降低，下属成长过慢。通过授权，管理者可以提升自己及下属的工作能力，更可以极大地激发下属的积极性和主人翁精神。

授权激励要注意的 12 个细节

01 不要成为公司里的“管家婆”。

02 分权能激励别人，更能解放自己。

03 要敢用比自己更强的人。

04 用自己的人格魅力感染员工。

05 敢于把管理和决策权分给员工。

06 “重要任务”更能激发工作热情。

07 准备充分是有效授权的前提。

08 要精挑细选授权的对象。

09 看准授权时机，选择授权方法。

10 确保权与责的平衡与对等。

11 信任是授权的精髓和支柱。

12 有效授权与合理控制相结合。

四、文化激励：用企业文化熏陶出好员工

企业文化是推动企业发展的原动力。它对企业发展的目标有导向功能，能有效地提高企业生产效率；同时，优秀的企业文化对企业的个体有着强大的凝聚作用，可以改善员工的精神状态，熏陶出更多对企业有自豪感和荣誉感的优秀员工。

文化激励要注意的 8 个细节

01 企业文化具有明确的激励导向。

02 企业文化是长久而深层次的激励。

03 企业文化也是员工的一种待遇。

04 用正确的企业文化提升战斗力。

05 用企业价值观统领全体员工。

06 关注激励型组织文化应具备的特点。

07 强有力的领导培育强有力的文化。

08 用良好的环境体现企业文化。

五、信任激励：诱导他人意志和行为的良方

领导与员工之间应该肝胆相照。领导在某个方面信任员工，实际上也就为员工勾勒了其意志和行为的轮廓。因而，信任也就成为激励、诱导他人意志和行为的一种重要途径。

信任激励要注意的 7 个细节

01 信任是启动积极性的引擎。
02 用人不疑是驭人的基本方法。
03 对业务骨干更要充分信赖。
04 信任年轻人，开辟新天地。
05 切断自己怀疑下属的后路。
06 向下属表达自己对他的信任。
07 既要信任员工，也要激起其自信。

六、尊重激励：给人尊严远胜过给人金钱

尊重是一种最人性化、最有效的激励手段之一。以尊重、重视员工的方式来激励他们，其效果比物质上的激励更持久、更有效。可以说，尊重是激励员工的法宝，其成本之低，成效之卓，是其他激励手段都难以企及的。

尊重激励要注意的 11 个细节

01 尊重是有效的零成本激励。
02 懂得尊重可得“圣贤归”。
03 对有真本事的“大贤”更要尊崇。
04 责难下属时要懂得为其留点面子。
05 尊重每个人，即使他地位卑微。
06 不妨用请求的语气下命令。
07 地位越高，越不能狂妄自大。

08 不要叱责，也不要质问。

09 不要总是端着一副官架子。

10 尊重个性就是保护创造性。

11 尊重下属的个人爱好。

七、宽容激励：胸怀宽广会让人甘心效力

宽容是一种管理艺术，也是激励员工的一种有效方式。管理者的宽容品质不仅能使员工感到亲切、温暖和友好，使其获得安全感，更能激发员工的积极性，激励其自省、自律、自强，让他们在感动的同时心甘情愿地为企业效力。

宽容激励要注意的10个细节

01 宽宏大量是做领导的前提。

02 宽容是一种重要的激励方式。

03 原谅别人就是在为自己铺路。

04 给犯错误的下属一个改正的机会。

05 得理而饶人更易征服下属。

06 对下属的冒犯不妨装“糊涂”。

07 善待“异己”可迅速“收拢”人心。

08 容许失败就等于鼓励创新。

09 要能容人之短、用人所长。

10 敢于容人之长更显得自己高明。

八、赞美激励：感化员工心灵的催化剂

人都有做一个“重要”人物的欲望，都渴望得到别人的赞美和肯定。赞美是一种感化员工心灵的催化剂，它能赋予人一种积极向上的力量，能够极大地激发人对事物的热情。如果用赞美的方式激励员工，管理者的收获将会远远大于付出。

赞美激励要注意的12个细节

01 最让人心动的激励是赞美。

02 你的赞赏，可让员工的激情燃烧。

03 用欣赏的眼光寻找下属的闪光点。

04 懂得感恩才能在小事上发现美。

05 摆脱偏见，使称赞公平、公正。

06 赞美到点上才会有良好的效果。

07 当众赞美下属时要注意方式。

08 对新老员工的赞美要有区别。

09 选一个公开场合褒奖员工。

10 用赞美来让人改正错误。

11 给员工制造一枚“糖衣炮弹”。

12 先赞对方长处，再道对方缺点。

九、情感激励：感人心者，莫过于情

“上司讲感情，员工有忠诚。”一个领导能否成功，不在于有没有人为其打拼，而在于有没有人心甘情愿地为其打拼。让人生死相许的不是金钱和地位，而是情

感。一个关切的举动、几句动情的话语或是几滴伤心的眼泪所产生的激励效果，比高官厚禄的激励作用还要大千百倍。

情感激励要注意的 13 个细节

01 用真心去换取忠心。
02 征服了“心”就能控制住“身”。
03 你要“够意思”，别人才能“够意思”。
04 人性化的管理让领导者更有人缘。
05 不要放过雪中送炭的机会。
06 乐于主动提携“看好”的下属。
07 付出一点感情，注意一些小事。
08 将关爱之情带到下属的家中。
09 爱护年轻员工。
10 下属的拥护，源于你的关爱。
11 做让员工感动的事，细微之处见真情。
12 替下属撑腰，他就会更加忠心。
13 凝聚力是你可以依赖的资本。

十、竞争激励：增强组织活力的无形按钮

人都有争强好胜的心理。在企业内部建立良性的竞争机制，是一种积极的、健康的、向上的引导和激励。管理者摆一个擂台，让下属上台较量，能充分调动员工的积极性、主动性、创造性，激发其创先争优意识，全面提高组织活力。

竞争激励要注意的 8 个细节

01 竞争能快速、高效地激发士气。

02 不妨偶尔在工作中打个“赌”。

03 让员工永远处于竞争状态。

04 建立的竞争机制要公平、合理。

05 活力与创造力是淘汰出来的。

06 用“鲇鱼式”人物制造危机感。

07 用危机意识激活团队的潜力。

08 引导良性竞争，避免恶性竞争。

十一、沟通激励：下属的干劲是“谈”出来的

管理者与下属保持良好的关系，对于调动下属的热情，激励他们为企业积极工作有着特别的作用。而建立这种良好的上下级关系的前提就是有效的沟通。可以说，沟通之于管理者，就像水之于游鱼，天空之于飞鸟。

沟通激励要注意的 10 个细节

01 沟通是激励员工热情的法宝。

02 沟通带来理解，理解带来合作。

03 建立完善的内部沟通机制。

04 消除沟通障碍，确保信息共享。

05 善于寻找沟通的“切入点”。

06 与员工沟通时要坦诚相见。

07 与下属谈话要注意先“暖身”，后暖心。

08 沟通的重点不是说，而是听。

09 正确对待并妥善处理员工的抱怨。

10 引导员工之间展开交流。

十二、考核激励：建立一个合理的评价制度

构建考核激励机制的本质是基于对企业家经营理念、管理理念、价值观的深度理解，梳理当前问题，在综合考量企业发展阶段、领导风格、管理基础、行业特性后，对企业家管理思想进行科学化、系统化、工具化整理，并辅导其落地。通过考核激励机制的构建，可以提升管理水平和运营效率。

考核激励要注意的 6 个细节

01 灵活设计薪酬，才能有效激励员工。

02 着眼于工作结果，树立绩效意识。

03 绩效评估一定要注重实际情况。

04 有效激励应该构筑在制度上。

05 用制度让大家站在同一起跑线上。

06 明确考核标准，不能模棱两可。

十三、奖罚激励：让员工有痛更有快乐

企业奖罚激励法是指利用奖励或惩罚的方法，对员工的一些行为予以肯定而对另一些行为予以否定，激发员工内在动力。在企业管理中，如果奖罚得当，往

往能够进一步调动员工的积极性，起到很好的激励作用。

奖励的形式多种多样，但基本上可分为物质奖励和精神奖励，以及物质与精神相结合的奖励。其中物质奖励满足员工的生理需要，精神奖励满足员工的心理需要，例如，奖金、住房、生活用品等是物质奖励；奖状、奖章、标兵和模范称号、优秀事迹的宣传等都是精神奖励。而科技成果奖、晋升则是物质与精神相结合的奖励。

奖罚激励要注意的 15 个细节

01 物质奖励与精神奖励相结合。

02 奖罚要公平、合理，当奖则奖，当罚则罚。

03 营造良好的奖励气氛。

04 奖励程度要与贡献程度相当。

05 当罚则罚，罚得合情合理，让人心服口服。

06 奖励要考虑员工个体需要的差异。

07 在处理纷争时，要一碗水端平。

08 不要直接批评你的员工。

09 用制度约束员工的散漫行为。

10 坚持“诛罚不避亲戚”的原则。

11 对于奸邪者要做到除恶必尽。

12 实施惩罚时不要打击面过大。

13 惩罚要把握时机、注意方式。

14 惩罚与“怀柔”相结合时更具激励效果。

15 少一点惩罚，多一些鼓励。

十四、薪酬激励：给员工一份满意的回报

薪酬是指劳动者依靠劳动所获得的所有劳动报酬的总和。激励，简言之就是调动员工的工作积极性，把其潜在的能力充分发挥出来。薪酬激励就是通过提高劳动报酬有效地提高员工工作的积极性，在此基础上促进其工作效率的提高，最终促进企业的发展。在企业实现盈利的同时，员工的能力也能得到提升，实现自我价值。

尽管薪酬不是激励员工的唯一手段，也不是最好的办法，但却是一个非常重要、被企业普遍运用的方法。在薪酬总额相同的情况下，支付方式不同会导致不同的效果。所以，如何实现薪酬效能最大化是一门值得探讨的艺术。

薪酬激励要注意的 12 个细节

01 薪酬设计要坚持公平原则、竞争性原则。

02 管理者要明白“财散人聚，财聚人散”的道理。

03 厚待给企业带来效益的核心员工。

04 对不同的员工要用不同的激励措施。

05 最好的办法是菜单式福利。

06 人性化激励更能收揽员工的心。

07 规避误区，不要花钱买来“离心力”。

08 为员工提供广阔的升职空间。

09 培养员工，让员工提升能力。

10 绩效制度不能简单化。

11 给每个员工一个公平发展的机会。

12 在高科技行业，股票期权是个非常诱人的条件。

十五、危机激励：重燃员工的工作激情

在市场经济大潮中，企业的生存环境可谓是瞬息万变，其自身资源状况也在不断地变化，企业发展的道路因此充满不确定性。企业领导要不断向员工灌输危机观念，让他们明白企业生存环境的艰难，以及由此可能对他们的工作、生活带来的不利影响，这样就能激励员工自发地努力工作。

一个具有强烈忧患意识的民族，是最有希望的民族。一个具有忧患意识的企业，也一定是一个充满希望的企业。对于企业来说，最大的风险就是没有危机意识。所有的成功企业，都是注重危机意识的企业。因此，企业管理者有必要向员工灌输危机观念，树立危机意识，重燃员工的工作激情。

危机激励要注意的 8 个细节

01 居安思危，“惶者”生存。

02 向员工灌输个人前途危机意识。

03 向员工灌输企业的产品危机意识。

04 在企业内部积极推行自我竞争机制（在技能方面）、自我淘汰机制（在产品方面）。

05 严把质量关，不让次品出厂，从严治企。

06 提高服务质量，认真对待每次客户投诉，不因小失大。

07 积极引导良性竞争，发挥工匠精神。

08 适度施压，步步紧“逼”，多出精品。

同样的人，在不同领导的带领下，其表现会有很大差异。所谓“兵熊熊一个，将熊熊一窝”，团队的管理者更要严格要求自己，做好团队的榜样，要充分尊重团队成员，适时给予赞美和尊重，并且要懂得放权，激励团队成员发挥自己的智慧。唯有如此，才能发挥团队的最大力量，让员工更好地为企业创造价值，同时，这也有助于实现团队成员的自身价值。

Chapter 07

客户为王：
拥有了客户就拥有了财富

管理大师彼得・德鲁克曾经说过："企业成立的目的，一是要创造顾客，二是要留住顾客。"靠营销可以创造顾客，靠服务可以留住顾客。在这个客户为王的时代，经营管理者必须牢固树立以客户为中心的观念，了解客户的真实需求，为客户提供一流的产品和服务，重视和维护良好的客户关系，用真诚换来客户的信任和支持。

怎样给客户留下良好的第一印象

第一印象在人际交往中至关重要，在很大程度上影响着客户对你的看法及信任程度，也决定着交易成败。“良好的第一印象可以让销售成功一半。”那么，如何才能给客户留下好的第一印象呢？

一、真诚地面带微笑

当你第一次与客户见面时，要真诚地面带微笑，不论客户表情如何，你始终要保持微笑。微笑可以拉近与客户的距离，减少陌生感，缓解现场气氛，让双方在轻松愉悦的环境中进行有效的沟通。

如果你没有微笑，或者如果你微笑时给人的感觉好像很不情愿，那么在几秒之内，客户就会对你产生怀疑的心理，因而不愿意与你交谈。任何长久的关系都是从最初的几秒开始的。因此，你应该真诚地微笑，并且在微笑时应该大方得体，不做作。即使在进行电话销售时，微笑也很重要。因为面部表情通常会通过声音显现出来，给对方真诚、热情的感觉同样也是电话营销必备的技巧。

二、服装整洁大方

人无法决定自己的相貌，但服饰完全可以由自己决定。俗话说：“三分长相，七分打扮。”你穿的服装可以不是高档名牌，但一定要干净整洁、大方得体。

很多大公司的客户认为，销售人员的形象往往代表了其所属公司的产品服务质量和合作态度，因此，他们十分在意第一次见面时销售人员的谈吐和衣着。销售人员的穿着应该和自己的身份、年龄、销售的产品和公司的形象相符，不要刻意追求华丽漂亮，而一定要简洁、大方、得体。一般来说，男士适合穿着深色的正装，女士适合穿着职业套装。这样的衣着可以给客户留下职业、干练、精神的第一印象。

三、良好的言谈举止

一个人的行为举止会将他的气质表现得淋漓尽致，粗俗的动作容易给人留下不好的印象。我们的站姿和坐姿一定要自然，站时腰一定要挺直，坐时不要跷二郎腿，走路时要不疾不徐；与人相处时要面带微笑，谈话时要注意分寸，切勿为抬高自己而故意贬低别人；在谈话过程中不要有多余的小动作，注意力要集中。

此外，我们与客户交谈时语言要亲切，表达要清晰，拿取货品时要轻拿轻放；不论客户是否购买，态度都要始终如一。

四、说话真诚、真实

说话要真诚，举止要大方。我们在说话时要有底气，不要唯唯诺诺，用真诚的目光直视客户。

切记，我们在说话时不要拐弯抹角、口是心非，那样容易给人虚伪的感觉。

同时，我们要保证自己讲的每一句话都是真实的。不说假话，不说胡话，不说漫无边际的话，这是必须遵守的原则。客户是上帝，我们要怀着一颗谦卑的心对待客户，不要妄图在客户面前要心眼儿。因为唯一能打动他们的就是你的态度、你真诚的心。

五、礼仪得当

礼仪是对客户的尊重，你尊重客户，客户也会尊重你。如果不懂礼节，往往会在无形中破坏自己的形象。礼仪是身份及社会地位的体现，它既能够帮助你赢得别人的尊重，又能给别人留下深刻而又美好的印象。

我们在递交名片时，要双手呈递，将名片正面朝向客户，以表示对客户的尊重；同时，将自己的名字口述一下，以便客户加深对你的印象。这也避免了因名字中有不常见的字或是多音字而导致客户念错的尴尬场面。

当然，第一次与客户见面时也不宜过于客套，这样容易造成气氛的紧张，不利于业务的洽谈。

六、恰当的肢体语言

为了给客户留下良好的印象，肢体语言是很重要的，包括握手、目光接触、微笑、交换名片等。我们在握手时应伸出右手掌或用双手紧握，力度要适中；与客户交谈时，目光不要游离，要直视对方。

在与客户初次见面时，你要直视他的眼睛，这是能够与客户建立信任的肢体语言之一。人们不会相信那些不敢进行目光交流的人。如果你不直视客户的眼睛，他们可能会怀疑你所说的话。大多数成功人士与客户交谈时都会直视对方的眼睛，然后自信地表达自己想说的内容。

七、赞美对方

美国著名心理学家威廉·詹姆士说：“人类本性上最深的企图之一是期望被别人赞美、钦佩、尊重。”可见被赞美是人的内心深处的一种基本愿望。

每个人都有被别人赞美的心理需求，爱听好话是人类的天性。如果在人际交往中你能真诚地、巧妙地赞美他人，善于发现他人的长处，那么，你的工作会事半功倍。

八、学会发问与倾听

发问是建立在有效倾听的基础上的。倾听是有技巧的，要多听，仔细听，边听边揣摩。同时，我们要坚持少说多听的原则，说话要说到点子上，否则就不如不说。

有句话说得好：不是让你听客户说了什么，而是让你听客户没有说什么。只有你听出重点了，才能准确有效、一针见血地发问。发问的目的是为了引导客户，挖掘他的需求点，找出核心内容，并在你设计的步骤中一步步靠近你的目标。

你在倾听客户讲话时，要表现出对对方提出的话题很感兴趣的样子，这样容易发现与客户沟通的机会，了解客户的需求。

九、清淡的体味

在与客户见面之前，你要注意自己的体味。你可以使用一些清新气味的香水，但不要使用味道太浓烈的香水；见客户前不要吃有异味的东西，并且记得吃完东西后一定要漱口。

十、保持自信

接触是促成交易的重要环节，拜访客户是成功销售的基石，但是，销售人员在拜访客户之前，要做好充分的准备，这样拜访才能成为交易的良好开端。

特别是在初次做销售工作时，对陌生人的莫名恐惧普遍存在于销售人员心中。有些人在面对客户时，会紧张得手足无措、语无伦次、大汗淋漓，甚至想要迅速逃离。销售人员要想清除心理紧张，必须要有充分的自信，同时需要通过无数次的主动接触去克服。我们可以抱着“即使你拒绝我，我也没有什么损失，只不过是多了一次开口而已”的态度进行刻意练习，当恐惧的心情一次次地减弱时，自信心就会建立起来。

在与客户初次见面，以及与客户沟通的整个过程中，你都要保持自信和自尊。职位有高低，但是人格绝对是平等的，我们在与客户交谈时要不卑不亢，不锋芒毕露、凌驾他人，也不低三下四、卑躬屈膝，而是怀着平和的心态展现自己的个性与优点。唯有不卑不亢，坚持自己做人的底线和原则，才能赢得他人的尊重。

销售人员应该记住这样一句话：“形象就是名片。”心理学中有一种效应叫作“首因效应”，即在第一次交往中给人留下的印象，会在对方的头脑中占据着主导地位，这也就是我们常常说第一印象最重要的原因。

第一印象会根深蒂固地留在对方的脑海里，如果你穿着得体、举止优雅、言语礼貌，对方就会心生好感，认为你是一个有修养、懂礼仪的人，从而愿意和你交往；如果你服饰怪异、态度傲慢、言语粗俗，对方就会认为你是一个没有修养、不求上进的家伙，从而心生厌恶，不愿意和你接触，即使你下次改正了，也难以重获对方的好感，这就是首因效应的作用。

总之，第一次与客户见面时，一切不是装出来的，而是由内向外散发出来的。一定要记住：客户对销售人员的第一印象就是以貌取人，客户没有过深地了解过你，只能凭借你的衣着、谈吐、气质等，来判断你是否可靠、真诚和专业。

如何获得客户的好感和信任

对创业者而言，掌握销售技巧是非常重要的。在进行销售时，能否获得客户的好感和信任将直接决定销售的成败。下面，笔者和大家分享一下获得客户的好感和信任的技巧。

一、不断增强专业性

专业性指的是要熟悉自己的产品和行业。比如在卖化妆品时，你必须知道化妆的流程，以及你的化妆品能对客户本人有何帮助，对客户的企业有何帮助。如果在面对客户的提问时，你总是支支吾吾，答非所问，就会显得自己非常不专业。客户是不愿意和外行人做生意的，他们也需要成长，只有你表现得非常专业，他们才会珍惜与你交往的过程。

二、保持多听和多问的习惯

就一个销售新手而言，即便刚开始的业绩不太好，一般在一到两年时间内，业绩也会呈曲线性增长。但两年过后，有的业务人员的业绩会再次下降，这是因为他们太了解行业和客户了，所以变得夜郎自大，总是拿着一套过时的做法去应对客户，不再去倾听和了解客户的需求，业绩自然会下滑。客户的需求和想法在不断变化，如果销售人员不能顺应这种趋势，顽固守旧，忽略客户的感受，客户也会忽略他们。

三、充分了解客户需求

很多创业者和销售人员急于开单，总是喜欢把自己的想法强加在客户身上，比如，他们宣称产品能使皮肤增白，殊不知客户最需要的却是抗皱系列的产品。这种只考虑自己有什么，而不想客户需要什么的做法是不会取得客户信任的，甚至可能引起他们的反感。

就如宝洁，它永远不会推出一款叫作“宝洁牌”的洗发水。宝洁的做法是针对不同的人群，了解不同的市场，推出不同的洗发水，如海飞丝去屑洗发水、飘柔焗油洗发水、针对一线白领的洗发水等。

四、时刻以客户为主导

做销售的人一般话都特别多，特别是经验丰富的老销售或性格外向的人，一到客户面前就说个不停，客户说话时经常被这些人打断，又或者他们总是在客户面前吹嘘自己过往的经验，得意忘形。要时刻谨记，客户才是上帝，我们要以客户为主导，而不是让客户围着我们转。

五、以诙谐幽默的方式调节气氛

人人都喜欢和机智风趣、谈吐幽默的人交往，而不愿同动辄与人争吵，或者郁郁寡欢、言语乏味的人来往。幽默，可以说是一块磁铁，吸引着大家；也可以说是一种润滑剂，使烦恼变为欢乐，使痛苦变成愉快，将尴尬转为融洽。诙谐幽默的谈吐也是获得好感的重要法宝。

六、进行有意义的重复

中国有一种销售技巧叫成功学，提倡多次拜访客户。不管客户是怎么想的，销售人员都要像狗皮膏药一样不断去推销自己的产品，一次不行就两次，两次不行就三次，三次不行就十次。这种坚韧不拔的毅力当然值得称颂，但是每次销售人员都应该帮助客户成长，而非单纯重复第一次拜访的流程，只有有意义的重复才会有提升的可能。

取得客户信任的方法还有很多，比如，每次行动之前一定要站在客户的角度想问题，多为客户提供帮助，为客户创造价值，只要真诚、努力，最终必定会有收获。

七、用真诚赢得客户信赖

凡事多为客户着想，要抱着买卖不成仁义在的心态：我们就是来和客户交朋友的，至于产品，不一定要成天将其挂在嘴边，与客户交心的过程同样重要。只要你真诚对待客户，客户一般也不会亏待你。

星巴克是全球百强品牌，全世界最大的咖啡零售商。星巴克允许员工和顾客在上班时间闲聊，他们可以交流一下最近在听什么歌，也可以抱怨排队、堵车或坏天气。星巴克认为这样的闲谈也是工作的一部分，因为这样可以使员工和顾客变成朋友，而顾客只要喜欢上了这个新朋友，就会常来星巴克。这也是星巴克可以做到每天开 5 家分店，每天卖出 1 万多杯咖啡的原因。

总而言之，在日常的营销工作中，赢得客户信赖是获得客户忠诚的关键。虽然所有的企业都致力于拥有更多的忠诚客户，可是在赢得客户信赖方面，大多数企业做得都不够好。而企业若想在日益激烈的市场竞争中实现可持续发展，就必须认真建立和不断增强客户的信赖感。这是一个循序渐进的过程，让我们从现在开始，从每件小事开始，共同努力，持之以恒，你的真诚一定会赢得客户的信赖和支持。

如何了解和发掘客户需求

不了解客户的需求，就无法制订有效的销售策略。客户需求往往是多方面的、不确定的，需要去认真分析和引导。分析客户的需求是指通过买卖双方的长期沟通，对客户购买产品的欲望、用途，客户想要的产品功能、款式进行逐步发掘，将客户心里模糊的认识以精确的方式描述并展示出来。不论是哪个领域，只要涉及供应者与需求者，需求者的相关要求都被称为客户需求。

一、了解客户需求

客户需求可分为暗示需求和明确需求。暗示需求就是客户对困难、不满的模糊陈述，明确需求就是客户对困难、不满的具体陈述。了解客户需求包括以下几个关键点。

1. 圈定明确的客户群。只有明确的客户群，才能让我们很好地去研究。

2. 学会用客户的语言来描绘产品。

3. 学会理解客户的多重身份。

4. 了解客户的价值观。

5. 理解客户需求背后的深层次心理需求。

6. 像客户一样体验、感知他们的生活世界。

（1）像客户一样看；

（2）像客户一样用；

（3）像客户一样想。

去体验客户的生活世界，而不是客观世界。只有这样，才能了解并满足客户的真实需求。

二、了解客户需求的方法

了解客户需求的方法有三种：一是利用提问来了解客户需求；二是通过倾听来了解客户需求；三是通过观察来了解客户需求。

客户的需求是千差万别的，不了解客户的需求，就无法提供有效的服务，更不能赢得客户忠诚。在实践中，通常可以通过以下方法来了解客户的需求。

1. 利用提问来了解客户的需求

要了解客户的需求，提问题是最直接、最简便有效的方式。通过提问我们可以准确而有效地了解客户的真正需求，为客户提供他们所需要的服务。在实际运用中，有以下几种提问方式可以供我们灵活选择。

（1）提问式问题

单刀直入、观点明确的提问能使客户详述你所不知道的情况。例如，你可以问："小姐，您打开电脑时，发生了什么情况？"这常常是为客户服务时最先问的问题，通过提这个问题可以获得更多的细节。

（2）封闭式问题

封闭式的问题即让客户回答"是"或"否"，目的是确认某种事实、客户的观点和希望或其反映的情况。通过这种提问我们可以更快地发现问题，找出问题的症结所在。例如，"小姐，当电脑出现问题时，是开着还是关着的？"这个问题是让客户回答电脑当时是"开"还是"关"。如果没有得到回答，我们还应该继续问一些其他的问题，从而确认问题所在。

（3）了解对方身份的问题

在刚开始与客户谈话时，我们可以问一些了解客户身份的问题，如对方姓名、电话号码等。目的是获得解决问题所需要的信息。

（4）描述性问题

让客户描述情况，谈谈他的观点，这有利于了解客户的兴趣和问题所在。

（5）澄清性问题

在适当的时候询问、澄清客户所说的问题，这样也可以了解到客户的需求。

（6）有针对性的问题

要问客户对所提供的产品或服务是否满意，这有助于提醒客户再次惠顾。

（7）询问其他要求的问题

与客户交流的最后，你还可以问他还需要哪些服务。例如，“先生，还有没有其他我们能为您做的事情？”通过主动询问客户的其他要求，客户会更容易记住你和你的公司。

2. 通过倾听来了解客户的需求

在与客户进行沟通时，我们必须集中精力，认真倾听客户的回答，站在客户的角度尽力去理解客户所说的内容，了解客户在想些什么，客户的需要是什么，要尽可能多地了解客户的情况，以便为客户提供满意的服务。

3. 通过观察来了解客户的需求

要想说服客户，就必须了解他当前的需求，然后着重从这一层次的需求出发，动之以情，晓之以理地去说服他。在与客户沟通的过程中，你可以通过观察客户的非语言行为了解他的需求、欲望、观点和想法。

总而言之，通过适当地问问题，认真倾听，以及观察客户的非语言行为，你可以了解客户的需求和想法，更好地为客户服务。

三、企业如何了解客户需求

客户有两组需求，能明确说出的是一组，称为“有声的需求”；另一组是没有说出来的，称为“沉默的需求”。通常，有声的需求是行业中大多数商家试图满足的需求，了解这种需求并不困难。较为困难的是识别客户沉默的需求。很多时候，企业能够领先一步的原因就在于了解到了客户沉默的需求。

1. 随时随地关注客户需求

为什么产品功能与客户的需求总是不一致？是不是要对客户的每个需求都说“是”？如何通过把握客户需求的层次来更好地实现客户需求？

每当出现这些问题时，就会有人说这是因为需求的前期调研不足。其实，客户需求不是仅仅通过调研就能全面了解的。单凭几百个样本并不能够完全抽取出客户的核心需求。了解客户需求不能单依靠市场调研这一种方式，而是需要随时随地关注客户需求。行业变化会产生客户需求，日常的销售反馈是客户需求，客户的抱怨也是客户需求，售后人员的电话记录单中也有客户需求，研发人员的创新也是客户需求。其实，无论是在市场之内还是市场之外，客户都在不断表达着他们的需求。因此，只有企业时刻保持对客户的关注，才能真正了解客户需求。

2. 不提产品只问问题

有一个经典的商业案例：一个中等规模的公司从通用电气购买了价值 50 万美元的个人电脑，然而，通用电气并不制造电脑，这家公司为什么不直接从电脑制造商那里购买电脑呢？答案是：电脑制造商只卖电脑，而这种产品很多厂家都能生产。相反，通用电气不仅向这家公司出售电脑，还提供自选配置、附件、服务和融资。这家公司与客户的联系是电子化的，需要电脑来支持对客户的服务，而融资则为其提供了资金的来源，使企业能够更好地匹配收入和支出，进行一项为期三年的技术改造。通用电气看到了这一系列需求，满足了他们的需要，为他们提供了一个解决方案。

可能很多人说，通用电气有实力做到这些。但请注意，只有它了解到了客户需求，才可能做到这些。在通常情况下，客户并不十分清楚或不能清晰地表述自己的问题或需求，因此，在没有完整、清楚地把握客户的需求之前，即使企业将全球最好的产品和服务推荐给客户也无济于事。能帮助客户真正解决问题，向客户提供获利服务的企业才能赢得客户。

3. 与客户换位思考

站在客户的立场去思考，才能更好地了解客户需求，因此，我们要分配更多的时间去关注客户，更要与客户换位思考。回想一下：上个月你花了多少时间与你的五位最重要的客户在一起？与他们的交谈仅仅是礼貌的寒暄，还是关于客户最重要需求的实质性讨论？

假设你是你的五个最重要客户中某一家的首席执行官，试着问自己几个问题：

①你的总体目标是什么？

②什么是你最关心的事情？

③为了帮助你达到自己的目标，供应商应该怎么做？

④目前的供应商是否符合你的希望？

⑤目前的供应商为何未能符合你的希望？

企业早就应该结束通过“想当然”来制造客户需求的阶段了，只有企业整体重视客户需求，从实际出发，以客户为本，才能真正了解客户需求。

渔具市场属于户外运动的一个垂直细分的小众市场。钓鱼早已不是大家印象中的老年活动，而是时尚的户外运动，其行业特征是重体验、重场景、高黏性、高垂直、碎片化、年轻化。市场和用户的这些特性，实际上造成了一定的行业认知壁垒，这也是那些风投机构和户外大品牌盲目冲进来后却铩羽而归的原因。

我们都知道，渔具市场变革是慢于技术变革的，技术变革又源自思维变革。当互联网大潮涌向各行各业的时候，渔具市场的变革是严重滞后的，其一直坚持做线下渠道。

2015 年，中国渔具市场的龙头企业——山东化氏集团推出了国内首个网络品牌“化氏一味”钓竿，采用线上渠道销售。化氏一味的目标群体定位为年轻时尚的新生代用户群体，以钓竿作为切入点，推出高质中价的产品，通过社区和“粉丝”营销的方式，创造了首次发售时销售额在 195 秒内破 100 万元的行业纪录。后来第三批产品发售时，这一纪录刷新到 37 秒。

那么，化氏一味在短时间内创造了这么好的业绩，其核心竞争力是什么？化氏一味团队负责人周骏回答：“不将就，化氏一味做自己。”不将就的背后，就是他们对待产品和客户的理念。很多人认为，就产品创新而言，重要的是技术创新，其实周骏认为更重要的是在客户理解方面的创新。化氏一味围绕客户去打造产品，围绕客户创造价值，也是基于这个逻辑。因为在细分市场里客户黏性高，所以，客户对产品和运营会非常敏感，你的每一个动作其实都能得到反馈，你如何理解和对待这些信息，就是你对待客户的态度，而你对待客户的态度也将决定客户的活跃度。不管是在自媒体还是在网络社区，化氏一味没有数据化的 KPI 考核，而是希望客户能产生内容且消费内容，从而打造活跃的 UGC 社区氛围。因为在任何一个细分市场，客户需要的是质而不是量，这个质的关键，就是活跃度和黏性。

化氏一味希望和客户有更多连接，而产品就是连接的方式之一。周骏说：“好产品是 1，营销、品牌、渠道都是后面的若干个 0，没有 1，有再多 0 也没用。对于我们硬件产品而言，持续制造‘超预期’确实是一件有挑战的事情，因为硬件雷同的趋势是在所难免的。所以，我个人会花非常多的时间在产品上，也算半个产品经理了。”

因此，化氏一味坚持做高质中价的爆款。他们对产品的期望是，每款产品都要达到行业类目的前五名，如果市场反馈一般，会对产品进行升级改版，甚至末位淘汰。他们试图把化氏一味高质中价的产品形象标签化，而标签化的背后，就是信任感。

此外，化氏一味的价值观是“创新分享，好学实干”。目前，该公司有四位在职的伙伴是从众多前来应聘的客户中筛选而来的。找到“味道”相似的人，是一件能产生化学反应的事，这对公司意味着高效率，对个人意味着快速成长。这也是尽管市场信息更迭很快，但化氏一味没有 KPI 考核的原因。

在激烈的市场竞争中，化氏一味回归初心，保持清醒，将自己打造成为中国渔具行业最佳的互联网品牌。化氏一味的成功就是源自他们对客户需求的真正了解，以客户为中心，围绕客户去打造产品，注重客户体验，解决客户的痛点，把产品做到极致，为客户创造价值。

维护良好客户关系的十大方法

成功的销售，是能将客户维系好，并且与之建立起长久的良好合作关系的销售。随着市场竞争的加剧，人们越来越深刻地认识到，市场竞争就是企业争夺客户的竞争，企业要实现营利，必须依赖客户，要想在激烈的市场竞争中保持优势，保持长期稳定的发展，就必须重视客户关系。

然而，许多企业都把工作重心放在不断开发新客户上，不惜花费大量资源和代价去拼命争夺新客户，却在客户关系管理方面缺乏系统的规划和必要的手段，因此，开发出来的客户很快就流失了，给企业带来了很大的损失。

那么，对于初创企业而言，该如何建立并维护与客户的长期合作关系？我归纳总结出了维护客户关系的十大方法，希望对大家有所帮助。

一、尊重和认可客户

任何人都是需要认可和尊重的，你尊重别人才能获得别人的尊重。何况人都是有七情六欲的，人都是好面子的，给足客户面子，会让客户觉得你是一个值得交往的人。客户给予我们合作机会，我们不仅应该感激，更要认可他们，用心给他们做好服务。

二、诚实守信

一个诚实信守的人必然会赢得客户的尊重和信任。

在维护客户关系的过程中，请不要轻易承诺客户什么事情或答应什么条件，你要对自己所说的每一句话负责任。一旦无法兑现承诺，你在客户面前就成为不讲诚信之人，这对于今后的合作是非常不利的。在销售过程中，对于自己没有把握的事情，我们要多用“我想想办法”“我再给你回话”“我得申请批示”等答复，给自己争取最大的周旋余地。

三、最大限度地满足客户需求

让客户形成一种依赖公司的心理习惯，对于客户提出的任何特殊要求或隐性的需求，我们都一定要认真对待，千方百计地找到合理的解决办法；对于客户提出的合理需求我们都应尽量满足，即在售前、售中、售后无微不至地关照客户，用细节感动客户。

四、刚柔并济

在维护客户关系的过程中，我们一定要认真、耐心听客户讲完，并且准确地判断他想表达的意思，即使碰到“钉子户”也要拿出平和的心态，不急不躁，淡然待之。对于客户的失误甚至过错，我们要表示出宽容而不是责备，并立即和客户共同探讨，找出补救和解决的方案。

这样，你的客户会从心底感激你，同时，你也可以证明自己确实有能力为他解决问题。在客户触犯你的谈判底线时，你要斩钉截铁地表示拒绝，如果客户认可你的产品或产品的附加值，他就会做出让步。很多时候，你明明知道客户的要求是不可能兑现的，但也要先稳住客户，让他对你充满期待。

五、互惠互利

在与客户进行沟通的过程中，一些销售人员为了达成销售目标，一步一步地向前迈进，不断说服客户认可产品或服务的品质，接受产品或服务的价格，最终达成交易。

其实很多优秀的销售人员都会在销售沟通过程中有意无意地使用一些让步策略（事先把价格稍微抬高一点，条件稍微严格一点），以期让客户满意。例如，在保证利润的前提下进行价格方面的让步，或者根据双方的诉求提出解决问题的折中方式等。如果能得当地运用销售沟通中的让步策略，将有利于实现买卖双方的共赢，同时也有利于长期销售目标的实现。

六、拉近距离

聪明的业务员都会把与销售商的关系协调得恰如其分，因为你销售的不仅仅是单一的产品，还有公司产品的附加值和公司文化，以及你自己的个人魅力，把与客户简单的合作关系转变成朋友关系后，他就会积极地销售你的产品。

但是，要记住你可以努力让客户把你当作朋友，但也不能忘记商人的最终目的就是利益，一旦利益发生了根本冲突，合作过程还是会出现裂痕。

七、赢得口碑

营销的最高境界，是让客户主动来找你。无论你从事什么行业，一定记住，如果你想在该行业中长期发展或有所作为，一定要在这个行业拥有一个良好的口碑。口碑就是影响力，口碑就是通行证。

八、借助熟人的力量

客户介绍的成功率会比自己单纯跑业务的成功率高出很多，因为大家更容易相信熟人而非逐利的商人。此外，因为有熟人在牵线，客户关系的稳定性也会较强，只要服务到位，很容易将新客户培养成忠实客户。

要想借助熟人的力量，需要你把每一笔生意都有始有终地做好。你的产品或服务交付了，并不表示你与客户的关系就结束了，你可以与客户保持联系，了解产品的使用情况，征求客户的意见或建议，以便进一步改进产品和服务。这会让你在客户心中留下深刻印象，以后再有生意上的合作，自然就会想到你，这是维护和保持客户关系的重要方法。

九、追踪客户

现在市场上的同类产品很多，竞争很激烈，并不是成功赢得客户后就可以高枕无忧了，因为客户可能随时会改变主意，采购其他家的产品。所以，在与客户合作后，你要跟踪产品的销售情况，如产品是不是好用、有没有什么问题需要及时解决或产品是否需要进一步改进等。

在做好产品销售服务的同时，你还可以定期给客户一个问候或祝福，让客户时时感觉到你作为一个朋友所应该有的关怀与体贴。中国的节日有很多，每次过节时给客户一个温馨的问候与祝福，会让客户觉得你是真正关心他，会增进彼此的友谊。同时，这还可以让客户切身体会到公司销售服务的价值。客户体会到了你的真诚，你才能得到客户的信赖与支持。

十、多做一些销售之外的事情

额外价值是很多生意场上的人十分看重的，尤其是人际关系方面的价值，会让我们更好地获得帮助，更方便地服务客户，还会获得更多客户信息，以便我们深入了解客户，更好地促成交易。一些销售之外的事情，会让我们受益不少，即便这一次没有合作机会，下一次客户也会想到你。

真正维护客户关系的手段，是日积月累地处理与客户之间的大事小情，比如在节假日时发短信问候，定时电话问候，定时拜访交流，以及赠送一些土特产或小礼品等。

在生意场上没有永远的朋友，只有永远的利益，如果你和你的客户之间没有共同的利益，那么你的客户就会悄悄流失。对你有感激之情的客户才是对你忠诚的客户。在与客户交往中，要让他知道今后离不开你，需要你，并且要不失时机地为你的下一步意图留下伏笔。销售行业有一句名言：你的心在哪里，你的财富就在哪里。同理，对维护客户关系而言，你的心在哪里，你的客户就在哪里。

锁定目标客户的方法和步骤

目标客户是企业或商家提供产品、服务的对象。目标客户是市场营销工作的前端，只有确立了消费群体中的某类目标客户，才能有效展开具有针对性的营销工作，但是精准定位客户和搞定目标客户是要讲究技巧和方法的。下面介绍一下精准定位目标客户的方法和步骤。

第一步：初步界定你的目标客户

营销最开始都需要分析和界定目标客户，正如我们发布征婚广告时，会写出心仪对象的各项标准，如学历、收入、工作、相貌、身高等情况。初步界定客户时，一般有以下几种方法。

1. 客户内在属性

Who（谁）—When（购买时间，反映购买习惯）—Why（购买理由）—Age（年纪）—Sex（性别）—Interest（爱好）—Income（收入）

2. 外在属性

Where（地区分布）—Company（公司）—Place（活动场所）

当你清晰地列出这些客户属性时，基本就可以界定目标客户，但还不够精准，需要进一步缩小客户范围。

第二步：购买能力区分你的客户

客户必须是具备购买能力的人。不停地浪费时间与你砍价的人不是真正的客户。如果你经常碰到砍价客户，只能说明你没有准确定位客户。

客户的购买能力一般通过客户收入或客户的平均消费水平，以及是否购买过相关产品来界定。此外，购买能力也体现在客户拥有哪些有价值的产品上。比如，客户拥有宝马，拥有 LV 包，说明该客户具有较强的购买能力。

第三步：消费历史映射你的客户

营销大师菲利普·科特勒曾说："推断人们将要购买什么的方法是观察人们过去购买了什么，以及正在购买什么。"明确客户要购买什么，你才能知道把产品卖给谁。

客户的消费历史代表了客户对产品类别的认知、对产品的需求，以及购买你的产品的可能性。分析客户消费历史，需要关注客户是否购买过同类产品、相关联的产品、互补的产品（如西装与皮鞋是互补产品），以及是否购买过你的竞争对手的产品等问题。

同时，从客户的消费历史中，你可以轻易筛选出对你的产品已经有所了解的客户，从而不需要再向这些客户介绍常识，这为营销节省了大量的时间。

第四步：购买需求决定你的客户

客户为什么会购买你的产品？因为客户有需求。假如客户没有这一块的需求，他一定不会购买。因此，客户的需求决定了他掏钱的速度与可能性。

客户的需求可以从客户的消费历史和客户关注的焦点中挖掘。假如客户曾经购买过你的竞争对手的产品或相应的替代品，那么客户在这一块就是有需求的。假如客户关注某一产品的性能、特点、评价，那么他一定在这一块有需求，因此，你可以从相关的评价网上找到有需求的客户。

第五步：消费频率筛选你的客户

消费频率越高，客户价值越大。同时，锁定高消费频率的客户，有利于提高成交概率。因为经常购买这个产品的人，对这种产品已经有深入的了解，你所要做的就是把你的产品价值展现给他看。

同时，高消费频率代表了客户对此类产品有偏好，如果客户有这一块的偏好，那么成交应该是比较容易的事情。

我们可以从相关的消费历史中了解客户的消费频率，而获取这些消费历史最好的方法就是进行一个有奖调研。同时，我们还要持续关注行业内的信息与数据。

第六步：市场细分锁定你的客户

前面五步帮助你基本上确认了精准的客户群体，但是这些客户是否认可你的产品风格与价值呢？在这里必须通过市场细分来锁定客户。

市场细分的目的是聚焦最容易产生效益的客户群。市场细分有助于规避竞争，企业可以通过细分划出一片利润区域，形成独特的竞争力。细分市场的目的就是找到最尖的矛，把力量聚焦于一点，快速打开市场突破口，从而帮你找到那些认可并支持你的产品性能或服务特点的人。

第七步：提取精准客户的特征

提取客户的特征，有助于你的营销队伍清晰地知道谁是有价值的客户。通过以上六步细致的分析后，你已经能够把握客户的细致特征。接下来，你必须把客户的特征提取出来，从而更加精准地营销。

在提取客户特征时，还有两件事情要做。

一是分析你的老客户。你可以从已经成交的客户中挑选出范例客户，进行分析，从中提取客户的共性特征，如年龄、喜好、消费历史、活动场所等。

二是分析你的竞争对手的客户特征。你可以分析竞争对手的客户组成，如客户购买的单价、客户特点，综合自身企业的细分市场与客户特点，列出自己的客户特征。

通过上述分析，你可以列出你的优质客户的特征与标准，如年龄、收入、喜欢去哪里、信任谁、爱好是什么等；然后集中火力，向这些优质的客户进行精准营销，推荐你的产品，直到他心动，购买。

如果用一个词来形容商业的核心，那应该是：客户。所有的营销是围绕客户展开的，如果没有客户，就没有营销。俗话说：有人的地方就有客户，有人的地方就有生意。人与人的价值交换，是商业的本质。你所有的努力都在满足客户的需求，提升客户的体验，留住客户的忠诚，而做这一切，都是为了把客户手里的钱放入你的口袋。

发现客户痛点，激发客户的需求欲望

营销的本质就是找痛点，发现客户痛点比营销战略更重要。创业者和营销人员想成功，就必须找到客户的痛点，挖掘出客户的需求。通过询问和交流可以知道客户最主要的需求是什么，而在知道客户需求后，我们应该采取“放大客户现有的痛点”和“激发客户的需求”的策略来达成交易。与快乐相比，痛苦的驱动力更大，因为痛苦才会让人们想迫切改善现状。因此，我们只有抓住了客户的痛点、痒点、兴奋点，融入客户心里，激发出客户的需求欲望，才能搞定客户，实现商业成功。

一、为什么要寻找客户的痛点?

找痛点，是营销人员必备的一项基本功。为什么需要不停地寻找客户痛点?很多创业者和营销人员每天都在问这个问题。

克劳塞维茨说过:“客户的痛点，就是指让目标客户做出某种行动的最大阻碍。”

在美图秀秀被推出之前，大部分图像处理软件（比如 Photoshop）都专注于提高处理图像的性能，这个时候，让用户使用图像处理软件的最大阻碍是什么呢？

最大的阻碍可能并不是图像处理软件的性能——对大多数人来说，Photoshop 的性能已经足够好。

这时，让用户使用图像处理软件最大的阻碍可能是易用性，因此，“易用性”可能就是痛点，而抓住这一痛点，专注于提高易用性的美图秀秀就取得了初期成功。

那么如何像当初的美图秀秀一样发现客户的痛点呢？

因为客户需求和行业都在不断变化，过去被所有人“想当然”认为是痛点的属性，很快可能就不再是痛点，而在大多数厂商一窝蜂聚焦于“曾经的痛点”时，你挖掘了新痛点，就获得了逆风翻盘的机会。

大多数人的思维是“基于原有的问题，我的解决方案是对的吗？”“如何比别人更好地提高性能？”而寻找痛点则是考虑“我是否提出了正确的问题？”“提高性能是不是一个好问题？如果不是，应该问什么新问题？”

所以，寻找客户痛点的过程，往往意味着“提出新的问题”，而不是“针对原有问题提出正确的解决方案。”

二、如何寻找客户痛点

企业要养成“痛点思维”，善于观察、研究、发现客户痛点，致力于为客户解决问题，提供差异化价值。

“痛点营销”旨在消除传统营销工作的盲目性，崇尚客户思维，满足客户个性化需求，崇尚价值的传递，进行精准营销。“痛点营销”是一个系统工程，上至企业决策层，下至一线执行层，包括企业研发部门、市场部门、销售部门，都是企业“痛点”营销工作中不可或缺的一环。

1. 纵向寻找

我们要在同一个过程中，纵向寻找阻碍客户行动的最大障碍。

以智能手机为例，多年来，全球智能手机都存在性能差、耗电、卡顿、拍照效果差等诸多不足。

华为抓住客户的这些痛点，从 Mate 9 开始，从软件和硬件两个方面进行深度创新，采用华为自主研发的麒麟 960 芯片，同时和汽车领域的奢侈品牌保时捷合作，产品采用双曲面设计，搭载莱卡双镜头。华为 Mate 9 成为全球第一部久用不卡的安卓手机，实现了安卓手机的革命性突破，在性能、续航、拍照等多个领域获得了里程碑式的体验提升，受到客户的追捧和好评。Mate 9 作为国产第一部高端智能手机（售价为 8999 元），发布不到一年，销量就突破 1000 万台。

华为 Mate 9 的成功告诉我们，产品只有抓住并解决客户的痛点，才能获得客户的青睐，在激烈竞争中脱颖而出，战胜竞争对手。

又如，在过去的胰岛素（由病人买回家后自己注射，用来治疗糖尿病）市场，大部分公司的关注点在于使用过程中的性能和风险，致力于研发更高纯度、更高稳定性的胰岛素产品。

这在过去是合理的，因为比起纯度为 10% 的胰岛素，纯度为 50% 的胰岛素显然更能解决病人的问题。但是随着大部分知名品牌的胰岛素纯度都提高到 99% 以上，继续提高 0.1 个百分点的纯度不仅耗费巨额资金，而且收效甚微。

在同类品牌都加入了胰岛素纯度的竞争（类似于现在的手机轻薄、屏幕宽大等竞争）时，诺和诺德公司（Novo Nordisk）却重新问自己这个问题：此时，阻碍消费者使用胰岛素的最大因素是什么？

然后它发现其实并不是性能和风险，而是形象和易用性在阻碍消费者。在形象方面，胰岛素消费者其实都不想让别人知道他们患有糖尿病。在易用性方面，过去的注射器非常麻烦，需要提前消毒。

所以，该公司转变了策略，不再花费大量精力提高纯度和稳定性，而是帮助消费者解决在形象和易用性方面的问题。

最终，他们研发出了一种“笔形”的胰岛素，它不容易被识别，帮患者遮盖了“糖尿病人”的形象，同时不需要用针注射，提高了胰岛素的易用性。

所以，纵向寻找痛点，你需要先找出影响某个环节的全部因素，然后看哪个因素是消费者现在的最大阻碍。

2. 横向寻找

我们还可以横向寻找，如果所有的竞争者都在关注客户的使用阶段，那么我们应该看看其他阶段有没有发现客户“痛点”的机会。

例如，在汽车行业，客户前后经过了购买、使用、修理、抛弃（转售）这几个环节。

在大众甲壳虫被推出之前，欧洲所有的汽车公司几乎都聚焦于客户的使用环节，致力于为客户造出性能越来越好，也越来越让人有面子的汽车。

而大众却发现：这并不是当时客户的最大障碍。因此，该公司适当降低了在使用阶段的效用和形象上的投入，转而提高所有阶段的便利程度和使用阶段的适用性（适应更多的路面情况）。

因此，大众造出的甲壳虫汽车的外观常年不变，也不能让开车的人更有面子，但是这款汽车容易买到、容易驾驶、维修方便（因为使用了标准化配件），同时容易转售（因为样子常年不变）。

再如，20 世纪 70 年代，在美国，如果有人问价格敏感客户在驾驶汽车方面的最大阻碍是什么，就会发现这个关键阻碍并不发生在购买阶段，而是发生在使用阶段——因为石油危机，不论买的车多便宜，高昂的油价让人“买得起却开不起”。

因此，主打省油的日系车大举进入美国市场，大获成功。

所以，在寻找痛点时，我们可以问自己：消费者使用的产品经历了哪几个阶段？现在哪个阶段是他们的关键障碍？

例如，过去中国的手机市场奉行渠道为王，手机厂商将几乎一半的利润分给了渠道商。通过大量的渠道，手机厂商为消费者提供了购买的便利性：消费者随时随地都能买到手机，可以拿在手上试用、比较、体验，满意后可以当场买走，不用等待。

那么同样是 1000 ～ 2000 元价位的手机，消费者购买的主要障碍发生在什么阶段呢？

其实很容易发现，主要障碍发生在使用阶段（2000 元的手机的性能太差），而不是购买阶段（现在有着大量的购买渠道）。

所以这就是最初的小米手机找到的痛点，大部分厂商努力的重点在渠道（购买阶段），而小米的努力重点在产品性能（使用阶段）。

3. 从客户的刚性需求入手

痛点，简单来说，就是需要及时解决、必须解决的问题，带有强烈的迫切感。解决这些问题是客户的刚性需求，如果不解决，客户就会很苦恼、痛苦。那在营销中如何抓住客户的刚性需求呢？来看下面的例子。

浑身红肿，瘙痒不止，是不是一个亟待解决的问题？你还能正常工作吗？你还能愉快地出门玩耍吗？你需要减轻痛苦。所以，药品开瑞坦这样设计广告语：过敏一粒就舒坦！24 小时长效抗过敏，快用快舒坦；抗过敏，快用开瑞坦，30 分钟起效。

夏天怕热，怕上火，是不是一个急需解决的问题？对火锅很偏爱的你，可能因为怕上火而不敢吃，而影响心情。所以，王老吉凉茶的经典广告语就是：怕上火，喝王老吉！

国内首款针对女性生理期的固体饮料姨夫茶推出两个月后，月流水突破 50 万元，产品的宣传语如下：解放你的“大姨妈”。一个是生理疼痛的解放，一个是心理情绪的解放，完全抓住了女生生理期不可明说的痛点。

所以，我们要做的就是发现问题，解决问题，最后告诉消费者：我能帮你解决这个问题，如果你想解决问题，可以选择我的产品。

4. 抓住客户的痒点

痛点是非解决不可的，痒点就不一定需要解决。痒点更多的是消费者的潜在需求，是一种深层次的欲望。在营销中，如何能搔到客户的痒点呢？我们来看下面的例子。

汽车的广告语：0元购车，不是梦！很多收入不高的工薪族都对拥有一台汽车无限向往，原因有二：一是汽车的便捷，二是心理上的优越感和炫耀感。

一位群友提供的丰胸广告文案：不甘被“掌控”，就要“胸”怀天下。对于平胸的女士，这是一个极想解决又不是必须解决的事儿，关键看你对美丽的要求程度。

面对疯涨的房价，房地产的广告语如下：房价这样涨，时间那么长，不买你悔终生！住房是刚需，房价疯涨，让你欲买房而不得，这买不到的感觉就是“痒”。

所以，痛点解决消费者的刚性需求；而痒点更多的是满足消费者的欲望，给人一种心理上的满足感。我们要做的就是不断刺激痒点，让消费者非搔痒不可。

5. 抓住客户的兴奋点

兴奋点即产品的卖点，简单来说就是和同类产品相比，你的产品所体现的差异化特色。只要你把产品介绍完，一下就能抓住了客户的兴奋点，打动人心。我们来看下面的例子。

华为手机，听起来没什么特色，也没有苹果那么有名气。但如果说华为手机的性能和销量已经超过了苹果手机，你会不会油然而生一种民族自豪感，进而产生购买欲望呢？

蒙牛特仑苏广告语：“不是所有的牛奶都是特仑苏。”牛奶有很多种，但是特仑苏可能就是不一样，你会不会因为好奇心的驱动去购买呢？

了解以上五种方法后，看一下你的产品，根据产品特点，你该抓住客户的痛点、痒点、兴奋点中的哪一点进行营销？又或者你应抓住三点共同发力、组合营销吗？

客户想要买你的产品，是因为你抓住了客户的需求，抓住了痛点。哪里有痛点，哪里就有商机。没有痛点与诉求就没有成交机会，营销的本质就是去发现客户痛点。你买星巴克的咖啡，买的是它的品牌文化；在希尔顿酒店下榻，为的是它的舒适与安心。举一个更详细的例子，你在长智齿的时候，非常痛苦，这个时候你需要找牙医，需要他帮你解决问题，但是一旦你的牙不痛了，你就不愿意找牙医解决自己的需求了。

很多企业没有找到客户的痛点，并不是因为欠缺信息，而是没有有效地利用已有信息。如果你重新思考自己已经知道的，分析客户的每个动作过程，就会发现：痛点其实很容易找到。

此外，你在销售自己的产品时不仅仅要做到满足客户的需求，还需要注意两点：第一，客户有需求才会出现问题，不然他不会为你的产品埋单；第二，需求不是客户本来就有的，而是需要某种刺激才产生的。

因此，我们在询问客户的时候，不要直接问他需要什么，因为有时候他对自己的需求也是不清楚的。客户的需求是需要营销人员间接地引导、挖掘的。你认为他有需求才来找你，这只是表面现象。我们可以进一步刺激他的需求，并为他提出解决方案。例如，客户需要减肥，虽然我们卖的是减肥药，但我们不仅仅卖药，我们卖的是减肥的解决方案。

对于一些小问题，人都喜欢忽略，只想着解决大问题。所以，你要做的事就是把小问题扩大化。客户的问题越大，想要解决问题的意愿就越强烈，愿意支付的价格也就越高。

总而言之，任何一个产品存在的意义都是因为它可以满足客户的需求，帮助客户解决一些问题。企业的经营管理者需要做的事情就是帮助客户发掘他们的潜在需求，并引导客户去认可这个需求，最后协助他们解决这个需求。

处理客户投诉的七大法则

客户投诉在企业经营管理的过程中时有发生，企业有责任和义务及时妥善处理投诉，因为如果对客户投诉置之不理或处理不当，就可能导致客户关系紧张和客户的流失，甚至会严重损害企业的声誉和品牌形象。如果处理得当，不仅会消除客户怨气或误解，还可以将危机转化为商机，提高客户对企业或品牌的忠诚度，使他们成为回头客。

下面介绍处理客户投诉的七大法则。

法则一：从倾听开始，倾听是解决问题的前提

在倾听客户投诉的时候，我们不但要听他表达的内容，还要注意他的语调与音量，这有助于了解客户语言背后的内在情绪；同时，要通过解释与澄清，确保我们真正了解了客户的问题。

当客户讲完整个事情的经过以后，我们要用封闭式的问题总结关键信息。例如，“您刚才所说的情况是您在山东出差期间，您的手机经常没有信号，是这样的吗？”在了解了客户投诉的内容后，我们还要判定客户投诉的理由是否充分、要求是否合理。如果投诉不能成立，我们可以用婉转的方式答复客户，争取取得

客户的谅解，消除误会。

“王先生，来看一下我的理解是否正确。您是说，您一个月前买了我们的手机，但发现有时手机会无故死机。您已经到我们的手机维修中心检测过，但测试结果没有任何问题。今天，此现象再次发生，您很不满意，要求我们给您更换产品。”你要向客户确认，“我正确理解了您的意思吗？”

认真倾听客户，向客户解释他所表达的意思并确认我们的理解是否正确，都是向客户表明真诚和尊重的方式。同时，这也给客户一个重申他没有表达清楚的内容的机会。

法则二：认同客户的感受

客户在投诉时会表现出烦恼、失望、泄气、愤怒等各种情感，你不应当把这些表现理解成是对你个人的不满。特别是当客户发怒时，你可能会想：“我的态度这么好，凭什么对我发火？”要知道，愤怒的情感通常都会下意识地通过一个载体来发泄。例如，你一脚踩在石头上，会对石头发火，抬起脚踢远它，尽管这不是石头的错。

你要努力认同客户的感受，客户偶有不满情绪是可以理解的，客户的投诉理应得到重视和迅速、合理的解决。所以，你要让客户知道你非常理解他的心情，关心他的问题，例如，“陈先生，对不起，让您感到不愉快了，我非常理解您此时的感受。”无论客户是不是对的，至少在客户的世界里，他的情绪与要求是真实的，我们只有与客户的世界同步，才有可能真正了解他的问题，找到最合适的方式与他交流，从而为成功地处理投诉奠定基础。

法则三：调整客户情绪

大多数客户在投诉时，都带着强烈的感情色彩，投诉的话语具有发泄性质，因此，我们首先需要平息客户的怨气。在客户盛怒的情况下，我们更应当放低姿态，承认错误，平息客户的怒气，以让客户在理智的情况下分析和解决问题。

我们有时候会感觉道歉很难，因为这似乎是在承认自己有错。其实，“对不起”或“很抱歉”并不一定表明你或公司犯了错，只是表明你对客户不愉快经历的遗憾与同情。不用担心客户因得到你的认同而越发强硬，认同只会将客户的思绪引向解决方案。同时，我们也可以运用一些方法来调整客户的情绪，化解客户的愤怒。

法则四：表示愿意提供帮助

“让我看一下该如何帮助您，我很愿意为您解决问题。”正如前面所说，当客户正在关注问题的解决时，我们应体贴地表示乐于提供帮助，这自然会让客户感到安全、有保障，从而进一步消除对立情绪，形成依赖感。

探讨解决方案是指跟客户探讨投诉怎么处理。很多投诉处理者往往直接提出解决方案，使客户失去了选择的余地，而没有做上帝的感觉。真正优秀的投诉处理者是通过两步来处理投诉的。

第一步是了解客户想要的解决方案，主动提出“您觉得这件事情怎么处理比较好？”之类的问题。

第二步才是提出解决方案，迅速对客户投诉的问题进行有效解决。这样一来，不管客户是否已有腹案，企业在解决问题时都会居于主导地位。就解决方案达成一致后，企业就应该马上采取行动。若悬而不决，客户不仅会质疑企业的办事效率，同时还会加重其不满情绪。若企业投诉处理者在谈判中成功地实现了既定目标，那么此时还可以慷慨地多送客户一些东西，客户会因得到了意外惊喜而带给你更多的收获。

法则五：及时解决问题

接受投诉，迅速处理，绝不拖延，这是最关键的一步，我们应避免对客户说："请您稍等一下，我现在很忙。"因为我们并不了解这位客户的性格，以及这个投诉对他的工作和生活带来多少影响。

针对客户投诉，每个公司都应有各种预案或解决方案。我们在为客户提供解决方案时要注意以下几点。

1. 为客户提供选择

通常问题的解决方案都不是唯一的，给客户提供选择会让客户感到受尊重，同时，在实施客户选择的解决方案的时候也会得到客户更多的认可和配合。

2. 诚实地向客户承诺

因为有些问题比较复杂或特殊，我们不确信该如何为客户解决。如果你不确信，不要轻易向客户做任何承诺，而要诚实地告诉客户，你会尽力寻找解决的方法，但需要一点时间，然后约定给客户回话的时间。你一定要确保准时给客户回话，即使到时你仍不能解决问题，也要向客户解释处理进度，并再次约定答复时间。你的诚实会更容易得到客户的尊重。

3. 适当地给客户一些补偿

为弥补操作中的一些失误，企业可以在解决问题之外，给客户一些额外补偿。很多企业都会给客服经理一定的授权，以灵活处理此类问题。但要注意的是：将问题解决后，一定要改进工作，以避免今后发生类似的问题。有些处理投诉的部门，一遇到投诉首先想到用小恩小惠息事宁人，或一定要靠投诉才给客户应得的利益，这样不能从根本上减少此类问题的发生。

法则六：真诚感谢客户投诉

感谢客户也是最关键的一步，这一步是维护客户的重要手段和技巧。当感谢客户时，企业代表人需要说四句话来表达歉意、感激和改正的决心等。第一句，再次为给客户带来的不便表示歉意；第二句，感谢客户对于企业的信任和惠顾；第三句，向客户表示谢意，让我们发现问题并知道自己的不足；第四句，向客户表决心，让客户知道我们会努力改进工作。

法则七：回访客户

企业要做好客户回访，确保客户完全满意，特别是实施解决方案需要寻求其他人帮助的时候。如果客户认为“眼不见心不烦”，那么你的一切努力都是白费。

跟踪服务是指问题解决后的一定时间内，通过电话、电子邮件或信函等方式，对客户进行回访，了解产品的使用情况，了解解决方案是否得到执行、是否有用、是否还有其他问题，如果你与客户联系后发现他对解决方案不满意，则要继续寻求一个更可行的解决方案。这又是一个以巧取胜的手段，千万别小看这一步的作用，它可以使客户对企业的信任成倍增加，通过强调你对客户的诚意，深深地打动客户，给客户留下深刻的印象，从而形成再次购买或口碑传播效应。

最后，我们还要强调一点：在整个客户投诉处理的过程中，投诉处理者应注意放慢说话的速度，降低说话的音量；对任何误会表示遗憾；记下投诉情况的具体细节；提出理智性的问题，专心聆听客户所说；重复客户的话，使他冷静下来；把解决方案告诉客户；在时限和具体行动上给予承诺；履行承诺，并且完成后续工作。企业应谨记，重视并及时处理客户的投诉，就是为自己谋生存、谋发展。

赢得客户忠诚的七种方法

客户忠诚是企业制胜的法宝，企业只有留住老客户，并不断扩展新客户，才能得到发展壮大，如果客户不忠诚，纷纷“改嫁”他方，企业必然会出现危机。因此，提高客户的忠诚度，对企业来说是一件事关生死存亡的大事。那么，如何赢得客户忠诚呢？

一、提高服务质量

为客户提供高质量的服务是保障客户对产品忠诚的关键。企业的每位员工，都应该致力于为客户创造愉快的购买经历，并时刻努力做得更好，超越客户的期望。经常接受企业服务且对服务感到满意的客户会为企业做正面的宣传，会将企业的服务推荐给朋友、邻居、生意上的合作伙伴等。他们会成为企业“义务”的市场推广人员。许多企业，特别是一些小型企业，就是靠客户的不断宣传而发展起来的。

二、加强与客户的互动

维护现有客户的成本比赢得新的客户的成本要低得多。花费巨大的成本扩展新客户，而忽视对现有客户的维护，是一个很大的错误。

现在的企业为了应对市场竞争，都非常重视客户服务，力争在与客户互动时使客户满意、使企业受益。但在很多时候，这些企业只是拥有互动的平台，而没有真正理解互动的理念，低质量的互动造成客户不满，甚至使客户与企业决裂。企业要经常与客户互动，通过倾听客户的抱怨，了解客户对产品和服务存在的不满，进而找到解决的方法，赢得客户对企业长久的支持。

企业要增加互动渠道，方便客户与企业取得联系，不仅可以通过电话，还可以通过电子邮件和短信等方式，了解客户对公司提供的产品和服务是否感到满意，确保客户了解企业提供给他们的产品、服务和机会，让客户感到受重视。企业还应利用每次沟通的机会问客户："我们还可以为您做什么？"从而进一步改进自身的产品或服务。

三、超越客户期待

企业不要拘泥于向客户提供常规和可预见水平的产品或服务，而应当向客户提供他们渴望的甚至是超越期待的产品或服务。企业首先要在行业中确定"常规"，然后寻找常规以外的机会，给予客户超出"正常需要"的更多的选择。客户是会注意到你的高标准服务的，这些服务可能会被竞争对手效仿，但企业只要持续改进就一定不会落后于人。小米手机的成功，就在于小米不断推出让客户尖叫、超越客户期待的高性价比的产品。

四、满足客户的个性化要求

有针对性、个性化的服务会使客户感到受重视，企业要做客户的朋友，为客户长期提供优质的服务，并为他们创造价值。

通常企业会预测目标消费者的行动。事实上，所有关于消费者人口统计和心理研究方面的信息都具有局限性，而且预测模型软件也具有局限性。因此，企业必须改变“大众营销”的思路，注意满足客户的个性化要求。要做到这一点就必须尽量掌握更多的客户信息，利用各种可以利用的机会来获得更全面的客户情况，包括分析客户的语言和行为。如果企业不是持续地了解客户，或者未能把所获得的客户信息融入执行方案之中，就不可能利用所获得的客户信息形成引人注目的产品或服务。

五、及时处理投诉

要与客户建立长期的相互信任的伙伴关系，就要重视和快速处理客户的投诉，并圆满解决这些投诉。有研究显示，通常在 25 个不满意的客户中只有一个人会去投诉，其他 24 个则悄悄地转移到了其他企业的产品或服务上。因此，有条件的企业应尽量鼓励客户提意见，然后设法解决其提出的问题。如果企业能及时妥善处理客户投诉，就会赢得客户的信任。

六、注重销售礼节

企业的销售人员要注重销售礼节，无论客户买或不买，都要保持积极热情的心态，保持微笑服务，保证事后不抱怨客户、不讨厌客户。其实客户的忠诚度也是对你服务态度的认可，有些销售人员，一旦看到客户不埋单，脸就拉下来了，其实不应如此，销售人员让客户感到舒服，也是给自己留下希望，下次成交的概率就会大一些，这样培养起来的客户忠诚度也相对较高。

七、经常策划营销活动

企业可以经常策划一些营销活动，增加与客户接触的机会。营销活动不仅限于展示产品和服务，也可以与一些外延方面产生关联，让客户把自己当成朋友或某一方面的顾问，这样客户的忠诚度就会大大提高。

Chapter 08

人脉决定“钱脉”：利用人脉才能改变命运

俗话说：“一个篱笆三个桩，一个好汉三个帮。”在这个不再需要孤胆英雄的时代，创业者如果没有好的人脉，注定很难成功。美国斯坦福大学成功学研究中心的一份研究成果表明：一个人赚的钱，12.5% 来自知识，87.5% 来自人脉。所以，创业者必须构建强大的人脉关系网，并学会经营人脉，借助人脉的力量，撬开自己的财富之门。

人脉是打开成功之门的金钥匙

俗话说："一个篱笆三个桩，一个好汉三个帮。"在现代社会中，人们想要出色地完成一项任务，离开了社会、群体和他人是很难实现的。对于创业者而言，能否搭建起优质的人脉关系网决定着创业的成败。

美国好莱坞流行着这样一句名言："一个人能否成功，不在于你知道什么，而在于你认识谁。"

可以毫不夸张地说，21 世纪的成功哲学就是：成功 = 知识 + 人脉。如果你想成为明天的赢家，除了靠个人的知识才能和勤奋努力，还必须着手建立起属于自己的人脉关系网，并且对其善加经营。

很多人的成功，看似是靠幸运之神的眷顾，其实多半是努力经营人脉的结果。拥有良好人脉的人，很容易呼风唤雨、所向披靡。那些成功的企业家、政界精英等，大多非常重视经营自己的人脉，很多人都兼有"脉客"的身份。

对于创业者而言，有钱不如有人脉。在这个不再需要孤胆英雄的时代，没有朋友、没有好人脉的人注定很难成功。因此，创业者要学会与周围的人进行良好的沟通，与周围的人进行思想与感情的无障碍交流。只有如此，我们才能为自己营造和维系一个良好的人脉关系网。

你认识谁，在某种程度上，意味着你可以从谁那里得到帮助。你认识的人越多，你可以得到的帮助也就越多，你遇到的问题也就越好解决，你就越容易赚到钱。你认识的人层次越高、能力越强，你可以得到的帮助也就越多，那么你可以赚到钱的机会也就越大。

红顶商人胡雪岩曾说过：“一个人的力量到底是有限的，就算有三头六臂，又办得了多少事？要成大事，全靠和衷共济，说起来我一无所有，有的只是朋友。”的确，我们在这个社会认识的人越多，可以选择的发展道路也就越多。

人脉决定“钱脉”。在这个关系社会，人脉越广越好，可是我们还要清醒地认识到“你的‘钱途’掌握在你朋友手中”这句话的真正内涵。一个良师益友可以成就你，一个狐朋狗友也可以毁掉你。所以，我们在选择朋友时，要时刻谨记，“含金量”高的朋友更能帮助你、成就你，朋友中的小人、庸才只会毁掉你。

人脉的重要性不言而喻，那么怎样才能拥有高质量的人脉呢？我认为，获得高质量人脉的最佳方法就是努力让自己变得优秀起来，只有优秀的人才能拥有高质量的人脉！

我刚做财经记者的时候，给一些著名企业家打电话预约采访，经常被拒绝。原因就是我是一个刚出道的无名之辈，和他们不在一个层面上。后来，通过自己的努力，我写出了一系列推动中国商业进程的深度报道，并且出版了多部畅销书，在有了名气和影响力之后，这些企业家也非常愿意接受我的采访和面对面交流的邀请。正所谓“物以类聚，人以群分”，二十多年来，我采访了任正非、柳传志、张瑞敏、马云、王健林、刘永好、鲁冠球、史玉柱、雷军、陈九霖等100多位知名企业家，积累了不少人脉资源。有了人脉以后，做什么都事半功倍。

有位社会学家曾经说过：“人际关系交往是一门艺术，每个人都应该学会这种艺术，否则，你的人生就会步履维艰。”所以，我们必须学会经营人脉，掌握构建人脉的方法和技巧，建立强大的人脉关系网，并且借助人脉杠杆的力量，撬开自己的财富之门。要相信，只要我们拥有强大的人脉关系网，就没有办不成的事！

用好你的六张“人脉存折”

我们每个人并不是孤立存在的，每个人都有自己的人际关系基础，例如，我们的同学、同事、亲戚、领居、老乡、朋友都是我们的“人脉存折”，都有可能为我们的事业提供帮助。希望大家好好珍惜并用好这六张“人脉存折”，成就自己的事业。

一、同学资源

现在的创业者大多数都受过高等教育，从小学、中学到大学都有很多同学，同学是我们的第一笔人脉资源。因为同学之间有着亲密的接触，对彼此的性格、秉性都比较了解，同学之间的友谊一般都较可靠，纯洁度更高。对于一个创业者来说，这是最值得珍惜的外部资源之一。

现在社会上同学会很盛行，仅北京大学，各种各样的同学会就有几十个。中国最好的工商管理学院之一的中欧工商管理学院，除了在上海本部有一个学友俱乐部，在北京还有一个学友俱乐部分部。其实每所大学都有同学会或校友会，其中的同学就是难得的人脉资源。

如果到清华、北大、人大等著名校园走走，你会发现有很多看上去不像学生的人在里面穿梭，其中就有许多人是支付高昂的学费从全国各地来进修的。学知识是一方面的原因，交朋友是更重要的原因。对于那些“成年人班”，如企业家班、金融家班、国际 MBA 班等班级的学生，交朋友可能比学知识更加重要，有些人唯一的目的就是交朋友。一些学校也看清了这一点，在招生简章上明白无误地告诉对方：拥有学校的同学资源，将是你一生最宝贵的财富。

我曾采访过上千个创业者，在许多成功者的身后都可以清楚地看到他们同学的身影，有的是少年时代的同学，有的是大学时代的同学，还有的是各种成人班级的同学。

著名民营企业家南存辉和胡成中就是小学和中学时的同学，一个是班长，一个是体育委员，后来两人合伙创业，在企业做大以后才分了家，分别成立正泰集团和德力西集团。曾有一位创业者说，他在创立公司之前，曾经花了半年时间到北大企业家特训班上学、交朋友。他最初的十几单生意，都是在同学之间做成的，或是由同学帮着做的。同学的帮助，在他创业的起步阶段起了很大的作用。同学间的资源正好形成互补，与在商界形成的信任相比，同学间的信任度更高，合作起来自然成功率也更高。

假如你在学生时期不太吸引人，你的交往范围可能有限。但是，现在你大可不必因此而消极沮丧。因为每个人在踏入社会以后，所接受的磨炼是不一样的，很多人都会受到洗礼，都会相当注意人脉资源的重要性，因此，即便是和完全陌生的人来往，通常也会相处得很好。基于这种缘故，再加上曾经的同学关系，你完全可以大胆地开始构建自己的人脉关系网。换句话说，不要拘泥于学生时期的自己，而要以目前的身份和别人交往。

除此之外，无论自身所在的行业领域怎样，你应先与最易联络的同学（初中、高中、大学的同学等）建立关系，之后，再从这里扩大交往的范围。也就是说，我们不妨多运用同学身边的人脉资源，为自己的成功助力。

创业者在创业初期若能善用同学资源，一定会取得更快的发展。谁没有几位昔日的同窗？千万不要把这种宝贵的人脉资源白白浪费掉。要改变处境，从现在开始，你就要努力去开发、建设你的人脉关系网，并学会使用这种人脉资源。

二、同事资源

对创业者来说，最有效用的资源就是同事资源（又称职业资源）。同事是与自己一起工作的人，与同事相处得如何，直接关系到自己事业的进步与发展。如果同事之间关系融洽、和谐，人们就会感到心情愉快，这有利于工作的顺利进行，从而促进事业的发展；反之，同事关系紧张，同事间相互拆台，经常发生摩擦，就会影响正常的工作和生活，阻碍事业的发展。

待人友善的人更容易得到别人的好感和信任，与友善之人相处可以增进彼此的理解，能较好地促使人们同心协力营造一个良好的环境。一个成功的人并不一定从别人那里获得了很多东西，但绝对有很多人支持他。如果一个人能持续对别人付出，那么以后肯定会得到回报的。在公司，对上司、对同事、对周围的人都要保持友好的态度，这样你才可以赢得他们的好感，才有被人托起的可能。

其实，每个同事都有着丰富的人生经历，在某些关键时刻，他们会为你指点迷津，告诉你哪条路是直路、哪条路是弯路；他们甚至还“能掐会算”，准确地告诉你在什么样的转折处会发生什么问题，告诉你“天欲福人，先以微祸”这样的人生哲理。在你遇到难题时，经过他们的指点，你就会豁然开朗。所以，与同事处好关系，也是你维护人脉关系很重要的一步。

三、亲戚资源

在我们的生活中，每个人都或多或少有一些亲戚资源。亲戚之间大都有血缘或亲缘关系，这种特定的关系决定了彼此之间联系的亲密性，这是我们人脉资源中最重要的一脉。当人们遇到困难时，首先可能想到的就是找亲戚帮忙。

常言道：“不是一家人，不进一家门。”作为亲戚，当你需要帮忙时，大多都会十分热情地向你伸出援助之手。

但是我们一定要注意的是，亲戚关系又是一种比较复杂的关系，主要表现在亲戚之间存在很多差异，如经济的、地位的、地域的、性格的差异等。这些差异既可能成为彼此之间交往的理由，也可能成为发生矛盾的主要原因。所以，在与亲戚的交往中也存在一定的规律，如果大家遵循这些规律办事，彼此之间的关系就会越来越亲密；相反，如果违背了这些规律，那么亲戚之间也是会相互得罪的。

对于亲戚的帮助，我们也要给予一定的回报，这既是加深彼此关系的需要，也是报答对方帮助的必要表示。倘若忽视了这种回报，同样也是会得罪人的。

在有地位差别的亲戚之间，最常见的矛盾是在求与被求之间，是在不能满足对方要求的情况下发生的。所以，假如遇到这些问题，一方应该注意尽量满足对方的需求，而另一方应当考虑对方的难处，尽量不要给别人出难题，如果是因客观原因不能满足自己的需求，应当谅解别人，不要过多地计较。

亲戚是我们重要的人脉资源，不论在什么时候，亲戚永远是我们最坚实的靠山。有了亲人的帮助，我们的创业会更加顺利。

四、邻居资源

远亲不如近邻，我们一定要学会搞好邻里关系，因为邻居就在我们身边，他们可以随时随地给予我们帮助与照顾，能解我们的燃眉之急。

建立一种好的邻里关系，会使我们在外界办起事来既顺手又方便。

现在很多陌生人都住在一起，但有很多人与邻居“老死不相往来”，大家在一栋楼、一单元里住了十年都不交往，甚至还防着对方，这是不可取的。

我所在的小区里，住着这样一对邻居，东面的邻居小王是一家公司的老板，西边的邻居小周是银行的科长，他们相邻将近十年，而且每天在上下班的楼道中曾无数次擦肩而过，但从来都没有打过招呼。有一天早晨，小周只穿了一件短裤，把一袋生活垃圾放在门外，可是就在他转身的一刹那，听到身后砰的一声，一阵风吹来，把他们家的房门锁上了，他一下愣在那儿，不知道自己该怎么办才好。后来他想要给已经出门上班的妻子打电话，但是他出来的时候手机也没有带；他想找邻居帮忙打个电话，但是不知道邻居的姓名。正在这个时候，邻居小王出门准备上班，小周便开口说：“我的手机和钥匙都锁在屋里了，能不能借你的手机用一下。”小王立即把手机借给小周打了个电话，就这样他们就相互认识了。

后来，小王要扩大公司生产规模，就找邻居小周帮忙贷款，小周到小王的工厂实地考察后，觉得符合贷款条件，于是就给小王贷了500万元，帮他解决燃眉之急。

在职场或生活中，我们难免会遇到意想不到的事情，这时，不妨去找小区邻居帮忙。如果邻居有能力帮助你，他会很乐意帮助你的。

由此可见，搞好邻里关系非常重要。与邻居搞好关系不仅是你为人处世的能力强的表现，同时也是在为自己积累人脉资源。因此，我们不可小看邻里之间的关系，与邻居处好关系，对我们的事业是有帮助的。

五、老乡资源

随着城市建设和交通运输业的不断发展，人口的流动性越来越大，很多人离开家乡，到异地去求职创业。如果你身在陌生的环境里，拓展人脉资源有一定的难度，那就不妨从老乡入手，打开局面。

俗话说：“老乡见老乡，两眼泪汪汪。”老乡关系是由居住地域形成的最典型的人脉关系。老乡是你的人脉基石，是可以与同学和战友相提并论的。

共同的人文地理背景，使老乡之间有一种天然的亲近感。现在在全国各地都设有很多地域性的商会，如“北京湖北商会”“上海宁波商会”。如果你是在北京创业的湖北人，就应该想办法加入“北京湖北商会”并积极参加商会组织的各项活动，因为商会里都是在北京经商的湖北老乡，在生意场上大家互相支持和帮助，这对你的事业很有帮助。

俗话说“亲不亲，故乡人”，这种同乡观念，也有一定的凝聚力，对内互相提携、互相帮助，对外则团结一致，共同抵御困难和外来的威胁。

如今，一个人要外出创业，如一个湖南人要到深圳创业，或者一个福建人要到上海创业，老乡众多仍然是最有利的条件之一。这是近年来各地同乡会风起云涌的原因之一。同学资源和同乡资源，可并称为创业者最重要的两大外部资源。

六、朋友资源

“在家靠父母，出外靠朋友。”——这是人们常说的一句话。在日常生活中，我们离不开朋友，在商界、职场中，更是如此。多一个朋友就多一条路，朋友，是你心灵的港湾，精神的依靠；朋友，是你人生中一笔巨大的财富，是关键时刻可以依靠的人脉大树。

必须指出的是，创业者在积累人脉资源的时候要注意以下几个方面。一是长期投资性。平时要注意人脉资源的积累，不要事到临头才去找人帮忙，在公司做业务也一样，现在不是你的客户，明天就可能成为你的客户，因而你必须从现在开始建立联系，这也是一种投资，毕竟人脉资源的形成需要很多时间和精力。二是可维护性和可拓展性。人脉资源可以通过合作、交流、关心、帮助等进行维护，并会不断得以巩固，但如果不去维护，彼此间就会变得疏远，所以，人脉资源需要经常性的维护，同时在维护中我们还可以不断发展新的人脉关系。三是有限性和随机性。每个人一生中能认识多少人？包括老师、同学、亲戚、同事、客户等，我们认识的人一般不超过 500 个，而真正能够帮助自己的一般不会超过 50 个，你的发展同样也会受到你的人脉资源的限制。你所认识的人可能没有能力帮助你，有能力帮助你的人你可能不认识，所以，我们要接受这一客观事实，并尽可能地认识更多的人，以期获得最大的帮助。四是辐射性。你的朋友帮不了你，但是你朋友的朋友可以帮你，我们要善于利用朋友这条纽带，扩展自己的人脉关系网。

赢得好人缘的 12 条法则

人人都想拥有好人缘，好人缘将是你走向成功的最大资本。但是好人缘不是与生俱来的，它需要你的后天努力。下面介绍赢得好人缘的 12 条法则。

一、以诚相待

成功靠人脉，人脉靠真诚。我们要想建立好的人际关系，首先就要有一颗真诚的心，对他人一定要以诚相待。

以诚相待是友谊的纽带和桥梁。俗话说："诚实无欺，做人根基。"离开了真诚，则无所谓友谊。一个真诚的心声，往往能唤起一大群人心灵的共鸣，促使我们在学习上互相切磋，在品德上互相激励，在思想上互相启迪。以诚相待是交往的基本原则，只有说真话、办实事、掏真心、付真情、做真人，才能更好地塑造自我的人格形象，取得他人的信任，建立深厚的友谊。

真诚促成信任，坦诚达成合作，坦诚可以化为凝聚力，成就事业。人与人之间只有坦诚相待才能和谐相处、共同发展、创造辉煌。

真诚能够为你的创业赢得人才，赢得良好的人际关系，真诚能够引领你走向事业的成功。如果你办事时能用真诚取代防备、猜疑，就能获得出乎意料的收获。

心理学家认为，每个人内心深处都有保守、自私的一面，同时又希望获得他人的理解和信任。如果活在虚伪、隐瞒的环境里，人们是很难成功的。

成功靠人脉，人脉靠真诚。真诚是人脉的使者，人脉是成功的引擎。我们既要懂得人脉的重要性，也要懂得如何用真诚去赢得人脉，两者缺一不可。

二、善于沟通

人际沟通是我们生活中的一个重要组成部分，它是人与人之间传递情感和想法的工具，良好的人际关系是从沟通开始的。因此，我们要想建立良好和谐的人际关系，首先就要学会与人沟通，不断提高我们的沟通能力。

一位哲人说过：“没有交际能力的人，就像陆地上的船，永远到不了人生的大海。”人一生中都在沟通，善于沟通的人往往会更容易受到他人的青睐。

在日常的生活和工作中，我们的内心或许时常会产生孤寂、渺小、自卑、困惑的感觉。这种感觉是消极的，与成功的心理背道而驰。问题就在于我们的心灵与这个世界没有进行有效的沟通。与这个世界沟通，实质上就是与这个世界上的人进行沟通，而且必须是有目的的沟通。如果我们要想获得成功，必须学会与人沟通。

一个人只有学会与他人友好、高效地沟通，才能建立起良好的人际关系，进而能够使自己在事业上左右逢源、如虎添翼，最终取得成功。

三、尊重他人

尊重他人，是对他人人格与价值的充分肯定，是一种境界、一种美德，也是一个人必不可少的基本素质。同时，尊重他人也是赢得他人对自己尊重的基础。一个人要想得到他人的尊重，首先要学会尊重他人。

孟子有云："爱人者，人恒爱之；敬人者，人恒敬之。"这句话强调了尊重他人的重要性。一个人在与他人的交往中，如果能很好地理解他人、尊重他人，那么他同样会得到他人的理解和尊重。

人无高低贵贱之分，尊重他人并不是要求我们曲意逢迎、卑躬屈膝。我们没有必要刻意去仰视高人，也没有资格去鄙视他人。假如有些人在某些方面不如自己，我们不要用傲慢和不敬的话去伤害他们的自尊；假如自己在某些方面不如他人，我们也不必以自卑或嫉妒去代替应有的尊重。只有真正懂得尊重他人的人，才能赢得他人的尊重。

四、乐于助人

乐于助人是一种朴实的中华传统美德。每个人都有遇到困难的时候，帮助别人，就是帮助自己。

每个人都需要来自亲人、朋友的关怀和帮助，我们要珍惜自己在困境中得到的关怀和帮助。一个懂得珍惜的人，才会懂得付出，才会在他人需要帮助的时候，伸出援助之手。

张明是湖北某服装公司销售科的科长，2002年，45岁的他因企业改制下岗，自己带着50多名下岗的同事开办了一家小型服装厂。在创业初期资金紧张的情况下，他不仅不拖欠员工工资，当员工有困难时，他还总是热心相助。2006年，有位员工的孩子得了白血病，需要40多万元医疗费，对于一个贫困家庭来说，这是一个天文数字。张明知道后主动捐出40万元给员工孩子治病，孩子得救了。可是，天有不测风云，2008年，张明的服装厂的仓库因电线短路发生了火灾，将厂里100多万元的产品和原材料烧为灰烬。张明跑了几家银行也贷不到款，眼看着苦心经营多年的工厂就要倒闭。就在这时，员工们都主动拿出家里的积蓄，助他解了燃眉之急，保住了工厂。第二年，他不仅还清了借款，还把产品打入了欧美市场，工厂的年利润超过1000万元，张明还拿出了500万元给员工分红。

帮助别人，就是帮助自己。作为老板，如果你关心和帮助别人，一旦你遇到困难，员工们自然会帮助你。

五、能言善辩

好口才价值百万元，能言善辨比笨嘴拙舌更容易赢得别人的好感，一句话说得好可以使人心花怒放，半句话说得不投机，就可能树立一个仇敌。一个人不仅要能轻松说服他人为我所用，还要懂得为人处世之道，要懂得在长时间的沟通和交流中加深与他人的感情，从而进一步强化、稳固人脉关系网。

六、真诚赞美

赞美是人际交往的润滑剂。心理学研究表明：每个人都渴望被人赏识，得到好的评价。适时赞美他人身上好的品德或特质，是献给他人的最好的礼物，也是自我完善的需要。

每个人身上都有可赞美的地方，我们要善于发现他人身上值得赞美的地方，并给予他们热情的赞美。关注的眼神、欣赏的笑脸、肯定的话语都能给他人传递友好和赞美的信息。

赞美是一种博取对方好感和维系好感的最有效的方法，不但会把老朋友团结得更加紧密，而且还可以让互不相识的人因此而成为朋友。它还是促进员工努力工作的兴奋剂，这是由人的本性决定的。

赞美是一种最廉价的投资。赞美他人，不需要物质上的付出，但可能得到很高的回报。我们要想在求人办事这条路上走得顺畅，就必须学会这一招。

七、面带微笑

微笑是一个人内心真诚的外露，微笑能使陌生人感到亲切，仿佛一座桥梁，将人与人之间的距离拉近。微笑是最好的名片和化妆品，很少有人会讨厌他人温和、善意的微笑。在彼此交往中，我们给对方一个大方、真诚的微笑，不仅可以优化交往质量，而且可以给人留下良好而又深刻的第一印象。很多时候，我们不需要为自己辩解，而可以用微笑去说明一切。

八、风趣幽默

幽默可使交际充满情趣，人们都喜欢与谈吐不俗、机智风趣者交往共事，因为拥有幽默感的人往往是宽容、善解人意的人，能给人带来欢笑，使人感到轻松与惬意。幽默感不是与生俱来的，它是一种可以后天养成的健康心态，也是一种乐观的生活态度。

在人际交往中，机智风趣、谈吐幽默的人往往拥有更多的朋友，大多数人不愿同动辄就与人争吵，或者郁郁寡欢、言语乏味的人交往。幽默是一种润滑剂，它使烦恼变为欢乐，使痛苦变成愉快，将尴尬转为融洽。

幽默是拉近与他人距离的一个手段。在生活或工作中，不论我们遇到多么尴尬的事，或许只要开个玩笑，气氛就截然不同。

九、诚恳道歉

如果你不小心得罪了别人，应当真诚地向对方道歉，这样不仅可以化解矛盾，而且还能促进沟通，增进彼此的了解。

美国著名公关学家苏珊亚曾说：“学会道歉是一个重要的社会技能，真诚的道歉将会使人们感受到人与人之间最美好的情感。”所以，我们要学会真诚地向别人道歉。那么怎样才能做到真诚的道歉呢？应该做到以下几点。

首先，要有一个正确的态度。只有态度诚恳，人们才会接受你的道歉。如果你只是迫不得已、敷衍了事，那么道歉就不会起到好的效果。在道歉的时候，你一定要以真挚的语气、诚挚的态度。只有这样，你才能得到别人的谅解。一位学者曾经说过：“在我最初的记忆中，母亲对我讲过，我们在向人道歉的时候，眼睛不要看着地上，要抬起头，看着对方的眼睛。这样对方才相信你是真诚的。”道歉必须直率，要有诚意，我们要能够坦率地说：“对不起，我错了，请原谅！”

其次，我们在道歉的时候要堂堂正正的，不能躲躲闪闪。道歉是一件光明正大的事情，所以没必要躲躲闪闪、羞羞答答，但是我们也没必要夸大其词，一味往自己脸上抹黑，这样不仅别人感受不到你的真诚，反而会觉得你很虚伪。

十、耐心倾听

在人际交往过程中，关注对方，耐心倾听，不随意插话，是对他人的接纳和喜欢，更是对他人最好的尊重。

如果你的同学、朋友遇到挫折，感到苦闷、压抑时，他们需要一个发泄情感的对象，而你的耐心倾听就是对他们莫大的理解。你在倾听过程中，可以不时插上一两句安慰和鼓励的话，引导他们走出烦恼与不快的泥泞。

十一、宽容大度

人与人交往，难免会有不愉快的事情发生。在这种情况下，多一分宽容，就多一条出路。“人非圣贤，孰能无过”，我们不要对别人的过错耿耿于怀、斤斤计较。生活的路，正是因为有了宽容才会越来越宽，否则我们只会把自己逼进死胡同。

在人际交往中，你可能会受到冷遇或感觉自尊心受到伤害，此时，你应该用理智战胜情感，千万不要为维护自己的面子进行无谓的争吵，使自己走入交际的尴尬境地。即使别人冒犯你，你也不必斤斤计较，以免因小失大，伤害彼此的感情，你可以理智地接受事实或做一些让步，不要当场反驳，可以事后再进行说明，这种处理方式对达到交际的目的较为有利。

十二、注重修身

人们总是喜欢与性格好、能力强、诚实守信、思想活跃、有责任感的人交往。我们要想增强人格魅力，更友好、更融洽地与人相处，就应充分发掘自己的潜能，施展自己的才华，发挥自己的特长，不断提高自己的素质、能力。只有注重修身、健全人格，我们在人际交往中才会更具影响力。

我们在人际交往中要讲礼貌。中国是礼仪之邦，我们要做一个彬彬有礼之人。有礼之人会做人，有人缘、朋友多。有礼之人会做事，注重形象，有教养、不树敌，在成功路上事事顺利。

总之，建立良好和谐的人际关系，不仅要拥有良好的形象气质，得体的言行举止，而且还要具备诚实、谦虚、豁达的品质，更要坚持不懈地树立人际交往的勇气和信心。我相信只要我们怀着一颗真诚的心，灵活运用本书中人际交往的小技巧，不断地实践探索、完善自我，就能逐步提高社交能力，建立良好的人际关系。

拓展人脉的五种途径

人脉从始至终都是成功的基础，人脉资源的积累和个人能力价值的提升是同等重要的，尤其是对创业者来说，人脉资源尤其重要。那么，如何才能拓展更广阔的人脉呢?

一、熟人介绍

熟人介绍是一种事半功倍的人脉资源拓展方法。即使一个人的能力再强，他的精力和时间也是固定的、有限的。一个创业者，要想在短时间内开发出大量的客户资源，只有利用“转介绍”机制，才能产生指数级的倍增效应。人脉资源的拓展也是如此。

熟人介绍加快了双方建立信任的速度，提高了合作成功的概率，降低了交往成本，确实是一种人脉资源积累的捷径。所以，在商务活动中，我们要养成一些习惯性的话语，例如，“如果有合适的客户或对象，麻烦介绍给我，谢谢！”“如果有需要这方面产品或服务的人，麻烦您告诉我。”“我们今晚有活动，你可以带一些朋友一起过来。”“您有这方面的朋友吗？是否可以介绍给我认识一下？”这样的话多说几次之后，对方也会形成一种习惯性的思维，如果真有合适的客户或对象，他就会想起你说过的话。

二、多参加社交活动

参加社交活动是提高个人的交际能力、扩大人脉的一个很重要的办法。我们需要多和朋友们聚会，多参与社区活动，多和大家沟通，了解大家的需要和自己的需要，如果彼此间有契合点，我们就可以想办法合作。

人脉的潜台词就是机遇，因为人脉越丰富，机遇相对就越多。近二十年来，在中国内地兴起的 MBA 热潮就是一个佐证，很多人去读书不仅是为了学习知识，而是为了搭建高品质的人脉关系，以从中获取商机。即使是哈佛商学院的毕业生，在总结读书的收获时，也把建立人脉网络放在第一位。哈佛商学院的一位教授曾经说，哈佛为其毕业生提供了两大工具：首先是对全局的综合分析判断能力，其次是哈佛强大的、遍布全球的校友网络，哈佛校友在各行业都能得到宝贵的信息和优待。在这么多精英人才组成的人脉网络中，机遇自然是不会少的。

有些人性格内向，本能地厌恶或害怕参加聚会，认为这些活动纯粹是在浪费时间和精力。如果你想做一个独善其身的人，这些活动的确是浪费时间和生命。但如果你想扩展事业，这些活动对你来说是必不可少的，你需要做的是分辨出哪些活动该参加，哪些该拒绝。一旦决定参加，你就肩负一项任务：你必须从这次活动中有所收获，即丰富你的人脉资源。

三、加入社团

参与社团组织后的个体，可在自然状态下与他人互动并建立关系，从中学习如何服务人群，进而创造商机并扩展自己的人脉网络。

在人际交往中，我们也许会遇到这一现象：平常太主动亲近陌生人时，容易遭到拒绝，但是在参与社团时，人与人的交往是在“自然”的情况下发生的，将会更顺利。为什么强调自然？因为人与人的交往、互动，最好在自然的情况下发生，这有助于建立情感和信任。而社团里面的公益活动、休闲活动，正是此类理想的“自然”情况。

当然，如果你参加了某个社团，最好能承担一个组织者的角色，比如，理事长、会长或秘书长，退而求其次你也要当一个副会长或理事之类的角色，因为这样你就得到了一个服务他人的机会，在为他人服务的过程中，与他人联系、交流、了解的机会就增加了，人脉网络也就在自然而然中不断延伸。一个民营企业老板参加的全国性、区域性或行业性的社团组织近十个，每一个社团他至少参加一次活动，在每一个社团里，他至少也有三四个关系密切的朋友。他说：“我企业外部的 70%以上的事情，都是依靠这些朋友的帮助和支持才能顺利完成的，没有他们的鼎力相助，至少有 50%的目标我没办法实现。参加社团有时候费点钱、时间和精力，可是它带来的效果却是巨大的！”

四、善用名片

善用名片，是做好社交的第一步。世界著名推销大师乔·吉拉德非常重视名片的作用，他认为，递名片的行为就像农民在播种，播完种后，农民才能收获劳动的果实。

在商业场合，我们与陌生客户、同事见面后的第一个动作，就是递名片。所以，我们在参加会议时最好带上一些印刷精美的名片，要印上自己的职务、电话、微博、微信二维码、电子信箱、QQ号和电话号码，以便于联系。同时，我们还要带一个双层式名片夹，上层放收到的名片，下层放自己的名片，方便、实用。

接递名片也是有讲究的，我们用右手单手递出名片即可（一般而言，亚洲人习惯用双手接递名片，但西方人可以接受只用单手递出的名片，有时双手奉上反而让对方觉得过分谦卑），名片正面朝上，让对方能够顺着看内容。如果自己的名字不好念，我们也可以同时告诉对方正确的发音。当对方递名片给你时，你用一只手接下也无妨，但眼睛要注视对方，也不要立刻就塞进名片夹，应先仔细端详，有不懂的立即请教对方。你可以说：“啊，原来你就是某某先生，久仰大名！”

或“哇，这么年轻就当上总经理！”或“你们公司不就在某某附近吗？”我们绝对不可以把对方的名片收进皮夹后，再塞到后口袋，因为用屁股压制他人是很不礼貌的。

借用名片找话题是很重要的技巧，可以适度拉近关系，比如，你可以夸奖名片的设计、材质或赞美对方公司的声誉。不过，“买你们公司的产品有没有折扣？”这一类话，最好不要贸然出口，除非你确定对方开得起玩笑，而且，一见面就要折扣，是很不礼貌的。

如果遇到印象深刻或比较重要的人，我们可以在名片上写下对方的特征。下次再见面时，我们就可以依他的喜好来对话或接待，对方一定会很惊喜，可以立刻缩短彼此的距离。不过，我们不要在对方的面前做这件事。

当然，我们还要注意加强对名片资源的管理。首先，当你和他人在不同场合交换名片时，务必详尽记录会面的人、事、时、地、物。活动结束后，你应回忆一下刚刚认识的重要人物，记住他的姓名、企业、职务、行业等。第二天或过个两三天，你可以主动打个电话或发邮件，向对方表示很高兴认识对方，或者适当地赞美对方的某个方面，或者回忆你们愉快的聚会细节，让对方加深对你的印象和了解。其次，我们要对名片进行分类管理。你可以按地域分类，如按省份、城市；也可以按行业分类；还可以按人脉资源的性质分类，如同学、客户、专家等。

同时，我们要养成经常翻看名片的习惯，你可以在工作的间隙，翻一下你的名片档案，给对方打一个问候的电话，发一个祝福的短信等，让对方感觉到你的存在和对他的关心与尊重。我们还应定期对名片进行清理，将所有的名片与相关的资源数据进行全面整理，依照关联性、重要性、互动与使用概率、数据的完整性等因素，将名片分成三堆，第一堆是一定要长期保留的，第二堆是不太确定、可以暂时保留的，第三堆是确定不要的，并将确定不要的名片做销毁处理。

五、建立朋友圈

在新媒体时代，微博和微信朋友圈就是最大的舞台。如果你选择了互联网，选择了新媒体这个行业，就别矫情，不要将微博、微信朋友圈只当成自己私密的小花园。现在，微博、微信朋友圈并不只是一个和亲朋好友互动的社交工具，更是一个集视频、通信等各种功能于一体的综合平台，一个行业社交工具。你既然选择了互联网为以后的职业发展方向，那在你进入这个行业的第一天，就要开始重视微信的重要性，因为在这个时代，微博、微信就是当前重要的人脉资源积累的平台。

通过朋友圈展现自己公司的产品和信息，能够拉进和同行的距离。至少要让同行通过朋友圈就大概知道你是做什么的，从而他才能判断在互相加了微信好友以后是否还有保持互动的必要。在下次进行好友清理的时候，他才不会把你删除或把你屏蔽。

当然如果你足够牛，能在朋友圈展现出你丰富的人脉和管理经验，这可以加强人脉资源的黏性，让新加的微信好友觉得和你能在一个层次上进行交流。

我经常会被莫名其妙的人加为好友，对方也没介绍自己是做什么的，我看他的朋友圈，也看不出一个所以然，从而觉得他跟自己不会有太多的交集。如果通过进一步的观察或交流，我仍觉得没有与他交往的必要，就会把他删除。

找贵人相助，事半功倍

成功需要五个要素：名师指路、贵人相助、亲人支持、对手激励、小人激发。

李嘉诚将自己的成功经验总结为一句话：“良好的品德是成大事的根基，成大事的机遇是遇到贵人。”

所谓贵人，不一定是比你权力大、地位高、财富多的达官显贵，而是指那个有能力帮助你，并且乐意帮助你的人。这个贵人不一定要借多少钱给你或给你介绍多少生意，许多时候，我们的人生总是会因为某一个人的一句话、一堂课就发生改变，甚至我们在旅途中偶然遇到的一个人都可以改变我们的人生轨迹。

对于创业者来说，这个贵人可能是你的父母、亲戚、上司、同学、朋友、客户……几乎所有人都有可能成为你的贵人。他们有着丰富的人生阅历，视野开阔，事业成功，虽然他们未必能从金钱上支持你，但他们的思路甚至是他们的一句话，都会让你茅塞顿开，在你遇到危机和感到困惑时为你指明方向和出路。又或者，这些贵人的社会资源丰富，如果你是一个他欣赏的人，他会给你很多机会，这样你就会比一般人更容易成功。

每个人的生命中，都可能有许多贵人。有时候是他们主动对你伸出援手，有时候需要你自己慢慢积累人脉。所以，有人说，贵人相助是要靠运气的。其实不然，我们要想得到贵人的帮助，自己先要有正能量。你自己都不努力，不上进，别人怎么会帮助你？贵人相助虽然要靠机缘，但只有在自身比较优秀的情况下，贵人才会信任你、欣赏你。为此我们要不断提高自己的素质和品德修养。

碧桂园创始人、碧桂园集团董事局主席杨国强的成功就得到了贵人的相助。如果没有贵人相助，碧桂园在创业之初就死掉了。

我曾在《草莽生长：中国十大富豪的创富之道》一书中介绍了当时处于危机中的杨国强，是如何求贤若渴的。1993 年，在事业上一路顺风顺水的杨国强遭遇了巨大的危机。在该年的一季度和二季度中，钢筋、水泥和木材等建材的价格翻倍上涨，开发商处于崩溃的边缘。而此时，杨国强的北滘建筑工程有限公司已经为原开发商三和公司垫资建造了近 4000 套别墅，即碧桂园项目。到了下半年，中央针对股市和房市的泡沫开始进行调控挤压，投资逾亿元的碧桂园项目面临“突然死亡”的危境。在仓促之中，杨国强“无辜”地接过楼盘，从造房者变成了卖房者。

1994 年 10 月的某天，经人推荐，焦急万分的杨国强请来了人称“记者王”的新华社记者王志纲，想借王志纲的一支笔，为碧桂园项目宣传一番。经过交谈后，杨国强被王志纲的通过建学校拉动楼盘销售的想法折服，当场聘其为碧桂园公司总策划。

王志纲的大手笔文案立竿见影，再加上其对媒介势能的出色调动能力，使碧桂园学校在短期之内获得了与“可怕的顺德人”这个生猛概念关联密切的符号价值。王志纲提出的以办学带动楼盘销售的策略，为杨国强带来了 3 亿多元的教育储备金，1300 名来自广东各地的富家子弟成为碧桂园学校的首批“贵族”培养对象，而他们的老师，则是从全国各地的 8000 名应聘者中挑选出来的佼佼者。王志纲“建学校拉动楼盘”的策略成为“土洋结合”“财智相融”的经典案例。

有了现金流，也有了学校这步活棋，再加上“给你一个五星级的家”的远景概念和高密度的广告宣传，碧桂园的楼盘销售终于找到了自己的杠杆和支点。1995 年，杨国强和四个搭档利用三和公司原股东缺乏操盘信心的弱点，逼其摊牌，仅以 8000 万元的代价就收购下了碧桂园物业发展有限公司。其中，杨国强占六成股份，其余四人各占一成。后来，杨国强照着王志纲策划的“学校 + 会所 + 物业管理”的模式继续做项目，并对土地成本和人工成本进行严格控制，以低买低卖的“复合地产”模式四处攻城略地，倾力打造碧桂园地产王国。

人生不可无贵人，贵人之所以贵，是因为他们能在某些方面给你帮助和指点，比如，在生意场上，贵人能给我们提供机会、物质帮助、思想观念的启迪、潜移默化的影响。杨国强的成功告诉我们：作为创业者，在面对新环境时，要多留心观察周围的人，他们很有可能就是你的贵人，有机会你就主动亲近他们，与他们保持联络，让他们对你有深刻的印象。在某个时机，他们就会发挥“贵人”的功能，在你事业发展的过程中，助你一臂之力。我们在有了贵人提携后，一来容易脱颖而出，二来可以缩短成功的时间，三来办砸了事能有所庇护。

巧借人脉，让别人成就自己

人脉是金。在这个人脉关系社会，创业者要想获得成功，必须学会经营人脉、巧借人脉。巧借人脉，就是借助他人的力量为自己所用，成就自己的事业。

一个人想要在社会上闯出一番事业，如果全靠自己的能力，无疑是一件极其艰难的事情，因为谁都不可能事事通达、行行精通。作为创业者，其资源往往是有限的，要学会思考如何利用别人的资源来为自己办事。一个善于借助他人的力量的人，在工作中可以取得事半功倍的效果。

因此，一个优秀的创业者，手中有多少资源并不重要，关键是能支配或调控多少资源为其所用，这才是核心。成功者都善于借力、借势去营造成功的氛围，从而攻克一件件难事，为他们的成功铺平道路。比如，成功者善于借用别人的力量、金钱、智慧、名望甚至社会关系，善于将别人的长处最大限度地为己所用，正所谓借他人之光照亮自己的“钱”程，这是最聪明的办法，也是最省钱、最省事、最快的成功捷径。自古以来，我国就有借船出海、借鸡生蛋、借渠浇水、草船借箭等诸多典故，都是借力、借势在现实当中有效运用的案例。而在当今社会，借助他人之力成功的事例已数不胜数。

1981 年出生的高燃是 80 后大学生创业成功的典范，曾经执掌领航中国互联网视频技术的高维视讯科技有限公司。他在成功创业的道路上就善于使用“四两拨千斤”的手段找到合伙人，以实现自己的创业目标。

高燃2004年从清华大学毕业，曾经活跃的大学生活经历和短暂的财经记者生涯为他积累了广阔的人脉，所以他萌发了创业的冲动。

最初他受到卓越网、当当网的启发，想做电子商务。于是他想把北大的一个网上书店买下来，但最后因为这需要不低于100万元的收购资金而没有做成。之后，因为彩信市场刚刚开始升温，高燃看好其中蕴藏的商业潜力，就找到在江苏一家企业集团当老总的朋友提出合作。朋友提供了100万元资金，他负责招募人员和开展业务，专门做移动增值服务（CP），为新浪网提供彩信服务业务。他的第一次创业就是这样起步的。

有了资金后，他创办了一家公司，做起了当时比较时髦的博客网站，但没挣到钱。这时他遇到了后来的创业伙伴，同样是清华大学毕业的邓迪。当时邓迪在视频领域的P2P技术方面处于行业领先水平，正苦于没有资金，于是两人一拍即合。高燃关闭了自己的博客公司，拿着启动资金和邓迪创办了Mysee，后来Mysee成了中国最早、最火的视频网站之一。

从高燃的经历中，我们可以发现，他善于发现商机，善于整合资源。高燃虽然并不擅长视频技术，却成功创办了视频网站。更让人赞叹的是，他没有创业资金，但善于用创业计划书融得资金。因为找到合伙人为自己提供创业资金，是需要我们拥有强大的人脉关系和让人信服的个人能力的。投资人看重项目可行性的同时，也更看重这个创业者是否具有创业家的品质和能力。因为不是所有具有可行性的项目都能成功，重点还在于执行这个项目的创业者是否有能力把任务完成。其实，高燃的项目并没有多少独创的优势，投资人看中的是高燃身上具有的创业家的品质。他的勇气与锐气，加上善于组合人力资源的能力，是他获得投资人青睐的资本。

北京六合万通董事长寿国梁也是位善于巧借人脉的能手。北京六合万通微电子技术有限公司是由留学归国人员团队于2001年创立的一家专业从事无线通信大规模集成电路设计及系统开发的高新技术企业。该公司是中国宽带无线IP标准工作组和信息设备资源共享协调服务（IGRS、闪联）标准工作组的成员之一，独立承担国家科技部“863计划”项目，并凭借无线通信领域的技术实力和先进的集成电路设计技术，先后与索尼、安捷伦、中国网通、冲电气、富士通、朗弗宽频微电子等国际知名企业建立了长期技术战略合作关系，为宽带无线通信及3G通信系统提供核心芯片和系统解决方案。

六合万通能够取得如此成绩，是和其董事长巧借人脉分不开的。董事长寿国梁用11年时间在自己喜欢和擅长的专业领域聚集了大量的人脉资源，并通过六合万通实现其价值。在寿国梁看来，聚集了大量人脉资源就意味着找到了资本、技术、产品或渠道等各种创业资源。拥有如此多可以利用的人脉资源及其派生的各种资源后，寿国梁就有条件把自己理解的创业项目设计得精致而全面。也正因为如此，当绝大多数创业者都能讲出一大把血泪辛酸史时，寿国梁只有淡淡的五个字“我们很顺利”。

让我们惊讶的是，六合万通从一开始创业，就整合到了让人羡慕的人脉资源，组合成了一个梦幻般的团队。寿国梁说：“我们的创业团队都是留日归来的学子，都有着共同的创业情结和目标。”我们不难想象，由这样一个团队推进的创业项目，会产生怎样的效果和影响。还有一个重要的原因就是，公司几位创始人都是当初寿国梁主持日本鹰山公司时招聘来的，在运作公司和技术上，大家各有所长，通过多年的学习和工作，彼此已经走过磨合期。经过这样一个整合人脉资源的过程后，创业团队就可以为创业项目做精心设计了，进而就会产生寿国梁所说的“我们很顺利”的效果。

上面这几个“借力”的例子启发我们，人的智慧是无穷无尽的，尽人之力远不如尽人之智，正所谓“好风凭借力，送我上青云”。借助外界力量，我们可以更快捷、更容易地实现目标。

当然，我们借助别人的力量并不是要投机取巧，而是要善于借助别人的力量来帮助自己，帮助自己完成想做和要做的事。毕竟，这个世界上很多事都不是依靠自己的力量可以完成的，需要我们去借助外力来实现。

Chapter 09

成功自有道：

创业成功的九大法则

很多创业者都试图破解从创业者到企业家的转变难题，寻找创业成功的最佳途径。我经过对上千个创业案例进行研究后，从中找到了九大成功法则：抓住机遇，立即行动；做自己喜欢做的事；专注；诚实守信；踏踏实实从小生意做起；不断学习；放下面子；坚持创新；把赚钱当作一种习惯。只要你学会这九大法则，就能少走弯路，成功当老板。

法则一：抓住机遇，立即行动

每个人都有创业的梦想，每个创业者都期望获得成功。抓住机遇，立即行动是创业成功的不二法门。

机遇是指能促进事业获得成功的偶然的或一闪即逝的现象、先兆或时机。在日常生活中，机遇是普遍而客观存在的，它并没有注定要被谁发现。善于思考的人，在一般的情况下就可以发现更多机遇。比如说，在生活中，人们经常遇到一些不方便的细微之处，如果在此基础上进行一些小改动或一些小创造，就可能成为发财赚钱的好机会。可为什么这种人人都会遇到的小麻烦，却只被少数人抓住而发了财呢？这就是善不善于发现机遇、抓住先机的问题了。

什么叫先机？就像最开始投资股票的人，他们就把握了先机，成为富翁。又如李嘉诚所说，互联网是一次新的商机，每一次新的商机的到来，都会造就一批富翁，每一批富翁的造就都反映了取得先机的重要性：当别人不明白他的时候，他明白他在做什么；当别人不理解他的时候，他理解他在做什么；当别人明白了，他富有了；当别人理解了，他成功了。

此外，我们要想成为驾驭机会的强者，还必须做到“善识”与“善做”的统一。“善识”使企业发展拥有了“可能”，但如果我们识得了机会，却不立即行动，也只能与机会擦肩而过。

很多人都拥有创业的愿望，但为什么很多人没有如愿以偿，甚至只能在温饱或贫困线上挣扎？那是因为其中大多数人一直在机遇面前瞻前顾后、不敢行动，一生碌碌无为。最消磨意志、摧毁创造力的事情，莫过于拥有梦想而不开始行动。

让我们来看一个抓住机遇并立即行动的成功例子。汪贝贝出生在河南省漯河市一个农村的普通家庭，6岁时随家人去了新疆并在那里长大。2007年读大三的时候，她到郑州一家饮料公司当实习生，看到了苹果醋的商机：一个成熟的苹果，从果园收购的价格最高也就六七角钱，但这个果子榨出的原浆可以做成一瓶700毫升左右的苹果醋，一瓶果醋售价高达15元。同样是一个苹果，卖果子和卖果醋的价值竟相差20多倍！这让汪贝贝惊讶不已。

2008年大学毕业后，汪贝贝决定用她在实习期攒下的1万多元和男友在郑州创业。已经掌握饮料配方的她，注册了自己的商标后，开始四处揽业务。拿到订单以后，汪贝贝和团队一起亲手设计包装瓶，然后委托一家代工厂生产饮品，最后贴上她们自己的商标，第一笔生意她赚了2000多元。

由于产品包装设计新颖，价格又便宜，汪贝贝手中的客户越来越多。以这种找人代工的模式，她在不到一年的时间里就掘到了人生第一桶金——15万元。而此时，她那些饮料公司的原同事，还在拿着每月2500元的薪水，而且经常加班加点地工作。

2009年，就在汪贝贝信心十足地想把事业做大时，一场厄运悄然袭来。2009年年底，广州一个大客户向汪贝贝的公司下了一个大订单，她一次性垫付了超过17万元的货款，找代工厂生产这批果醋。却不料，几天后代工厂的老板竟拿着钱跑了，汪贝贝不仅把之前的12万元积蓄全部赔光，还欠了5万元外债。

因为在创业路上狠摔了这一跤，她和丈夫原本富裕的小日子一下变得捉襟见肘，眼看他们在郑州租的房子到期了，小两口却因为交不出房租，被房东赶了出来。无奈之际，她只得回到丈夫的家乡河南某农村生孩子。

因老公家境贫困，在婆婆家生孩子时，汪贝贝连个像样的补品都吃不起。期间她吃到的最好的食物，就是婆婆跑到一个养鸽子的邻居家买了3只鸽子炖的汤。她坐在床上喝着鸽子汤，想着自己毕业后的所有遭遇，忽然委屈得想哭。

但相对后来发生的一件事情而言，汪贝贝生孩子没有好的补品，根本不值一提。2010 年 3 月，生活在新疆的哥哥汪伟知道妹妹生完孩子后连买补品的钱都没有，决定抓鱼换钱给妹妹补补身子。不料，就在汪伟买鱼网回来的当天晚上，竟遭遇了车祸，从此再也没有醒过来。

得知这一噩耗，汪贝贝悲痛欲绝。她连夜赶回新疆，和母亲一起料理哥哥的后事。在新疆的半个月，她每天晚上睡觉之前就会想一件事：该怎么做才能撑起这个家？

汪贝贝决定在家乡河南省漯河市重新创业，这次她要建厂，聘请专业人员生产自己的产品。为了这个目标，她开始四处借钱。但老家的亲戚们认为，她还是大学毕业不久的小女孩，能有啥创业经验？所以，亲戚们有钱也不愿借给她。无奈，最后汪贝贝只好找姐姐担保，从当地银行贷了 30 万元。

汪贝贝花 5 万元租了场地，用 24 万元买回果醋生产设备后，手中剩下的流动资金只有几千元。为了省钱，汪贝贝和丈夫经常晚上自己搬货。发货的时候，他们甚至连三轮车都不舍得坐，夫妻俩每人抱两三件果醋，从这家物流公司走到那家，几千米的路走下来累得够呛，丈夫不歇，汪贝贝也不歇，累哭了都不歇。晚上回家吃饭的时候，夫妻俩却发现除了几个冷馒头，什么吃的都没有。别无选择，他们只能用开水把馒头泡软了，再往碗里撒点盐，大吃起来。

但令汪贝贝苦恼的是，由于严重缺乏流动资金，即使这么省钱，她也经常会在接到订单后，连买果醋瓶子的钱都凑不出来。

2010 年 5 月，汪贝贝得知漯河市将举行创业人员帮扶签约仪式，在这个仪式上签约的创业者可以得到 10 万元以上的无息贷款，她怦然心动。得知市里四大班子的领导都将出席这次活动，汪贝贝就开始琢磨："怎么能让领导认识我们这家小企业，继而得到帮助呢？"她决定为此冒一次险。

活动当天，没有被邀请的汪贝贝端着饮料混入了会场，她想争取到一笔贷款。为了救活自己的小厂子，她必须把矜持和羞涩统统甩掉。当主持人请领导上台颁奖时，汪贝贝端起自己工厂生产的饮料，跟在礼仪小姐后面悄然登台。她抓紧机会，给每一位领导发了一杯她们公司的苹果醋饮料。

结果，硬闯会场的汪贝贝被带到了后台。不一会儿，时任漯河市郾城区区委书记的陈平找到她，和她聊了10分钟，汪贝贝告诉陈书记，自己急需创业资金的支持。然而之后的一周毫无消息，她以为自己的这个举动失败了。

没想到，2010年6月的一天，陈平突然来到汪贝贝的工厂。虽然这个租赁来的小厂子很不起眼，但他看到大批由当地农民种出的苹果被一车车运进来，然后十几名年轻工人在车间里干得热火朝天，把一个个果子变成了一瓶瓶口感酸甜、包装精美的苹果醋。厂长汪贝贝和她手下那些年轻的员工们，工作的积极性非常高，谈起发展，个个都充满了信心。这个场景感染了陈书记，他冲汪贝贝翘起大拇指说："了不起啊年轻人！听说你们厂帮了果农的大忙，让他们原本不好销售的苹果卖上了大价钱。我也得想办法帮你们的忙！"

在陈平书记的帮助下，汪贝贝从银行获得60万元贷款。有了资金以后，汪贝贝迅速扩张工厂规模，提高产量。2010年下半年，她的企业年销售额达到300多万元。

后来，汪贝贝不满足于一直扮演"代工者"的角色，开始打造自己的品牌。手中有了钱后，她开始在各种媒体上投放广告，大力宣传自己的品牌。

从2013年开始，汪贝贝既为多家饮料企业代工，又成功塑造了自己的果醋品牌——锦星苹果醋。公司生产的几十种苹果醋、葡萄醋、雪梨醋产品已经销往全国各地，并成功入驻沃尔玛、家乐福等大型超市。此外，她还直接带动了当地近400人就业，产品年销售额高达8000多万元，她的固定资产超过6000万元。

从2008年至今，虽然汪贝贝经历了首次创业失败等一系列打击，但她在困难面前不低头，依然坚持走创业之路。2016年中央电视台《致富经》栏目专门介绍了汪贝贝顽强拼搏、艰苦创业的感人事迹。

汪贝贝这样总结自己的成功秘诀："创业一是要抓住机遇，立即行动；二是要敢于冒险。如果没有这两条，我可能至今仍是一个每个月为了几千元工资而辛劳的饮料公司小职员！"

汪贝贝的经历告诉我们，成功不是将来才有的，而是从决定去做的那一刻起持续积累而成的。没有资金不可怕，没有人脉不可怕，只要我们抓住机会，不瞻前顾后，勇敢地迈出第一步，脚踏实地、坚持不懈，就能闯出一片属于自己的天空。万事虽难，终有起点；千万家产虽多，终有开端，只要我们坚定不移地走下去，定会有成功的一天。

盛大网络董事长陈天桥曾说："并不是你的条件在阻碍你，而是你觉得自己不可能的想法在阻碍你。"德国行动主义哲学家费希特也曾说："行动，行动，这是我们的最终目的。"你为什么只有羡慕别人成功的份呢？在创业机会面前人人平等，你不把握时机、抢先占领市场，别人是不会把好机会留给你的。人生是船，梦想是帆，行动是风吹拂着帆而促使船前行。一个创业者，首先要给自己一个梦想，其次遇到机会就要果断采取行动，如果不采取行动，不给梦想机会，梦想永远不会实现。所以说想要成功，我们就应该果断决定并立即采取行动。

因此，我希望大家从现在开始，要追逐梦想，当一个野心家，设定切实可行的赚钱目标：5 年目标，10 年目标，以及终生目标。然后，大家还应制订具体计划，果敢地开始行动。

创业，行动胜于一切！如果你想创业，那就抓住机会，立即行动吧！

法则二：做自己喜欢做的事

创业者首先要找一个自己喜欢的方向，而不是一味追逐热门的行业。美国哈佛大学曾经对 1500 名应届毕业生进行了一次科学的统计调查，当时的问题是：毕业后你是选择挣钱多的工作还是选择你喜欢的工作？有 1255 名学生选择了前者，只有 245 名学生选择了后者。十年以后的结果是什么呢？选择做自己喜欢的工作的 245 人中，有 100 人成了富翁；而选择挣钱多的 1255 人中仅有 1 人成为富翁。这就说明，如果创业者选择做自己喜欢做的事情并全心投入，容易成功，也容易步入富人行列。

乔布斯曾说："成就伟业的唯一途径就是热爱自己的事业。如果你还没找到让自己热爱的事业，继续寻找，不要放弃，跟随自己的心，总有一天你会找到的。"他也曾告诫创业者，不要被教条所限，要听从自己内心的声音，去做自己想做的事。"改变世界"是乔布斯一生都在践行的理想，他不仅是一位出色的商人，也是一位成功的演讲者、励志大师。平日寡言少语的乔布斯只要站到台上，那种与生俱来的语言天赋和个人魅力就能立刻感染全场。乔布斯一直在用他的亲身经历激励着人们勇敢选择自己喜欢做的事。

而从现在中国大学生就业的严峻形势来看，毕业生想要找到自己喜欢的工作是非常艰难的。在众多的选择中，能够由自己做主的事情就是去创业。如果你用激情和快乐创业，做自己喜欢做的事情，心甘情愿地奉献和付出，往往就会有惊喜和财富来拥抱你。虽然经过努力不一定成功，但热爱是事业成功的必要条件之一。

沈南鹏在接受我们采访时说，在创业之初，创业者选择自己喜欢的行业是非常重要的。首先，在选择创业时，你要先问自己是不是在追逐别人的梦想？创业者不要盲目追随热门行业，因为行业一旦太热，往往就会降温；其次，选择自己喜欢的行业才是成就事业的最大动力。

中国樱花产业协会执行主席，中国樱花创业致富第一人，广州天适集团董事长何宗儒曾荣获“2014 CCTV 十大三农创业致富榜样”和“创新商业模式”两项殊荣。何宗儒身上所展现的对创新的执着追求，对责任的勇于担当，以及他痴迷樱花十八年的创业故事深深感染了许多人。

1990 年，20 岁的何宗儒从湛江走出家门，踏上了人生的新征程。初出茅庐的他进入了一家食品进出口公司工作。聪明的头脑、睿智的目光加上勤奋努力，使他年纪轻轻就在食品行业小有名气，并多次受美国农业部盛情邀请，前往美国众多知名农场参观考察。

而从食品行业到成就“樱花王国”，何宗儒的经验只有两个字：热爱。遇见樱花，是一场美丽的意外。何宗儒去日本旅游赏樱时，看到日本各地的樱花都很美，感觉在日本赏樱简直就是一场全民运动，深受触动。尤其是当日本友人告诉何宗儒樱花起源于中国时，他既感慨又愧疚。从此，他开始关注、研究樱花，并深深爱上樱花事业……

但是，当时在广东还没有人种樱花。何宗儒在请教了很多植物学方面的专家、学者，自己也查阅了很多相关书籍之后，得到的结论都是气候温暖的广东并不适合种植喜寒不耐热的樱花！

但何宗儒不是轻言放弃的人，终于，有一位专家给了他一个肯定的答案。何宗儒是行动派，说做就做。1996 年，他拿出 200 多万元，全身心投入研究，以培育适宜在广东等南方热带地区生长的樱花种苗。然而，挫折总是接二连三，他通过各种渠道从世界各地引进大批樱花花种，并聘请了一批专家在不同气温、不同环境、不同土质的条件下栽培试验，但首批试验都以失败告终。同时，来自公司高层和亲人朋友的反对声音也越来越大，他们都认为这是一个全新的、专业性很高的领域，何宗儒想要取得突破的想法简直是异想天开！更糟糕的是，许多人开始质疑何宗儒种樱花的动机，“汉奸”“卖国贼”等怀疑和谩骂声不绝于耳。

商场如战场，胜败乃兵家常事。如果何宗儒在当时的高压下放弃了，这也仅仅是他事业生涯中的一场败仗。但他没有认输，他可以被打倒，但绝不会被打败！他对于樱花有着惊人的执着精神！

“宝剑锋从磨砺出”，何宗儒亲自带领团队，终于培育出了适宜在广东等南方热带地区种植的樱花种苗。看到希望的何宗儒迫不及待地大量引种种植，他在英德找了一块地进行试点，一口气种植了 1 万多棵樱花苗。坚定的信念终于迎来了丰收的喜悦，这批樱花第三年就开始开花，且一年比一年开得旺盛！到 2007 年，11 年过去了，通过不断引进、培育，何宗儒的旺地樱花在广东从化、花都、韶关等地相继试种成功。

在广东本地樱花苗培育出来之后，何宗儒面临的一个问题就是如何将它推向市场。他联想到当年日本友人所说的“日本的樱花是从唐朝传过去的”，又结合日本学者撰写的权威性的樱花专著《樱大鉴》中关于樱花起源的清晰说明——“樱花，源自中国喜马拉雅山脉”，何宗儒突然就有了一个伟大的想法——我要让中国樱花享誉世界！他为自己有这种想法感到激动不已，仿佛多年来的坚持和付出也有了一个合理的解释。

何宗儒认为，有了通向市场的大门，还得有开门的钥匙，而这把钥匙，就是樱花。

当最初的想法上升到民族的高度时，它就有了血肉，有了思想，有了生命。何宗儒的樱花不只是樱花，是中国樱花。而他的身上，也有了越来越多的标签，“樱花王子”“广东种植樱花第一人”“樱痴”等，何宗儒成了中国樱花的代言人。

多年来，何宗儒创办的广州天适集团凭借着自己的力量，建立了樱花研究院，对全国的野生樱花资源进行了普查，培育了 10 多个优良樱花品种，如中国红、小乔、西施、杨贵妃、貂蝉等。自 2008 年以来，何宗儒还在广州、成都等城市相继举办了樱花文化节及相关的节庆活动，每一届活动都取得了巨大的经济效益和社会效益，成为全国媒体争相报道的话题。他从每年在广州举办樱花节的实践中认识到，樱花节是一个有效益、有效果的文化旅游活动。如果他要让中国樱花享誉世界，就要从举办樱花文化节入手，培养大众赏樱、爱樱的意识，推动赏樱成为全民运动。

何宗儒的成功告诉我们，热爱是事业成功的基石。热爱能激发人的潜能，调动人的积极性和创造性，使之对事业的完美充满渴求，即便是遭遇困难挫折，也能“衣带渐宽终不悔，为伊消得人憔悴”。不计艰险、不计功利，始终一丝不苟地朝着认准的目标努力，这就是信仰的力量。

只要你的内心强烈地喜欢这份事业，就能克服创业路上所有的困难。我想，能知道自己喜欢什么已经是一件很了不起的事了，所以，只要我们在做自己喜欢的事情，苦和累都不算什么；只要我们努力和坚持，事业定会成功。

法则三：专注

兴趣与专注，是成功的催化剂。兴趣是最好的老师，人们在做自己感兴趣的事情时，总会很投入、很专心，所以培养兴趣相当重要，人们有了兴趣，做什么事都相当容易。而再加上专注后，成功的概率就更大了。正如著名管理大师博恩崔西所说："任何一个人只要专注在一个领域 5 年，可以成为专家，10 年可以成为权威，15 年可以成为世界顶尖。"

我们会发现，走钢丝穿越峡谷的杂技演员有一个技巧：走钢丝时，并不是刻板地僵硬不动，为了保持平衡，他的身体总是轻轻地摇摆和弯曲，但有一点是不变的，即他的脚趾总是朝一个方向移动，向着眼睛盯着的目标——钢丝的另一头前进！

而良马在奔跑时，总被戴上眼罩，这样，它的目光就会保持直视，而不受其他马匹和事物的影响，只会在自己的跑道向前跑！

又比如狼，这种在哺乳动物中几乎是最具韧性、最有成就的动物，它们生存的最重要技巧，就是能够把所有的精力集中于捕猎的目标上，它们只瞄准目标，不达目的决不罢休。为了捕获猎物，狼群往往一连几个星期始终追踪一只猎物，搜寻着猎物留下的蛛丝马迹，轮流合作、接力追捕，在运动中寻找每一个战机。对于无法达到的目标，它们绝对不会做出无意义的行动，不管是恐吓性的咆哮，还是无谓的奔跑。

这就是成功最基本的条件——专注目标而非其他。没有明确的目标、专注的精神和对目标的坚毅执着，我们是难以取得成功的，每个生命都是自然界的奇迹，只有把自己的潜能发挥到极致，才算没白活一回。

创业也是如此，大多数成功的公司往往都比较专注，高度聚焦于一个领域、一种产品、一项服务或一个市场。而很多企业之所以突然倒下，其原因正是不专注，没有聚焦和盲目扩张。

华为的成功就可以用“专注”两个字来概括：任正非创办华为 30 年来，不忘初心、甘于寂寞，始终坚持只做一件事——专注 ICT 领域。

在华为的成长过程中，正逢中国房地产爆发，很多做实业的企业家都去做房地产生意，赚得盆满钵满。面对巨大的诱惑，任正非从没有动摇过，不仅没做房地产，就连股票也没炒过。

1992 年正是深圳股市疯涨的时候，汹涌的人流带着一夜暴富的梦想涌入深圳交易所，通宵排长龙买股票。而深圳最早的证交所就设在华为办公楼的一楼，华为员工每天目睹楼下发生的种种财富神化的骚动，但没有一个人受到影响和诱惑，所有人都在楼上埋头工作，对窗外的事充耳不闻。别人都把钱拿来炒股，而任正非却把钱投入研发，当时有人想不明白，说任正非是“任大傻”。这种风暴中的宁静，这种对研发自有核心技术的痴迷追求，这种专注与坚守已经成为华为人的一种执念，让拜访华为的客户由衷地发出感慨：华为不成功是不可能的。

绳锯木断，水滴石穿。今天，各行各业都在寻觅“一举成名天下知”的突破式创新，却忽略了矢志不渝的坚持，如果没有它，创新只能是无本之木、空中楼阁。华为能够取得今天的辉煌成就，正是得益于任正非 30 年如一日守望自己的理想，始终坚持认认真真、踏踏实实地研发技术，真心诚意为客户服务，为客户创造价值。

又比如，神州租车创始人、神州优车董事长兼 CEO、神州租车董事局主席陆正耀也是一个非常专注的企业家。

陆正耀 1969 年出生于福建省屏南县，1991 年毕业于北京科技大学，获工学学士学位。2007 年他创立的神州租车，现已发展成中国规模最大、最具影响力的大型连锁汽车租赁企业。

陆正耀说：“做事业一定要专注并坚持！”神州租车成立后发展速度很快，在2008年上半年完成了对28个城市的覆盖，当时整个运营架构可以支撑1万到2万台车的日常运营。该公司原计划于2008年上半年进行一轮融资，之后快速扩大车队规模，后来因为金融危机爆发，汽车租赁行业的租车率明显下降。在需求不足的情况下，规模也无从扩大，这个时候全世界的投资者都捂紧了钱袋，这对于“要花钱买车”的神州而言，无疑是一次打击。直到2010年，车队始终是几百台车的规模，神州租车面临业务发展停滞的巨大挑战，当时为了“过冬”，该公司不得不裁员近400名。

在这么困难的情况下，很多人劝陆正耀放弃，说他根本融不到钱。很多人劝他去做通信，因为做通信可能还能赚点钱，但陆正耀选择了坚持。正是因为他坚信自己的选择，专注于租车领域，面对困难也没有放弃，才有了今天的神州租车。

2014年9月19日，神州租车在中国香港上市；2015年1月，神州专车在全国60多个大中城市同步上线，为客户提供高品质的网约车服务；2016年7月22日，神州专车的运营主体公司神州优车正式挂牌新三板，成为全球专车第一股。目前，神州优车业务已从“租车＋专车”领域扩展到汽车电商和汽车金融领域，分别推出了神州买买车和神州车闪贷两大业务，布局汽车后市场全产业链，重塑人车生态圈。这就是专注的力量。

专注能够创造奇迹。专注的灵魂就是坚持、坚韧，没有“如果”“莫非”“但是”，只有一根筋的执着。铁杵磨成针的道理通俗易懂，但是专注的精神却是需要磨炼的。对于大多数创业者来说，专注的自我培养随时可以开始，只要创业者树立一个目标，不要管时间长短、外界干扰，静下心来，一门心思去做就是了，或许在某天，一个普普通通的年轻创业者也能够像任正非、陆正耀一样创造出传奇！

法则四：诚实守信

人们常说“诚信是金”“人无信不立，商无信不兴”，诚信是个人安身立命的根本，是企业生存、发展、壮大的基石。而对商人来说，诚信是企业真正的“金字招牌”，比金钱更重要。经营者只有讲诚信，才能赢得顾客和消费者的信赖。

同时，诚信又是来之不易的，失去诚信就在一刹那，而得到“好口碑”却要几十年甚至上百年的长期坚守。

近几年来，三星和苹果手机的爆炸事件频发，而华为手机一直保持稳定，在手机市场上一枝独秀，受到用户的信赖和广泛赞誉，其成功的秘密就是“诚实守信，以质量为本”。

华为创立于 1987 年 9 月，创立 30 年来，任正非一直把产品质量视为企业的生命，他在公司强调最多的一句话：“在质量管理上要追求‘零缺陷’，质量不好是耻辱。”并且他曾多次告诫公司员工：“企业的信誉和形象集中体现在产品质量上，质量是华为的立身之本、优势之源。我们决不走低价格、低成本、低质量的道路。如果那样，将会摧毁我们二十年后的战略竞争力。”这基本上就是华为手机的成长策略，也是华为“消费者业务”必须坚守的底线。

也正是在这样的理念之下，华为始终坚持对产品品质的极致追求，所以，才爆发了引发社会广泛关注的“火烧手机事件”。

2015 年 5 月 28 日，在京东“618”大促之前，因为运输车辆的轮胎着火，集装箱内的华为手机受到影响，虽然这些手机并没有实质的损伤，但考虑到将来可能的质量风险，华为主动将价值2000万元的手机全部销毁了。这种宁愿企业损失，也不给消费者留下一点隐患的做法，是一种发自内心的对消费者的真正尊重，也体现了企业对产品品质的坚守。

这种精神还体现在华为P8上市时华为对质量问题的处理上。经过对P8手机超窄边框采用的点胶工艺的测试，华为发现手机在使用几年后有可能出现问题，尽管这不会对消费者造成太大影响，但华为还是不惜以市场断货作为代价，坚持将产品报废。据华为主管消费者业务的CEO余承东透露，这一举动大概损失了4亿多元的销售收入，连带的经济损失可能有十几亿元。

同样，为解决华为某款热销手机生产中的一个非常小的缺陷，华为荣耀曾经关停生产线重新整改，影响了数十万台手机的发货。

2016年华为手机获得国家级的“中国质量奖”第一名，这是对华为公司“诚实守信，以质为本”的肯定，同时，也为产业发展树了一个标杆。“诚实守信，以质为本”将会成为未来中国制造业的安身立命之根本。

今天，拿在我们手上的每一件华为产品，都在华为的实验室经历过各种极限场景的测验，以保证质量。正是这些严苛的质量体系标准，才让华为成为业界标杆，走向世界，满足海外各个国家对“质量就是零缺陷”的要求。华为获得“中国质量奖”虽然是对华为整个管理体系的认可和肯定，但是华为的产品才是这个奖项最有力的背书。

武汉的周黑鸭，可以说闻名全国，老少皆知。2016年11月11日，周黑鸭在中国香港联交所挂牌上市。如今，周黑鸭是湖北最有实力的三大民企之一。但周黑鸭的创始人周富裕非常低调，他是从一个小作坊起家的企业家，一直老老实实地做卤味生意，从不去争抢首富之位。

周黑鸭最初是从小作坊开始的，在一个20多平方米的房间里，一个烤箱、一个炉子和一张床就是全部。周富裕一个人包揽了所有工作。他认为：“世界上最好的东西都是有前提条件的，我要求我的员工每时每刻，都用最好的状态、最好的激情做出最好的产品。”

同时，周富裕也认识到："这个社会在不断变化，我们只有不断地改变自己才能更好地贴合社会。每一个人都喜欢和诚实守信的人打交道，因此周黑鸭要尽可能做到怎么说就怎么做，言行合一。"因此，周黑鸭的核心理念是"改变自我、诚实守信、品质第一"。

在周富裕看来，历史上所有伟大的公司，虽然一定能实现盈利，但它们都不是以追求利益最大化而成功的，同样，周富裕从不刻意追求利益最大化，进而成就了今天的周黑鸭。

那么周黑鸭的追求是什么呢？古语有云，得人心者得天下。很多人都赞同这样的观点：利润 = 收入 − 支出，但其实这是错误的旧观念，一个企业真正的持续利润源自顾客的感觉，良好的产品体验才会带来高频次的购买率。就像喜欢一个人一样，他的外在表现、内在气质、言谈举止、生活习惯、个人品质都会被综合考虑，并融合在一起形成感觉。当感觉消失了，彼此间的联系也会随之消亡。因此，企业能给顾客带来好的感觉才是最重要的。

这就是周黑鸭的追求，叫作"质量是根本，服务是灵魂"，既追求产品的质量、口味、口感，又追求服务品质，即"逐产品精进，则得人心"。当然，两者分先后的话，质量仍然是最重要的。

又比如，周黑鸭有两大文化，一大文化是食字理论。食字理论是周富裕的父亲传授给他的。他的父亲是个手艺人，认为做手艺要走一方红一方，做食品要做到让吃过的人留恋，吃的人不留恋生意就一定会走下坡路。另一大文化是树根文化，因为只有树根不断地往下扎根，才足以支撑树干的生长。被狂风折断树干的大树，第二年会在树干旁重新滋出嫩芽，而被狂风彻底掀翻的大树，就会从此失去生命。而产品质量就是周黑鸭的树根，只有不断往下生长，才能支撑上面的一系列内容。

谈到周黑鸭的成功，周富裕深有感触地说，只有坚持"改变自我、诚实守信、品质第一"的核心理念，才能打造百年品牌，才有可能走向世界！

大浪淘沙，谁是市场洗礼下最后胜出的英雄？现在，这似乎是一个无法定论的话题，可是，能在一个行业里做到名列前茅的企业，不仅靠运气，更多的是靠实力。实力又包括个人修养，个人修养又包括诚信，所以，诚信创业也是个人实力的一部分。

中华民族自古以来就有讲诚信的传统美德，对于企业而言，诚信就是打开市场的通行证，是一笔巨大的无形资产，更是一个企业成功的基石。华为、周黑鸭的成功告诉我们：诚信是企业发展的核心竞争力，企业只有诚信经营才会有更灿烂的明天。

法则五：踏踏实实从小生意做起

现在很多年轻人对做小生意不屑一顾，觉得小生意没什么赚头，一心想做“高大上”的高利润率项目，这种想要一夜暴富的心态是不可取的。脚踏实地从小生意做起的创业者，虽然得到的是薄利，但是只要他们坚持把小生意做好，薄利多销，形成规模效益，照样能赚大钱，成就财富传奇。因此，创业者还需要秉持“店铺不怕小，生意不嫌小，利润不嫌低”的心态来开始自己的事业。

创业就是要做别人想不到的生意，做别人不愿做的生意，赚别人没赚到的钱，创业者不能小看任何一个小生意。生活中不少富人当初都是靠做不起眼的小买卖起家的。只要你肯细心观察和钻研，放下面子，身边处处都有发财的商机。

因此，做小生意也是大智慧，很多成功的企业家都是通过小生意发家致富的。

众所周知，温州商人是中国的奇迹，也是世界的奇迹。温州人肯吃苦，敢为人先，即使是蝇头小利的小生意他们也从不嫌弃。因此，“温商”素有“东方的犹太人”之称。

温州最初资源贫乏，生存环境恶劣，因此，“温商”群体创业的动因都很简单，就是摆脱贫困。在他们的意识里，贫困是人生最大的危机，也是莫大的耻辱。千百年来，摆脱贫困过上富裕的生活一直是温州人的梦想。

很多穷困的温州人最初创业是从“五把刀子”开始的，即菜刀、剪刀、皮刀、剃刀和螺丝刀。他们用这“五把刀子”做别人不愿做或很少做的零活，或卖一些别人不愿卖的小商品，实现了原始积累。

现在的浙江义乌小商品世界闻名，在这个县级市里仍有一大批生产企业，它们制造着人们生活中每天都要用到的一些小商品。比如，义乌小商品市场的一个商贩每天批发销售牙签 10 吨，按 100 根毛利 1 分钱计，他每天售出 1 亿根牙签，稳稳当当净赚 1 万元。

又比如，平时我们用的打火机的利润非常低，每个仅有 1 分钱，一般的商人不愿意做。但是，温州人善于从不起眼的小生意里“掘金”。浙江大虎打火机有限公司董事长周大虎就是一个代表人物。

周大虎原来在温州市邮电局工作。1992 年，他辞职下海，用他妻子的 5000 元下岗安置费起家，生产打火机，还注册了“虎”牌商标。周大虎发扬温州人吃苦耐劳、敢为人先的精神，大胆创新，凭借过硬的产品质量和良好的口碑，薄利多销，吸引了众多国内外的客户。他的公司年生产打火机 5000 万个，产品远销 70 多个国家和地区，在 50 多个国家注册了“虎”牌商标，并在欧美发达国家开设了专卖店，年销售收入超过 2 亿元。

柯兴桃则是靠小小纽扣成就财富传奇的企业家。1987 年，柯兴桃一咬牙拿出自己的 5 万元积蓄开了一家纽扣厂。当时，生产一枚纽扣只能赚 1 分钱。柯兴桃独辟蹊径，注重产品创新，实施品牌战略，不掺杂使假，不打价格战，后来积累了上亿元财富。一个普普通通的农民，就这样把小小的纽扣做出了大名堂，成了浙江赫赫有名的“中国纽扣大王”。

义乌商人多经历过“鸡毛换糖”的故事，楼仲平也不例外。他从“鸡毛换糖”开始，收过废品，卖过牙刷，放过氢气球，搞过有奖销售，摆过地摊，做过铁匠，搞过养殖……经历过 20 多个行业的摸爬滚打后，1994 年，通过一个偶然的机会，楼仲平创立义乌市双童日用品有限公司（以下简称双童公司），选择了“一根小吸管”作为重新创业的起步。

生产一根吸管能挣多少钱？双童公司创始人、董事长楼仲平心里有本账：一根吸管平均销售价为 8 厘，其中原料成本占 50%，劳动力成本占 15% ~ 20%，设备折旧、物流等费用占 20%，最后的净利润只有大约 10%，即生产一根吸管只能赚8毫钱左右，这是典型的微利产品。但是，他没有嫌弃这是小生意，24年来，楼仲平始终只做吸管，年生产各类塑料吸管近万吨，共200多亿根，每年净利润500多万元，产品主要供应国内外流通领域的商场和超市，部分直供国内外连锁餐饮机构配套使用，吸管产量约占全球需求量的1/5，楼仲平是当之无愧的吸管行业领导者。

在温州本土，像这样依靠不起眼的小生意完成原始积累，然后成为亿万富豪的人不计其数：奥康集团总裁王振滔最初是靠做木匠起家的；正泰集团总裁南存辉从小便是补鞋匠；德力西集团总裁胡成中早年曾是裁缝；中良西服集团总裁季中良早年曾靠在温州街头捡废品、卖水仙，完成了原始积累，为今后的发展打下了坚实的基础。

日本“经营之神”松下幸之助说：“我就是从小做生意，勤勤恳恳，才奠定下现在的基础的。我常对员工说，想从事发明必须先从身边的小发明入手，想做大事必须从身边的小事做起。”只有扎扎实实地从小事情做起，才能奠定坚实的基础；如果凭投机而暴富，那么成功来得快，去得也快。

会做小生意的人，往往具备以下三个做事特点：一是愿意从小生意做起，知道做小生意是成大事的必经之路；二是胸中要有目标，知道把所做的小生意积累起来的结果是什么；三是有一种精神，能够为了将来的目标坚定地把小生意做好。

不会做小生意的人，也做不出大事业。其实，人这一辈子做不了太多的事情，什么事情都想做等于什么事情都做不成。如果我们能把一件小生意做大，就已经是一件很了不起的事情了，如果我们能做大做强，做到尽善尽美，就更了不起了。

这就是温州商人的精明之处，因为薄利，他们获得了信誉；因为信誉，他们获得了市场，从而提高了销量，总收益当然也就提高了。

因此，“三百六十行，行行出状元”，做生意没有贵贱之分，只有成功与失败之别。希望创业者能从柯兴桃、周大虎、楼仲平等成功者的身上得到启发，实现自己的财富梦想。

法则六：不断学习

成功路上需要不断学习，但善于学习、坚持学习的人并不多。其实，我们在学校里学到的知识还不到整个人生的知识的20%，更多的知识来自进入社会后的学习。无论什么人、什么时候都离不开学习。学习能使一个人跟得上时代，保持鲜活的思想。

因为学习能力、思维能力、创新能力是构成现代人才体系的三大能力，其中，善于学习又是最基本、最重要的能力。没有善于学习的能力，其他能力也就不可能存在。因此，我们要提高善于学习的能力。

创业的过程其实也是一个学习的过程，是一个积累经验和社会阅历的过程。对于一个经商的人来说，学习的意义尤为重要，因为在商场上，输赢是常事，而知识是对手永远无法赢走的资本，拥有它，你就能创造出财富。所以，我们要活到老、学到老，让学习成为发展的不竭动力。

我曾采访过很多知名企业家，发现他们都有一个共同的特点，就是善于学习，不断接受新知识，与时俱进，否则他们不可能取得今天的成就。

我也曾对100个创业失败者做过问卷调查，发现其中有90%以上的人都认为自己整天忙于工作，没有时间和精力学习。其中有30%的人是受过高等教育的人，他们错误地认为，自己是大学本科或研究生毕业，知识够用了，根本不用再学习了。可以说，不善于学习新知识，是导致他们创业失败的原因之一。

“这是一个最好的时代，也是一个最坏的时代。”这是狄更斯在《双城记》里的一句名言，这句话用来形容150多年后的今天也许最合适不过了。对于今天的创业者来说，这个激情创业的时代、创新的时代、充满机遇和挑战的时代真的非常好。然而，对于那些固执，不愿学习和改变的人来说，这真的是一个糟糕的时代，因为在知识经济时代，在当前乃至今后的经济发展进程里，谁先把握住机遇，谁就掌握了主动权，也就是说，创业者拥有的知识越多，经济效益就越好，发展就越快。总而言之，拥有知识就等于拥有财富，创业者一定要认识到知识的重要性，认识到知识可以转化为生产力，可以带来巨大的财富。

被公认为“世界第一商人”的犹太商人，就非常相信“知识就是力量”。大多数犹太商人看起来更像学者，他们学识渊博、风度儒雅，身上普遍透着一股书卷气。这并非因为犹太商人都有高学历，或者都在学校学习过许多年，而是因为犹太民族的学习传统和钻研习惯。犹太人对知识重要性的认识要比一般民族早得多，他们早就将之上升到“资本”“资产”的高度，并将之比作“抢不掉而又可以随身带走的资产”。犹太人认为，没有知识的商人不算真正的商人，既然你不是真正的商人，就没必要与你做生意。因为他们相信心中有墨，才能得黄金万两。

比尔·盖茨也将“知识创造财富”的管理命题演绎得淋漓尽致。刚开始，比尔·盖茨只是一个退学的穷小子，如果是放在过去的传统工业时代，那些财富大亨们都不会正眼瞧他，但是，在知识与信息时代，这些财富大亨却心甘情愿地拿出上亿美元的钞票，仅仅为了获得极少的股份，而昔日那个穷小子却占有企业股份的大头。此时，资本在知识面前，终于低下了高贵的头，并开始心甘情愿地为知识“打工”。虽然那些手握大把钞票的风险投资商们也在知识时代获得了丰厚的回报，但是，他们与曾经身无分文的比尔·盖茨相比，所获得的财富显然是小巫见大巫。无论如何，这都是在传统工业时代无法想象的神话，就如管理大师德鲁克所说，在知识社会里，经济增长的原动力是知识的运用者和制造者，而不是传统的资本家的投资。

著名的企业家陈九霖曾从人生高峰坠落，在异国他乡蒙冤落难，被判刑四年零三个月。他从“地狱”归来后，在央企葛洲坝国际公司担任副总经理。之后，陈九霖选择自主创业，从头再来，创立北京约瑟投资有限公司，专注于能源、节能环保、大健康、教育文化与传媒、互联网、稀有矿业六个领域的投资，至今已经投资数十家企业，并组建多只基金，其中他所投资的海外项目潜在价值巨大，有些项目已成功登陆资本市场，获得丰厚回报，陈九霖成为享誉国内外的投资家。

陈九霖出身寒微，从小即表现出强烈的进取心与自信心，很早就意识到知识是改变命运的关键。因此他勤于学习，于 1982 年考入北京大学，在学习越南语的同时，努力学习英语。此后，陈久霖又先后取得中国政法大学国际私法硕士学位、新加坡国立大学企业管理硕士学位和清华大学民商法博士学位，成为北京大学杰出校友。

而陈九霖之所以能够东山再起，是因为他长期坚持学习、善于阅读。他每天坚持看书四个小时，在星期六和星期天则每天坚持阅读八个小时。陈九霖涉猎甚广，历史、政治、人文、财经、名人传记等方面的图书他都爱看，他不仅不断从中吸收别人的知识和经验，而且养成了写读书笔记的好习惯。此外，陈九霖还爱写书，先后出版了《地狱归来》《商业的逻辑》等六本著作，其中自传《地狱归来》还将拍成电影和电视剧。

华为公司总裁任正非也是一位勤于学习、善于思考的企业家，他唯一的爱好就是阅读。几十年来，任正非手不释卷，出差时必带的物品就是书籍，基本上一个礼拜要读一两本书，每天还要看几本杂志，养成了终身学习的习惯。任正非喜欢阅读政治、经济、社会、人文等方面的书籍，中外历史方面的书读得最多，而很少读小说和经营管理之类的书。因为他认为“小说太假，不真实；管理类书都是教授们闭门造车，读多了会限制思想，真正的管理哪是几条原理那么简单”。

在任正非看来，学习本身不是目的，学会举一反三，灵活运用知识才是真正的目的。为此，我们必须进行积极、认真的思考，弄清知识的来龙去脉及知识的有机联系。任正非认为，学习与思考是人们在获取知识的过程中，两个相辅相成、密不可分的思维活动。如果我们一味地读书而不思考，只能被书本牵着鼻子走，被书本所累，从而受到书本表象的迷惑而不得其解，所谓“尽信书则不如无书”。只学习不思考不行，只思考不学习也不行，我们只有将二者正确地结合起来，才算真正懂得了学习与思考的辩证关系。

任正非每当看到好书和好文章，就会推荐给公司高管，这也熏陶了这家卓越的公司的员工，使他们将华为的事业推升到哲学与历史的高度。

上述几位企业家在各自不熟悉的领域都打开了一片新天地。在他们的身上，我们可以总结出一条经验：过去长期积累的经验并非是最重要的，甚至是可能会妨碍发现新机会的，一个创业者最需要具备的素质是快速学习的能力。

知识就是力量，知识就是财富。只有善于学习，持续不断地学习才是创业成功的基石。古今中外，凡成大业者和成大学问者，无一不是博览群书、善于学习的人。人非生而知之，我们只有不断学习前人的经验、成果，充实自己的头脑，才能有所发现、有所创造。一个企业家如果墨守成规和故步自封，必然会被时代潮流淘汰出局。

法则七：放下面子

在现实生活中，很多人爱面子，觉得开个门店、做小生意很丢人，他们往往正是因为顾及面子而失去了很多机会。

所谓的“要面子”，实际上是一种虚荣心的表现。“死要面子活受罪”则是对爱面子的人一针见血的评价。面子就像一张薄薄的纸片一样贴在我们脸上，但有的人却自始至终也难以捅破它。很多时候，我们会感觉生活很累，就是因为我们这一辈子似乎都是在为了面子而活着，面子带来的沉重感让我们喘不过气来。

不可否认，面子在我们生活中有其重要性，但是我们需要知道，在生意场上人们只会笑贫而不笑商，因为商人的本职就是赚钱，不会赚钱的商人才是真正的没面子。因此，你应尽量摆脱面子对你的束缚，尽最大努力、最大限度地解放出你赚钱的天性，相信这种性格会为你成为有钱人打下最为坚实的基础。

任正非说过这样一句话：“只有不爱虚荣的人，才能成就大业。”任正非身为世界 500 强企业、中国最大的民营企业的总裁，没有保镖，出差从不坐飞机头等舱，他在检查、指导工作时也不许他人安排专车接送，而是自己打车，还经常去公司职工食堂排队吃工作餐。但他在技术研发上舍得投入，华为创立 30 年来，累计投入研发资金 5000 多亿元。

陆步轩曾是陕西省长安县（现长安区）高考文科状元，北大才子。作为 20 世纪 80 年代的天之骄子，他在 34 岁时，被迫操起了杀猪刀，在菜市场开始杀猪卖肉。50 岁时，已经到了知天命之年的陆步轩终于完成了自己的逆袭。

1989 年，陆步轩从北大中文系毕业，被分配到长安县（现长安区）的柴油机场工作。由于地方小、人际关系复杂，陆步轩的事业发展得并不顺利。他曾经先后做过多种职业，开过化工厂，也做过不少小生意。

陆步轩迷茫过、消沉过，但他没有堕落。2003 年，他开始以“眼镜肉店”老板的身份卖猪肉，被媒体广泛关注，也被推到了舆论的风口浪尖。很多人说，北大高才生卖猪肉很丢人，给北大抹黑。但是，让陆步轩感到自豪的是，他把卖猪肉这件事做到了“北大水准”。他当屠夫从来不卖注水肉，别人一天只能卖一头猪，而他一天却能卖出 20 头猪。

2013 年 4 月，陆步轩受邀回到北大做创业演讲，赢得台下学子的一片掌声。时任北大校长许智宏在讲话中说：“北大毕业生卖猪肉并没有什么不好，从事细微工作，并不影响这个人有崇高的理想。北大可以出政治家、科学家、企业家，但卖猪肉的和他们都是一样的。”陆步轩听到许智宏校长的这句话备受鼓舞！

后来，陆步轩和校友陈生决定联手做高端猪肉品牌。他们除了选取品种优良的土猪，还拒绝在猪场采用现代常用的定位栏，取而代之的是半开放式的大空间，让猪自由活动，猪场里还装有音响，专门放音乐给猪听。别人说他是对牛弹琴，他却认为猪和人一样，只有心情愉悦，才会长得又肥又壮。

陆步轩还凭着自己多年做屠夫的经验，和陈生合伙开办了屠夫职业学校，他自己编写讲义《猪肉营销学》并亲自授课。学校越办越大，他每年都会招聘不少应届大学毕业生，让学生们通过屠夫学校 40 天的培训，学习猪肉分割、销售技巧、服务礼仪、烹饪等，再前往他的“壹号土猪”档口上班。此外，他还结合自己当屠夫的经历，写了不少屠夫学校的教材，填补了屠夫专业教材的空白。

2015 年，陆步轩打造的“壹号土猪”的销售收入突破 10 亿元，成为国内土猪肉第一品牌。陆步轩说：“将卖猪肉做到极致，算是没给母校丢人！”2016 年，陆步轩还在天猫上开办“壹号土猪”专卖店，“壹号土猪”成为中国第一个面向大众消费者的互联网猪肉品牌。在做猪肉生意之外，陆步轩还笔耕不辍，写了一本畅销书《屠夫看世界》。

从曾经的“天之骄子”到今天的“屠宰大王”，陆步轩的人生充满了正能量。如今，陆步轩在北京开了12家连锁店，更是引来众人驻足喝彩，成为年轻人学习的创业英雄。

另一位能够放下面子的创业者是柳传志的女儿柳青，在本质上，她和陆步轩是一样的。从“高大上”的高盛高管到滴滴打车的CEO，当柳青被问及过去的生活和现在的生活的不同时，她说：“原来住四季酒店，现在住汉庭；原来坐头等舱，现在坐经济舱；原来不求人，现在要求人。”柳青为了创业，克服了住汉庭、坐经济舱的心理落差。

还有娃哈哈的创始人宗庆后，他在创办娃哈哈之前做过推销员，卖过冰棍，卖过学生文具。那时候他骑着三轮车穿梭在大街小巷，当时没有人想到他会成为后来的“中国首富”。而马云在创办阿里巴巴之前，也摆过地摊，贩卖鲜花、礼品，背着麻袋去义乌和广州进货，一干就是三年。后来，马云凑足了2万元，创办杭州海博电脑服务有限公司和“中国黄页”，为之后的发展奠定了基础。

创业者，脸皮要够厚，嘴要够甜，腿要够勤。为什么很多海归人士和受过良好教育的专家学者创业成功的概率很低，原因在于他们放不下面子。实际上，面子是人生中的第一道障碍，聪明的人决不做“死要面子活受罪”的事，如果我们过分爱面子，就会失去机遇，太顾忌面子的人，很难做成大事。那些在改革开放初期致富成功的人，就是因为摘掉了虚荣的面具，才走上了成功之路。有一大部分富豪都是从“破烂王”“臭皮匠”干起而发家致富的，敢做“破烂王”“臭皮匠”的人，本身就具有与常人不一般的人生观、价值观。

华人首富李嘉诚在接受采访时说过一句很经典的话：“当你放下面子赚钱的时候，说明你已经懂事了。当你用钱赚回面子的时候，说明你已经成功了。当你用面子可以赚钱的时候，说明你已经是个人物了。”当你放下面子、放下身段的时候，你已迈出了成功的第一步。希望每一个创业者都能记住：要创业，要成就梦想，就让面子见鬼去吧！

法则八：坚持创新

对于一个企业而言，产品创新很重要，企业必须做出差异化的产品或服务才能受到用户的青睐，才能在市场竞争中脱颖而出。近年来，创新浪潮和 O2O 模式席卷全国，新型消费模式蓬勃发展，并且随着中国消费环境的不断改善，中国的消费水平将与欧美发达国家处于同一水平，中国的消费品牌有着巨大的潜力和机会。天使之橙就是无人零售领域的一个成功代表。

天使之橙创立于 2012 年，2016 年开始快速扩张，并获得 4 亿元 B 轮融资。到 2017 年年底，5000 多台天使之橙智能现榨橙汁终端已遍布国内 200 个城市，现榨橙汁年销售量超过 5000 万杯，累计服务超过 1 亿人次，消费者复购率达到 40%。天使之橙荣获“2017 最具成长性消费品牌”，其创始人周祺成为上海制造创新代表和海归创业典范。

在“无人零售”大潮中，天使之橙凭什么脱颖而出，获得成功？周祺给出的答案是：坚持创新，通过大量且精准的消费者画像为顾客提供定制化服务，实现新技术与新工具互联互通，把移动支付、云计算、AI 技术应用到消费者的日常生活中。

周祺是天使之橙的创始人兼 CEO，是原巴黎皮埃尔玛丽居里大学计算机学院（法国）系统学硕士，巴黎皇太子妃大学（法国）工商管理学硕士。2009 年年底，他中断了正在攻读的千核处理器专业的博士课程，回国创业。

周祺从法国回到上海后，创立维果部落和天使之橙，专注国内的饮料市场。为什么周祺选择做天使之橙？他认为，当时国内饮品市场虽广阔，但细分如茶、咖啡、碳酸饮料等，都有公司做到了极致，这时他再切入这些市场，非常困难。同时，在周祺看来，国内饮品市场主要有两个趋势：第一，消费者对健康产品的需求在不断提升，人们更愿意接受优质、健康、中高端的饮料。第二，未来饮料都会向现场制作方向发展，只有更新鲜的产品才能赢得消费者的喜爱。

基于这两个原因，周祺发现现榨橙汁虽然拥有较大的体量，但当时少有人涉足。现榨橙汁的门槛较高，市场上竞品少。已经存在的现榨果汁多为纯手工的店铺制造，是非标品，普及力度和推广速度比不上标准化预包装橙汁。于是周祺的焦点变成怎么规模化地生产、推广现榨橙汁。最终，周祺想到用柜机模式创立自己的橙汁品牌。

周祺亲自投身设计研发，并创造出全球第一台智能现榨橙汁自助贩售终端。这种“工厂前置”加“自建物联网”的全新运营模式，强烈地冲击着传统的橙汁销售模式，得到了市场的广泛好评，并荣获蚂蚁金服集团颁发的“O2O 经典案例最佳创新奖”，成为“创新 O2O 模式”的成功示范。

周祺介绍说：“天使之橙的成功，得益于智能化终端的创新和物联网技术的运用，维果部落现榨橙汁自助贩售终端能够将橙果的榨汁、罐装和销售集合于一体，相当于一个小型橙汁加工厂。每一台终端占地面积不到 1.5 平方米，能够非常方便地放置于人流密集的区域。”

自动销售终端网络已遍及中国城市的主流商圈，受到了运动和时尚人士的青睐。这些客户群体，不仅易于接受新颖与时尚的消费体验，也有追求便捷与个性化的自我意识。维果部落不仅支持现金和自品牌消费卡进行交易，还具有支付宝、微信支付等多种在技术和用户数方面全球领先的自助移动支付交易功能。凭借快速攀升的交易量和得天独厚的消费场景，维果部落已成为移动支付机构的“最佳拍档”，也成为巨头企业在 O2O 战略布局中必争的关键商业伙伴。

可以说在天使之橙这种模式下的用户积累，与日后人们崇尚健康、自然的生活方式大大相关，用户数量将会跳跃性地成倍增长。而以新鲜、健康、便捷、时尚的特色来打造每一杯新鲜橙汁，并希望通过这杯橙汁将“让人人都能体验极致品质”的理念向全球传播，正是周祺创立维果部落的初衷，也是每一位维果人用心努力的方向。

此外，目前市面上的无人便利店，基本上是在渠道上进行改进，售卖预包装产品和传统零售商提供的产品。消费者获得这些产品的渠道非常多，不仅有线下的无人便利店、传统零售商，还有线上的电商渠道。因此，这种模式有明显的缺陷——竞争激励、服务场景有限。结果，无人零售模式在大型商场、交通枢纽等高流量消费场所难以落地。

周祺的逻辑是，企业要在前端产品形态和后端效率两个方面同时发力，做一个一产、二产、三产共同驱动的全产业链，在产业链上游、产品设备本身及产业服务扩展上，都建立自己的产业壁垒。

天使之橙在产业链上游布局供应链，打造“千人千农”模式。例如，上海的每台终端都与湖南的一户农民实名制对应并直接联系起来，推动上游种植的专业化。完成国内布局后，周祺发现一个难点：中国到了夏天之后就没有橙子，于是周祺开启全球鲜橙供应链，与供应商建立起足够紧密的关系，在产业链的中游加强对产品质量的控制。

天使之橙的橙子经过第一次清洗、分级、分拣、装筐、装车后，不打蜡，不注入任何添加剂，从专属种植园产地直送到城市运营商后端中央厨房，经过二次严格筛选、清洗烘干、装箱后运输到自助终端。通俗来讲，这一过程就是把“迷你食品加工厂”一体化流程搬到消费者生活场景中。天使之橙用心做好每一杯橙汁，将新鲜、健康、便捷、时尚的理念通过这杯橙汁向全球传播。

另外，目前市面上的自动售货机都是直接购买，或由 OEM 代工，这种模式容易被取代。天使之橙完全采用自己设计、研发、生产的机器，这种模式对产品具有很强的控制力和竞争力。

周祺在接受记者采访时说："我刚开始创业时，很多人打击我，都说我没有人脉、没有资金、没有团队，是做不成的。一个人、一张长桌、七台电脑、七个键盘，分别用于画电路板、交互编译、写互联网软件等。后来，经过六个月的时间，我开发出第一台机器，虽然赶不上现在的天使之橙，但它可适用于商业环境。这期间，我觉得成长很多，收获很多。"

法则九：把赚钱当作一种习惯

投资，是一种选择；赚钱，是一种习惯。创业者做生意，就得把赚钱当成一种追求、一种责任、一种乐趣。因为赚钱是一个企业家的天职，没有利润，企业就会死亡。

在这个世界上有两种人：悠闲的穷人和忙碌的富人。富人整天想着赚更多的钱，结果，越忙越富；而穷人很悠闲，除了上班，就是聊天、打牌、玩手机，浪费了许多宝贵的时间，结果离富人越来越远，最后还当起了房奴。

富人之所以成为富人，是因为他们骨子里就喜欢赚钱、喜欢财富，这是非常重要的。每个人的梦想都是不一样的，有些人骨子里就深信自己一定会做富人，并有着强烈的赚钱意识。不管他性格是内向的还是外向的，都希望通过自己的努力获得财富。

我采访了几百名富豪榜上的企业家，几乎没有看到休闲的富人，他们的日程总是安排得满满的，有时一次采访我往往要约几次。据了解，马云、任正非、雷军等企业家，每年有 100 多天在飞机上，每天平均工作 14 个小时以上。

对于创业者而言，把赚钱当成一种习惯，并不需要你去做多么惊天动地的大事，而是需要你把一些小生意坚定不移、乐此不疲地做下去，形成一种好习惯。犹太金融家摩根有着自己独特的赚钱理念，即绝不让赚钱变成一种沉重的负担，而是把它变成一种新鲜刺激的游戏。在他看来，只有以这样的游戏心态去赚钱，才能获取真正的成功。

温州人也有着类似的强烈的赚钱欲望和创业意识。温州商人之所以能够取得成功，就是因为他们把深藏在心底的强烈的创业致富的欲望充分释放了出来，并成功地运用在市场经济当中。

同时，赚钱对于温州人而言不存在男人和女人的性别差异，也不存在文化高低的差别。创业者就应该向温州商人学习，把赚钱当作一种习惯。

当初，温州有这样一位老太太，她无意中看到了一个赚钱的机会——收兔毛。但当时老太太识字不多，普通话更是不标准，于是她请人帮忙写了两张纸条，分别放在左右两个口袋里。一张写着：我是温州平阳人，请帮我买车票；另一张写着：我收购兔毛，每斤 ×× 钱。就凭这两张小纸条，老太太走遍了大半个中国，赚了十几万元。对于这位老太太来说，赚钱就这么简单。

又比如，在温州有这样一个家族，当他们得知新疆的石油生意好做时，整个家族经过商量后决定抓住这一商机。大家有钱的出钱，没钱的出力，连已出嫁的女儿也来入伙。最后年仅 19 岁的小女儿主动请缨并得到准许，她怀揣巨款，万里独行奔赴新疆。整个家族也为年轻的女儿担心，但在他们看来，性别并不具有更多的意义，安全问题也并不因性别而有所差异。在经济方面，男人和女人所承担的责任也没有硬性的区别。一切都看实际需要，人人都可以选择自己的人生道路。可以说，温州人在商场上只存在商人和非商人的智商问题。

边陲之地的新疆发现了油矿，温州人会跑去瞧瞧，千里之外的上海有酒店要转让，温州人会疾马而至去瞅瞅。促使他们去的原因很简单："说不定能发现什么机会呢。"而且温州人说干就干、毫不拖延。他们一旦看到有钱可赚，第二天就弄台机器先干起来，机器可以放在家里，然后盖厂房，生意做大了再请管理人员，绝不搞"一看二站三通过"。正是有这样喜欢赚钱的好习惯，才成就了如今远近闻名的温州商人。

同样的道理也体现在"股神"巴菲特的成功之路上。巴菲特 10 岁时遇到一本书《赚到 1000 美元的 1000 招》，他每天阅读，将 1000 招倒背如流。他也始终牢记作者的教导：行动，行动，再行动。从捡高尔夫球到捡废纸，小巴菲特不断寻找各种赚钱办法，最终找到了送报这个最适合他的工作，在 14 岁时实现了人生的第一个财富目标：1000 美元。

小巴菲特的致富秘籍是什么呢？勤奋。所有的成功的最根本原因都是勤奋。只有十二三岁的小巴菲特，每天早上五点钟天不亮就起床，去坐第一班公交车到威斯切特社区送邮报。如果他晚到了，好心的公交车司机会多等他一会儿。下午放学后，小巴菲特再坐公交回家，骑上自行车，到春谷社区接着送晚报。每天两趟，风雨无阻，他一天要送 500 多份报纸。

小巴菲特送报越来越老练，生意也越做越精。他在送报时顺便推销日历，还会问人家有没有过期的杂志，他帮忙回收。有些人把旧杂志扔在楼梯拐角，小巴菲特就拿走，顺便义务做清洁。卖废纸之前小巴菲特会一本本检查杂志上的标签，看这家人的杂志什么时候订阅到期，然后记在一个本子上，就这样一户户做好清楚的档案记录，等到订阅期快要结束时，他就去敲门推销新杂志。推销出一份杂志，可比送一天报纸挣得多。

在用心方面，中国台湾首富王永庆和小巴菲特相比，有过之而无不及。王永庆生于 1917 年，比巴菲特大 13 岁。他小学毕业后因家贫失学，15 岁时跟着叔叔到嘉义县城闯荡，在一家日本人开的米店打工。王永庆边干活边留心，白天看老板如何做生意，晚上关门后看老板如何记账、算账，晚上躺在床上就回想一天的事，回忆老板的每个动作、每句话，想想是什么意思并牢牢记在心里，这样，王永庆只用了短短半年就熟悉了米店的生意。

1932 年春节过后，王永庆带着家里凑的 200 元和两个弟弟到嘉义开米店。由于本钱少，他们只能在最偏僻的地段租一间最小的房子，结果开业后根本没人来买米。王永庆不断琢磨，想出三招。

一是提高质量。当时碾米技术落后，米里有很多糠、沙砾和小石头等杂物，米店不管，顾客只能买回家后自己拣，而王永庆却是先拣得干干净净再卖。

二是送米上门。当时别的米店都不送米，王永庆看到有些年纪大的阿姨背不动，就主动送上门，并在路上和她们聊天，问问一家几口人，一次买三斗米大概能吃几天。倒米前他先把米缸擦干净，把新米放在下面，陈米放在上面。然后，他估计这家人过多少天能吃完这些米，记在小本子上，到了日子就主动送米上门。

三是可以赊账。当时很多人家都很穷，米店都不赊账，人们往往发了工资才能去买米。王永庆的米店可以赊账，他记下发工资的日子，等发了工资一两天后再去要米钱。

用了这三招以后，王永庆米店的口碑越来越好，最多一天可卖出 100 多斗大米，从此开始成就巨富之路。

现在越来越多人谈论财富，但许多人说得多，做得少。创业者如果想赚大钱，一定要学习怎么赚钱，而且要把赚钱当成一种习惯，始终和客户在一起，采取科学的方法对客户需求进行准确的预测，因为只有深入挖掘客户的需求，才能赢得客户、赢得利润，这就是企业家的制胜法宝。

Chapter 10

前车之鉴：
创业公司常见的 11 种死因

有调查表明，目前我国创业成功率不到 10%，其中创业企业的存活期最长的只有四年，最短的不到一年。创业企业因何而死？死亡率为什么这么高？归结起来有 11 种原因：市场定位错误；战略失误，管理混乱；商业模式缺乏竞争力；盲目跟风；“烧钱”太快；没有市场需求；急于求成；陷入债务危机；团队内讧；过度扩张，决策失误；资金准备不足。前事不忘，后事之师，创业者要从中吸取教训，避免重蹈覆辙，才能打破创业公司“九死一生”的“魔咒”。

一、市场定位错误

市场定位决定创业成败，错误的市场定位是创业公司死亡的“罪魁祸首”，是一直困扰创业者的难题。

案例：李宁公司

李宁公司在成立初期，凭借经营运动服装逐渐起步，经过十多年的发展，培养了一大批忠诚的消费者，成为国内运动品牌的领头羊。随着国际知名品牌的进入和本土“草根”品牌的崛起，“李宁”面临日益激烈的市场竞争，市场份额逐渐被侵蚀，公司经营的各种弊端也逐渐显现。

在 2008 年北京奥运会之后，“李宁”放弃了走高性价比道路的营销策略，试图树立高端品牌形象，大幅度提高产品价格。结果在价格直追国外品牌的情况下，年龄稍大且看重性价比的老顾客转向了其他廉价的国产品牌。

紧接着，为了摆脱“中国耐克”的跟随者形象，2010 年，“李宁”重新锁定目标消费者——90 后，倾力打造 90 后李宁系列，并将广告语由“一切皆有可能”改为“让改变发生”，目标直指 90 后，意欲抢先一步，占领未来的消费大军。这种定位本质上是对消费人群的年龄细分定位，其改变源于李宁公司在 2006—2007 年进行市场调查时，发现李宁品牌的实际消费人群整体年龄偏大，

35 ～ 40 岁的人群比重超过 50%。调查结果还显示，在“酷”“时尚”等特质方面，年轻消费者对李宁品牌的印象，相较国际品牌略逊一筹。但是，这种定位的改变能扭转“李宁”目前的竞争发展形势吗？从“李宁”本身的消费群体来说，“李宁”的核心消费者为 30 ～ 40 岁人群，随着李宁品牌的逐渐成长，它确实面临着原有消费群体年龄老化，新兴消费群体不能认同的现实，因为李宁这个运动员本身影响的消费群体在逐渐老化，“李宁”这个品牌也就逐渐面临老化的困境。但问题是，哪个品牌会因为自己的消费群体在老化就放弃自己原来的消费群体，而去定位一个新的消费群体？况且，从 30 ～ 40 岁的目标人群重新定位到 90 后这个新兴的消费群体，无论从年龄、消费观念，还是品牌等其他方面来说，其跨度都非常大，老消费者能不能接受？新消费者能不能认同？

接下来的一切，给了“李宁”当头一棒。在一场由公司特意发起的订货会上，“李宁”服装产品和鞋产品的订货数量和订货总金额同比大幅下降。“新李宁”诞生之后，公司的转型举措并没有取得意想的效果，反而使公司的经营陷入困境。

首先，由于受到消费者对于“李宁”产品以往印象的影响，加之企业产品设计的逐渐老化，90 后消费者对“新李宁”产品并不买账。因为从总体上看，90 后消费者个性鲜明，拒绝复制，看重商品品质和品牌价值，而“李宁”在更换产品标志和提高产品价格时，却没有与时俱进地对品牌进行有针对性的重新塑造，从而导致新产品无法触动 90 后群体的心灵。

“李宁”不被 90 后喜爱的另一个重要原因是它忽视了满足顾客需求的品牌内涵的塑造。“李宁”到底是什么？它所传递的品牌理念是什么？它与耐克、阿迪达斯等国际品牌的区别在哪里？它与以晋江帮为代表的国内品牌的区别在哪里？这些问题一直没有得到很好的解释，从而“李宁”就无法给 90 后一个很有效的情感连接。

其次，“李宁”也被之前忠诚的老顾客抛弃了。这些老顾客不能接受产品的高价，更不能接受“冠军李宁”这一原始品牌形象的彻底颠覆。最终，“李宁”在品牌重塑的这场战役中两头做空，被竞争对手抢占了市场，经营陷入困局。

二、战略失误，管理混乱

我通过对 1000 个创业案例进行研究后发现，很多创业公司之所以倒闭，都是由管理不善、战略失误、盲目扩张造成的。

案例 1：新一佳

湖南新一佳超市有限公司（以下简称新一佳）成立于 1995 年，曾经是深圳市民营领军标杆企业、广东省流通龙头企业、国家重点培育的二十强商业企业之一，其创始人为李彬兰。

新一佳曾经和人人乐、华润一起号称广东超市三巨头，年销售额达 180 亿元，门店超过百家，排名中国连锁企业第 14 位。如今，一则破产清算公告，宣告了其 22 年历史的正式终结。

1995 年，新一佳第一家门店在深圳宝安开业。凭借价格亲民的特点，新一佳受到广大消费者的喜爱，在 1995—2000 年这 6 年时间里，迅速在深圳布点，成为当地的龙头企业，其速度之快，被媒体称为“深圳速度”。

2000 年之后，新一佳开始在外埠市场发展，立足广东，面向全国。2003 年，新一佳在全国拥有 50 多家分店，年销售额达到 50 多亿元，位居广东第一，当时新一佳超市的火爆程度不亚于如今的沃尔玛。

中国连锁经营协会的历年连锁百强统计显示，新一佳在 2005—2012 年的 8 年时间里，销售规模从 110 亿元逐步攀升到 180 亿元，门店从 79 家扩充到 116 家，其百强排名最高时位于 14 名。2011 年，新一佳掌门人李彬兰以 40 亿元财富位列“胡润女富豪排行榜”第 37 位。

但此后，新一佳的销售额逐年下滑。2015 年，其年销售额为 150 亿元，门店为 102 家，其销售额和门店数量已连续两年下降，排名中国连锁百强榜单第 40 位。

到 2016 年，在连锁百强榜单中已经看不到新一佳的身影了，并且它接连曝出严重缺货、门店批量关闭、资金周转困难、“洗货”发工资、供应商追债等消息。仅在 2016 年 7 月一个月的时间里，就至少有 50 家供应商手持高达数千万元的“白条”来追讨货款。

最终，新一佳迎来了它的关店潮，到 2017 年，其全国门店已从 42 家锐减至 18 家，并更名为“悦购汇”。2017 年 6 月，长沙市中级人民法院的一则破产清算公告，为新一佳这一巨头的倒下画上了终止符号。

新一佳的快速扩张，掩盖了自身在企业管理方面的隐患。2015 年经济发展速度放缓之后，新一佳的业绩陡然下降，诸如资金链断裂、战略失误、管理混乱等问题刺破了美丽的泡沫。

新一佳的倒闭主要有如下三个方面的原因。

1. 内部管理混乱

新一佳从一开始选择的就是快速扩张路线，根基不稳，企业越扩张，企业管理的链条就越长。新一佳如果想要在平价与盈利之间找到均衡点，必须降低经营成本，加强制度约束。

但是，新一佳的管理混乱。个别高管不致力于经营卖场，反而拉帮结派搞“斗争”；有些部门为了拿到更多赠品，为员工开后门，批准多休假；商场部分工作人员为了多赚钱，把摊位租给卖酸辣粉或是摆地摊的人，这拉低了商场档次。

新一佳曾公开表示，日益增加的店面租金及人力开销导致公司营业额缩水 10 个百分点。在后期，李彬兰对职业经理人团队的股权激励不足，大量启用亲戚和老乡，对原有职业经理人团队产生冲击，也导致一部分元老级高管的流失。

2. 战略频频失误

20世纪90年代末，新一佳为了学习西方连锁超市的管理经验，高薪聘请了“洋团队”来指导运营，然而这些“洋经验”并不适合新一佳这类贴近民生的本土超市。

当新一佳将分店扩展到10个省后，物流瓶颈开始显现。2004年，新一佳曾设想自建覆盖全国的物流体系，但以当时的财力、物力，这根本不可能实现。无奈之下，新一佳只好委托第三方物流，但当时的物流服务不成熟、流程不完善，远远无法满足生鲜、水产品的配送需求。

而后，新一佳从连锁超市大卖场业态快速扩张到百货业态，战线拉得太快、太远，管理水平和供应链的发展没有及时跟上，以致不能自如地控制全国性、多业态的经营模式。

而且这几年，电商冲击来袭，随着“盒马鲜生”“超级物种”“华润V+、blt、ole”这样的新兴零售业态不断崛起，传统企业纷纷进行转型升级，引进移动支付，将客户群细分，加大差异化力度，但新一佳却几乎没有任何转变。

3. 核心竞争力缺失

新一佳曾经价格亲民，赢得了广大消费者的青睐，而在电商迅速发展、商品同质化严重的当下，价格早就失去了竞争优势。服务、体验成为消费核心，服务体验做得好的卖场会发展得越来越好，差的就会被淘汰。

在媒体对新一佳做调查时，市民普遍反映，新一佳的装修从来没变过，没什么特色，其进驻的品牌也没什么档次，相比之下，其他超市在品类上、特色上、活动上都远超新一佳。

总之，内部管理混乱、盲目扩张、同质化竞争、创新能力缺乏和战略频频失误，将新一佳推上了绝路。

案例 2：尚阳科技

尚阳科技成立于 2003 年年初，自诞生起就笼罩着耀眼的光环。

首先，公司创办人及 CEO 是网通曾经的 COO 郑昌幸，管理团队中还有华为公司原副总裁陈硕和网络产品部原总经理毛森江，因此，尚阳科技可谓出身豪门。

其次，成立之初，公司获得多家知名风险投资机构的 5800 万美元首期融资，主要投资人华登投资 1800 万美元，DCM 投资 1000 万美元，IntelCapital 投资 700 万美元，NEA 投资 500 万美元，其他投资人还包括 Sycamore Ventures、Morgenthaler Ventures、Jerusalem VenturePartners、住友集团的投资公司 Presidio Venture Partners、STAR Venture、日立、伊藤忠、上海联合投资有限公司等。

尚阳科技曾被美国知名的 Red Herring 杂志评选为亚洲 100 强私人企业之一，其目标是致力成为在通信领域领跑的下一代服务平台（NGSP）提供商，开启“自由沟通无界限”的自由通信新时代。其主营业务是提供固网增值解决方案、宽带无线解决方案和企业通信解决方案等。当时，电信运营商也准备在增值业务上大干一把——中国电信的“互联星空”、中国移动的“移动梦网”、中国联通的“联通无限”，这种转型为尚阳科技提供了巨大的发展空间。尽管尚阳科技拥有几个不错的核心业务，如 UU 语信等，但它终究没有抓住市场机会。两年多之后，由于公司自创建以来经营不善，郑昌幸被迫“下课”，尚阳科技大幅裁员，业务也开始转型，从昔日的设备方案提供商向互联网增值业务提供商转变。尚阳科技在市场中不但要与在即时通信领域声名显赫的微软 MSN、Skype 和 Googletalk 等跨国巨头竞争，还要面对国内的 QQ、新浪、网易、263 等本土企业的即时通信工具的挑战。最终，尚阳科技的业务并未像其名字一样“上扬”，而是于 2006 年退出市场，美梦破碎。

尚阳科技沦落到这个地步，主要是管理上存在问题。一是公司重研发、轻市场，公司不仅抓不住市场，而且在研发方面也停滞不前，当首期融资用完时，也还没有开发出几件像样的产品；二是公司内部拉帮结派问题严重，事业部之间各自为政。同时，从高层到员工，成员的“成分”极为复杂，有出身国企的人也有来自外企的人，有来自创业公司的人，也有来自全球500强公司的人，而从华为管理团队来的旧部，甚至一直留在了深圳，处于“失控”状态。

华登国际的陈立武在投资领域有丰富的投资经验，郑昌幸等更是明星级别、实战派的高管，加上十多家知名投资公司的大额投资，足以说明中国通信市场的空间和吸引力。这些积极因素加在一起，而尚阳科技的结局令人惋惜。

尚阳科技这个案例留给创业者的教训是：企业被市场打败不可怕，被自己内部瓦解才可怕。同时它也告诫风险投资者：大公司的高管，不一定做得了创业企业的领军人物。

三、商业模式缺乏竞争力

彼得·德鲁克说过："当今企业之间的竞争，不是产品之间的竞争，而是商业模式之间的竞争。"创业者，要想创业成功，必须有靠谱的商业模式。靠谱的商业模式未必会成功，但不靠谱的商业模式注定会失败，这是一个基本的创业和投资逻辑。商业模式缺乏竞争力是很多创业公司的第三大死因。

案例：安个家

安个家成立于 2015 年 4 月 18 日，总部设在上海。其在成立之初专注于线上平台，侧重研发客户端 APP 和安家顾问端 APP，采取无门店的轻资产运营模式。安个家是安居客集团 CEO 兼董事长梁伟平继安居客之后的第二个创业项目。

2016 年 12 月 26 日下午，安个家创始人梁伟平在写给员工的公开信中说："资本寒冬加上行业的宏观环境，让我们步履维艰，公司由于资金问题将停止运营。"曾扬言要颠覆传统中介重资产运营模式的安个家，最终没能走完 2016 年。它的倒闭，可以说是一个中介 O2O 的"死亡样本"。

安个家的倒闭主要有两个原因：一是资本寒冬加上行业的宏观环境，牵绊着公司的经营运转，使其步履维艰；二是团队依然没有找到这个行业互联网化的有效模式，运营成本高，如果管理者执意坚持下去对所有的员工都不是一个最好的选择。

“当风来了，猪也会飞起来。”这是“互联网 +”兴起时流行的一句话，正是那时，“房地产 + 互联网”模式的企业如雨后春笋般兴起，涉及一手房销售、二手房买卖与租赁、房地产金融、物业管理与增值服务等诸多方面。但现在来看，插上“翅膀”的房地产 O2O 企业飞得并不那么顺利。

其实对于房地产中介行业来说，“互联网 +”的意义并不是把房子搬到网上卖这么简单。“互联网 +”不应该只是一种概念，而应该成为一种工具，一种融合线上线下的工具。目前的许多房产中介 O2O 平台偏重于线上，对线下资源的获取与整合能力偏弱，这是这类企业所面临的主要问题，即没有找到互联网化的有效模式。

因为房屋交易不同于一般的买卖，它具有金额较大、流程复杂等特点，一单交易的时间基本都会超过一个月甚至半年之久。这就意味着，对于房产交易而言，线下业务是不可或缺的，而且是根本所在。无论是对传统中介还是房产 O2O 平台而言，获取大量房源才是赢得市场竞争的关键所在。但是，目前较多的房产 O2O 平台因为采用轻资产模式运营，门店较少甚至无门店，在房源获取上较为困难，而传统中介密集的门店则成为房源获取利器。

无门店模式之所以难以获取房源，是因为卖方在委托出售房屋时，很少会在线上委托，主要是选择线下委托的方式，即通过房屋周边的中介门店委托出售房源。一方面，卖方可以咨询房屋售价区间；另一方面，实体门店的存在会让卖方觉得安心，这一点线上委托很难做到。

不仅在房源获取方面，房产交易的整个流程也需要在线下来完成。对于房地产中介行业而言，如何完成线上和线下的融合是互联网化的关键，而不是单纯依靠线上平台的发展，企业在线下的布局更为重要，这也是目前房产中介 O2O 企业最大的短板所在。

相反，拥有完善线下业务的“传统中介”也开始反击，加速线上领域的布局。以链家网为例，该平台提供以数据驱动的全价值链房产服务。据了解，该平台二手房客流量远远超过其他房产 O2O 平台。实际上，从事二手房领域多年的“传统中介”对行业的理解更为深刻，这成为这类企业在线上布局的一大优势。

虽然房产中介 O2O 企业采取无门店的轻资产运营模式，可以降低包括门店租金在内的运营成本，但是在其发展初期，各种渠道的推广费用很高。近年来成立的互联网中介，前期往往大肆“烧钱”以进行品牌推广，这部分成本相对较高。此外，这类企业通过“烧钱”意图抢占足够的市场份额，但从目前来看并不是很成功，反而导致营收相对较低，公司很难实现盈利。

因此，从安个家的商业模式来看，它在成立之初专注于线上平台，在客户端 APP 和安家顾问端 APP 上做了努力，也收获了成效，但线下业务成为制约安个家发展的短板，最终安个家因为没有找到这个行业互联网化的有效模式而宣布倒闭。

四、盲目跟风

盲目跟风是创业者最常犯的错误，很多创业者看到别人做什么就跟风做什么。近年来，互联网创业风靡全国，大家都在凑热闹，盲目跟风创业、融资烧钱，结果是“九死一生”。以共享经济为例：2017 年全国共有 20 家投身共享经济的企业宣告倒闭或终止服务。其中包括 8 家共享单车企业、2 家共享汽车企业、7 家共享充电宝企业、1 家共享租衣企业、1 家共享雨伞企业和 1 家共享睡眠仓企业。

案例 1：悟空单车

悟空单车隶属于重庆战国科技有限公司，于 2017 年 1 月 7 日正式对外运营。悟空单车，靠一款新型的单车应用软件，覆盖全国大多数中小城市，减轻城市的拥堵程度，提高出行质量，致力于达到绿色出行的目的，是一款便利的自由出行工具。悟空单车曾计划于 2017 年 6 月在 10 座城市投放 30 万辆单车，预计在同年 12 月累计投放 300 万辆单车，入驻城市达 100 座。

2016 年 12 月，悟空单车启动“合伙人计划”，并且在全国范围内寻求投资合伙人，认筹当日悟空单车即获百万元投资。

2017 年 6 月 13 日，悟空单车的运营方重庆战国科技有限公司宣布，自 2017 年 6 月起，正式终止对悟空单车提供支持服务，退出共享单车市场。

悟空单车的 90 后创始人雷厚义表示，在 ofo 和摩拜等企业已经占据大部分市场份额的情况下，悟空单车难以形成规模，在持续烧完个人资金后，又没有人愿意投资，悟空单车只能停止运营。

案例 2：友友用车

友友用车原名友友租车，成立于 2014 年 3 月，最初其主要业务为私家车共享，即用户可以把自己闲置的车辆放到平台上，以供有驾照但没有车又想自驾出行的人租赁使用，类似于神舟租车与凹凸租车。但在 2015 年 10 月，友友租车宣布更名为友友用车，主打电动汽车分时租赁业务。当时的 P2P 租车产业激战正酣，不少家企业都拿到了融资，在此期间，友友租车也曾拿到两轮融资，累计达 2000 万美元。

2017 年 3 月，友友用车资金链断裂，严重亏损，公司倒闭，办公地点人去楼空，用户退款无门。

友友用车创始人李宇曾对媒体表示：首先，共享汽车目前难实现盈利，收入完全不够承担成本，如果企业长期亏损，投资人就会比较谨慎。其次，共享汽车存在便利度不够高、停车费用高、充电困难等诸多影响用户体验的问题，这也在一定程度上加速了友友用车的灭亡。

在互联网创业的大潮下，各类公司为了迅速扩大市场，都采用了共同的策略——“烧钱”，似乎财大气粗者才有未来。其实，“烧钱”不一定能烧出未来。

P2P 租车的失败，让我们体会到了不跟随、不人云亦云、不迷信热点的重要性，创业者需要去做的是真正能改善业务、满足用户需求的事情，要尽量抓住业务的关键点、突破口，并在行业火热时保持清醒。

五、“烧钱”太快

近几年来，互联网公司都在疯狂“烧钱”，这种“烧钱”模式，不仅让圈外人看不懂，就连很多圈内人都有太多的不理解。据我观察，“烧钱”主要有四个目的：一是培养消费习惯，二是铺设落地支撑，三是打压竞争对手，四是想早日上市圈钱。很多公司把融资“烧”完后，就“死”了。

案例：亿唐

1999年，第一次互联网泡沫破灭的前夕，刚刚获得哈佛商学院工商管理硕士学位的唐海松创建了亿唐公司，其“梦幻团队”由5个哈佛工商管理硕士和2个芝加哥大学工商管理硕士组成。凭借诱人的创业方案，亿唐从两家著名的美国风险投资公司DFJ、SevinRosen手中拿到两期共5000万美元的融资。直到今天，这也是中国互联网领域数额较大的私募融资案例之一。

但是没有料到的是，这家高调诞生的中国互联网领域的新贵，在“烧”完了几亿元资金后，却一事无成，沦落到连域名都被拍卖的下场。

亿唐创立时宣称自己不仅是家互联网公司，也是一个生活时尚集团，致力于通过网络、零售、无线服务创造和引进国际先进水平的生活时尚产品，全力服务定义中国经济和文化未来的所谓“明黄 e 代”的 18 ～ 35 岁的年轻人。

亿唐网一夜之间横空出世，迅速在各大高校攻城略地，在全国范围快速“烧钱”：除了在北京、广州、深圳三地建立分公司外，亿唐还广招人手，并在各地进行规模浩大的宣传造势活动。2000 年年底，互联网的寒冬突然到来，亿唐在钱烧光了大半的情况下，仍然无法实现盈利。从 2001 年到 2003 年，亿唐不断通过与专业公司合作，推出了手包、背包、安全套、内衣等生活用品，并在线上和线下发售，同时还悄然尝试手机无线业务。此后两年，依靠 SP 业务苟延残喘的亿唐，唯一能给用户留下印象的就是成为 CET（全国大学英语四六级考试）的官方消息发布网站。

2005 年 9 月，亿唐决定全面推翻以前的发展模式，而向当时风靡一时的 Web 2.0 看齐，推出一个名为 hompy.cn 的个人虚拟社区网站。随后，除亿唐邮箱等少数页面保留以外，亿唐将其他全部页面和流量都转向了新网站 hompy.cn，风光一时的亿唐网站就这样转型成为一家新的 Web 2.0 网站。2006 年，亿唐将其最优质的 SP 资产（牌照资源）贱卖给奇虎公司，换得 100 万美元，试图在 hompy.cn 上做最后一次挣扎。不过，hompy.cn 最终在 2008 年被关闭，亿唐公司也只剩下空壳，昔日的“梦幻团队”的成员在公司烧光钱后也纷纷选择出走。

2009 年 5 月，域名 etang.com 由于无人续费被公开竞拍，最终的竞拍人以 3.5 万美元的价格获得该域名。

亿唐生得伟大，死得却不光荣，只能说是平淡，甚至是凄惨。其他死掉的网站多多少少会有些资产被其他公司收购，在休养生息之后也许还有重出江湖的机会，但亿唐却沦落到域名无人续费而被拍卖的下场。也许亿唐对中国互联网的唯一贡献就是提供了一个典型的失败案例。它的失败，再次证明风险投资者所看好的“海龟 + 概念”的创投模式只是时代的牺牲品。

当然，任何公司都是需要先投入的，不存在只有收入没有支出的公司，但必须指出的是，“烧钱”没有错，但企业在追求快、准、狠的同时，也需要谨慎，即便钱再多，也要省着花，不然冬天不好过。

六、没有市场需求

很多创业者喜欢把周边人群的需求放大，如“我老婆有这个需求，我朋友有这个需求”，但这些需求是伪需求。还有的创业者在选择创业领域时压根就没有做过市场调研，对市场不了解，而是根据自己的一腔热情拍板，以为自己的想法有创意，可以解决用户的痛点，很有市场竞争力。但大多时候都是孤芳自赏，消费者根本不买单，这让很多创业公司陷入了伪需求陷阱，最终破产。

案例：完美幻境

完美幻境成立于 2013 年，是国内最早进入 VR 全景相机行业的企业，拥有自主研发的 Eyesir 系列 VR 相机产品。

完美幻境公司创始人、CEO 赵博毕业于哈尔滨工业大学电子信息专业，获得硕士学位，曾在华为担任研发工程师，后加入航天信息股份有限公司，参与和编写了国家级大型项目——全国外来人口管理系统和全国港澳通行证项目的系统设计方案，并带领团队完成了中国首个电子港澳通行证制证管理系统和中国首套外来人口居住证管理系统的硬件和软件设备的设计，拥有研发数亿级人口产品的能力。

当时完美幻境主要的业务是研发 VR 头盔。到了 2014 年，完美幻镜陆续转投全景相机业务。当时国内做全景业务的公司很少，这一领域可谓遍地是机会，至此，完美幻境为自己选择了一个很好的开局。

2015 年，完美幻境拿到英特尔的天使轮投资，有了国际大品牌背书的同时也与英特尔展开了芯片和三维技术的合作，同年 11 月推出双目全景相机 Eyesir，支持 360° 全景拍摄，分辨率达 4K，支持全景直播，售价为 6999 元。用一句话总结就是，完美幻境推出了一款在当时极具竞争力的产品。

2016 年 1 月，完美幻境再次获得 3000 万元的 A 轮融资并推出入门级全景相机 Eyesirmini，众筹价格为 699 元，此外，完美幻镜还与优酷土豆、爱奇艺等一线视频平台，以及与新华网等媒体合作。

然而，全景相机只有炫酷，没有活路。2017 年 3 月，VR 行业仍未爆发，而完美幻境的钱却已"烧光"，最终宣告失败。可以预见的是，在 VR 行业未能迎来爆发的当下，还会有更多的概念型 VR 企业走在倒闭的路上。

孤芳自赏是许多创业者的通病，不知道市场在哪里是创业者共有的短板。一个创业者如果不能从市场的需求角度来客观地审视自己的产品和创意，如果不能客观地论证自己将遇到的风险因素，想到的只是成功，那么等待他的只能是市场的惩罚。

所以，我们在创业时，一定要进行市场调研，仔细判断，把需求去伪存真。2016 年，我的一个朋友投资了一个新鲜水果的项目，因为现在的大学生都非常喜欢买新鲜水果，但问题在哪呢？他卖的是赣南脐橙，从树上采下来成本是 2 元，到了一级市场后成本是 4 元，通过物流到北京后成本就是 8 元，而北京的脐橙价格其实只有 6 元，大学生是不会花高价买他的产品的。一些东西貌似是有需求的，但当你把成本加上之后，需求就变成了伪需求，等待你的只是血本无归。

其实，有很多判断一个产品的市场需求是否为真的方法。其中一个方法就是思考一下当你想要做的产品做出来后，它对大家的影响有多大，如减肥午餐，在没有减肥午餐时大家每天也是吃得开开心心的，减肥午餐只是为白领多提供了一种选择，而不是说你的产品出来之后，所有人都有选择这个套餐的动力。但是 ERP 企业管理软件就不一样了，它确实能够带来办公和管理效率的大幅度提升，所以，ERP 的出现解决了企业管理的痛点，ERP 是拥有真实的市场需求的。

七、急于求成

目前，浮躁的心态正在整个互联网圈蔓延，很多创业者都是抱着一夜暴富、急于求成的心态创业的。他们都急于展示自己的项目，妄想颠覆 O2O、C2C、P2P 模式，试图超越马化腾、马云，结果让巨额投资都打了水漂。

案例：我友网

我友网创立于 2006 年，是集视频、社区、游戏于一体的生活分享社区。2009 年该公司获得广播电视节目制作经营许可证和信息网络传播视听节目许可证。2010 年 12 月，我友网高调上线，号称要做中国最大的社区电子商务公司。

我友网原本是一家视频分享网站，但随后如同搭积木一般，在视频、社区基础上，快速进入门户、B2C 商城和游戏领域，甚至还自建起支付业务。如今它手里有各种互联网业务牌照，从广播电视节目制作经营许可证、信息网络传播视听节目许可证，到互联网医疗保健信息服务审核同意书，以及互联网药品信息服务资格证等，一应俱全。

2010 年，我在一次业内峰会上曾与我友网 CEO 李昱诚交流过。他当时说，我友网打算自建一切互联网业务，并拿到所有必需的牌照许可。我友网要投资 3

亿元，于 2011 年年底拥有 1 亿个用户，全年营收达 3 亿元。

李昱诚介绍说："我友网的核心诉求是建立一个超大型电子商务平台，覆盖从出生到老死的人生各阶段的消费需求，辅以内容资讯和 SNS 社区概念，形成'新浪 + 淘宝 + 人人网'的庞大模式。"

这可能是催生我友网急速扩张的背景。2010 年下半年，其事业部总数从最初的 10 个以下迅速膨胀到 32 个，最多时达 36 个，每个事业部都对应垂直的电商业务。那一阶段，我友网在北京、广州多地大量招募，为了招人，它曾开出高于竞争对手两倍、三倍的工资挖人，公司管理层甚至允诺将给在上海工作满 6 年的员工一套住房。2010 年年底，员工总数猛增到大约 1600 人。

正是如此，我友网在一年内就"烧掉"了近 2 亿元。到 2010 年 12 月下旬，我友商城上线后业绩尴尬。上线之初，其每天总体成交量不过 30 ~ 50 单，后来也未见大起色，大批产品没有销售记录。这一局面让部分员工感觉不靠谱。2011 年春节前后，李昱诚与另外两位副总裁只好离职，许多员工包括管理人员纷纷离开公司。

我友网的一位前任高管将我友网的挫折归于管理不当、操之过急，大半年内搭起互联网全业务是不太现实的，超过了公司的承受能力。他认为，"SNS+ 电商"的想法没错，只是我友网太着急了，如果我友网放缓脚步，逐个发展垂直领域，也许这一目标是有可能实现的。

我友网大概也已察觉出症结所在，进行了调整转型，但收效甚微。如今，我友网已经成为中国互联网行业激进扩张的一个反面案例，本土互联网泡沫的一个样本。

八、陷入债务危机

巨额债务的到期和自身偿债能力的下滑，必然会带来债务纠纷。很多企业没有将风险指标纳入企业管理体系，有的盲目扩张，负债经营，超出企业自身的承受能力；有的则是财务管理不善，导致货款回收困难，现金流紧张，企业利润指标无法实现等问题，最终使企业陷入债务危机。

案例：富贵鸟集团

富贵鸟集团（以下简称富贵鸟）创立于1991年，是一家典型的家族企业，由林和平、林和师、林荣河、林国强兄弟4人创立。起初企业发展得非常不错，其业务涉及鞋业、服装、皮件等。2012年该企业跻身全国休闲鞋制造商第三名、品牌鞋制造商第六名。2011—2013年，富贵鸟的净利润分别同比上年增长113.79%、27.47%和37.13%。2013年，富贵鸟在中国香港成功上市，林氏兄弟4人持股比例为68.9%。

然而，从2014年开始，富贵鸟的业绩便出现滑坡，之后几年更是每况愈下，品牌存在感也越来越低，初显颓势。

2014—2017年富贵鸟的财务数据显示，2014年富贵鸟净利润为4.5亿元，同比上年仅增长 1.69%；2015 年净利润为 3.9 亿元，同比上年下降 13.09%；2016 年净利润同比上年下降 59.16%，净利润为 1.63 亿元。2017 年 12 月 1 日，富贵鸟在停牌 15 个月之后公布了最新财务报告。报告显示，2017 年上半年，富贵鸟亏损 1088.73 万元。

据《每日经济新闻》报道，在主业不振的情况下，富贵鸟违规担保及资金出借的问题也逐渐暴露。

同时，由于富贵鸟违规担保且长期停牌等问题，其偿付能力受到了极大的质疑，信用评级机构对其的评级从原本的 AA 一降再降。2018 年 1 月，评级机构东方金诚将富贵鸟主体及“14 富贵鸟”的信用等级由 A 下调至 BB，评级展望为负面；同年 2 月 9 日，在富贵鸟披露债券持有人会议的相关事项进展及公司债券 2017 年半年报修订版之后，东方金诚进一步将其主体和债券信用等级下调至 CC（CC 级表示企业在破产或重组时可获得的保护较小，且基本不能保证偿还债务），评级展望继续维持负面。

就这样，兄弟 4 人创业，经营 27 年，如今公司陷入债务危机，负债 30 亿元，49 亿元的资金无法收回，富贵鸟即将陨落。

这个案例不禁让人想起了 20 世纪 90 年代史玉柱的巨人集团，当时巨人集团的风头不逊色于今天的阿里巴巴，集万千宠爱于一身。

1992 年，史玉柱计划投资 1 亿元盖一座 38 层的巨人大厦。某领导在视察之后，十分高兴地说了一句：“这楼的位置不错，既然要盖，干吗不盖得再高一点？”于是，史玉柱改变了注意，将 38 层改为了 54 层。

然后，广州传来消息，说广州要盖全国第一高楼，高达 63 层。有人提议给史玉柱，巨人集团何不直接盖 64 层的大厦，拿下全国第一高楼的名号。后来因为某领导计划要来视察，有人觉得“64”这个数字不吉利，可能影响不好。史玉柱思前想后，干脆直接盖 70 层的大楼。

从 38 层变成了 70 层，从计划投资 2 亿元到预算超 12 亿元，工期延长了 6 年，这期间的变数可想而知。“屋漏偏逢连夜雨”，巨人集团的保健品产品和娃哈哈打了一场官司，巨人集团告负，最终引发了预售楼花的退货和银行抽贷，1000 万元的资金缺口让巨人大厦崩塌。直到 21 世纪，史玉柱才依靠脑白金还清当初的负债。然而，面对这血淋淋的前车之鉴，很多企业并没有吸取它的教训。

九、团队内讧

这是一个合伙创业的时代，创业团队内讧是创业公司的第九大死因。我对1000 家创业公司进行研究后发现，有 35%的合伙创业公司因为团队内讧导致合伙人散伙，甚至对簿公堂、反目成仇。团队内讧主要有四个方面的原因，一是合伙人价值观不同，各打小算盘；二是股权分配不合理；三是责任、权利、义务不清；四是找错了合伙人。

案例 1：西少爷肉夹馍

2015 年 1 月 30 日，西少爷创始人之一的宋鑫以自身股东知情权无法得到履行为由，将曾参与创立的奇点兄弟科技北京有限公司（以下简称“奇点兄弟”）告上了法庭。宋鑫表示，最终的诉求，一方面是确保自己享有西少爷品牌这一共有财产，另一方面是确保此前参与众筹的人拿到分红权。

孟兵、宋鑫、罗高景三人是在 2012 年年底的西安交通大学北京校友会上认识的（彼时袁泽陆尚未加入）。已在投资机构工作 3 年的宋鑫，早就有了想要出来创业的想法，于是通过校友会的关系认识了有技术能力的孟兵等人。三人一拍即合，于第二年 4 月，成立了名为“奇点兄弟”的科技公司。由于孟兵承担了主要的产品研发工作，因此，孟兵、宋鑫、罗高景的股权比例分别为40%、30%、30%。

公司在成立之初依然做着孟兵擅长的互联网业务，孟兵和罗高景负责项目开发，宋鑫负责销售。然而公司的第一个互联网项目却很少被提及，用宋鑫的话说，当时他们做的只是一个网页，连网站都算不上。三人的矛盾也就是从那个时候开始积累的。还原很多资料后我们可以看出，矛盾主要是创始人之间的相互指责：宋鑫认为产品本身存在问题，因此才卖不出去，而孟兵则将责任归结为销售不力。

2013年10月，由于业绩实在不佳，孟、宋、罗三人不再坚持之前的项目，开始转做肉夹馍，袁泽陆也在这时加入。2014年4月8日，西少爷肉夹馍开业。随着西少爷的走红，孟宋之间的不满被火爆的业绩暂时“和谐”掉了。

火爆的销售业绩加上互联网思维的外衣，孟兵以创业明星的姿态登上各类媒体讲述创业故事。西少爷开业不到一周，便有投资机构找来，并给出了4000万元的估值。四个人都认为这时需要引入投资来扩大业务，但就在引入投资、协商股权架构的过程中，孟宋之间的矛盾被彻底激发。

2014年5月初，四个创始人与投资人开始商讨有关投资的细节。据袁泽陆介绍，当时孟兵提到为了公司之后在海外的发展，希望组建VIE结构（由于国内的上市条件对公司的业绩利润要求较高，无形中为互联网企业铸成了一道门槛，许多互联网创业公司纷纷选择赴海外上市，而组建VIE结构则是一个必不可少的环节），其中他的投票权是其他创始人的3倍。对此其他三人都表示意外，而最终罗高景和袁泽陆表示2.5倍投票权是可以接受的，宋鑫却始终没有同意。宋鑫认为，孟兵当时提出变更投票权与风投的入场不无关系。

价值观的差异及合伙人之间长期积压的不和，终在2014年6月15日爆发，经股东投票，宋鑫被迫离开公司经营管理层。这件事对于宋鑫的打击是巨大的，他说：“我当时只收到了一条微信说股东决议我必须离开，当时我都蒙了。晚上又收到一条短信，说房子是属于公司的，我必须搬出去。”对于宋鑫的离开，孟兵表示：“在这件事上，我们不得不承认自己的年轻，看待问题、处理问题的不周全。但这是为了保护公司不得已而为之，也是严格依照公司章程及行权协议所做的决定。”

对于宋鑫的股份，孟、袁、罗三人给出的方案是，27 万元加 2% 的股份，买回宋鑫手中 30% 的股份。但宋鑫要 1000 万元，理由是当时“西少爷”的估值有 4000 万元，他可以分得 1/4。袁泽陆说：“这是根本不可能的。”

由于一直没有谈拢，目前宋鑫仍然有“奇点兄弟”近 30% 的股份，在 2014 年 7 月，宋鑫另起炉灶重新开了名为“新西少”的肉夹馍店。

然而宋鑫的黯然离队，并不意味着这场合伙人闹剧的终结。2014 年 11 月，宋鑫的一封公开信把矛盾纷争再次升级。宋鑫发公开信提出，公司曾在 2013 年年底和 2014 年 5 月发起过两次众筹，共筹得 85 万元，但公司一直没有公开财报，分红等几项事宜也并未跟进。对此，袁泽陆解释称，公司会按照财报制度向股东公开财报，而分红需要按照《公司法》的规定，通过股东大会来决议如何分红、分多少。

对于分红，双方还有一个争议点在于：众筹股东能分几家店的收益。按照协议，众筹股东可以分得他们众筹起来的五道口店，以及由这家店的收益所开起来的另外两家店。目前西少爷共有 4 家店，在宋鑫离开之后，孟兵三人注册了新的公司“奇点同舟”，之后所开的 3 家店属于新公司。“这 3 家店的资金是用天使投资开起来的，没有用到五道口店的资金，因此众筹股东目前也只能分五道口这一家店的收益。”袁泽陆如此解释道。

对于众筹人无法拿回本钱的问题，西少爷方面的回应是，按照《公司法》，股东是不能这样随便退出的，需要经过协议，但是鉴于本次的特殊情况，公司便同意退还本钱，然而宋鑫方面迟迟没有提供转账凭证。

双方各执一词，真相很难还原。2015 年，宋鑫在北京市朝阳区法院起诉孟兵。孟兵一方认为，此案不应由朝阳区法院管辖，故此案尚处于管辖异议阶段，并没有正式开庭。

案例 2：真功夫

真功夫餐饮管理有限公司（以下简称真功夫）于 1990 年由公司创始人潘宇海先生在东莞长安创办，主营以蒸品为特色的中式快餐。目前，真功夫门店数量达 600 家，遍布全国 40 个城市，是中国快餐行业前五强中唯一的本土品牌。与公司名字一样，2009 年 8 月，真功夫的广州总部爆发了一场真功夫表演，在投资界和创业界颇为轰动：共同创始人及公司大股东潘宇海委任其兄潘国良为副总经理，并派其到总部办公，但在遭到真功夫实际控制人、董事长蔡达标的拒绝后，双方爆发剧烈争执。

要厘清真功夫的管理权矛盾，我们还得从头说起。1994 年，蔡达标和好友潘宇海在东莞长安镇开了一间“168 蒸品店”，将其逐渐发展为全国连锁店，并于 1997 年更名为“双种子”，后来最终更名为真功夫。真功夫的股权结构非常简单，潘宇海占 50%，蔡达标及其妻潘敏峰（潘宇海之姐）各占 25%。2006 年 9 月，蔡达标和潘敏峰协议离婚，潘敏峰放弃了自己 25% 的股权换得子女的抚养权，这样潘宇海与蔡达标两人平分了真功夫的股权。

2007 年真功夫引入了两家风险投资基金：内资的中山联动和外资的今日资本，二者共注入资金 3 亿元，各占 3% 的股份。这样，融资之后，真功夫的股权结构变成：蔡、潘各占 47%，VC 各占 3%。董事会共 5 席，构成为蔡达标、潘宇海、潘敏峰及 VC 的派出董事各 1 名。

引入风险投资之后，真功夫要谋求上市。打造一个符合现代化公司管理和治理结构要求的企业是当务之急。但蔡达标在建立现代企业制度方面的努力触及另一股东潘宇海的利益：真功夫在蔡达标的主持下，推行去“家族化”的内部管理改革，以职业经理人替代原来的部分家族管理人员，先后有大批老员工离去；公司还先后从麦当劳、肯德基等餐饮企业引进约 20 名中高层管理人员，占据了公司多数的要职，基本上这些员工都是由蔡达标授职授权，潘宇海显然已经被架空。

双方矛盾激化之后，潘宇海之妻窦效嫘向公安机关报案，2011 年 4 月 22 日，蔡达标等人因涉嫌挪用资金、职务侵占等罪名被警方逮捕，潘宇海接管真功夫。

蔡潘双方对真功夫的混乱争夺让今日资本顶不住股东压力而选择退出。2012 年 11 月 30 日，今日资本将旗下今日资本投资香港有限公司 (下称今日资本香港公司) 所持有的真功夫的 3% 股权悉数转让给润海有限公司。至此，真功夫股权再次重回蔡潘两家对半开的局面。

三年之后，真功夫原总裁蔡达标一案尘埃落定。广州中院二审判决，蔡达标构成职务侵占罪和挪用资金罪，维持一审判决的 14 年刑期。随着蔡达标刑事案件的终审判决生效，蔡达标所持有的 41.74% 的真功夫股权已进入司法拍卖程序，有传言其股权估值高达 25 亿元。

西少爷和真功夫这两个案例告诫创业者：创业合伙人“共苦”不易，“同甘”更难；在创业面前，“没有永远的兄弟，只有永远的利益”。

十、过度扩张，决策失误

过度扩张、决策失误是导致企业倒闭的又一主要原因。管理者可以从规模扩张中得到更多的经济利益，获得权威感、稳定感，但企业规模的过度扩张，往往会使企业丧失初创时期的竞争优势，甚至有不少企业因过度扩张而破产。

案例 1：尚德电力

2001 年，施正荣创办无锡尚德太阳能电力有限公司（以下简称尚德电力），2005 年尚德电力成为第一家在美国主板上市的中国民营企业，成为全球四大光伏企业之一。次年，施正荣被评为中国首富，身家 186 亿元，被称为“拯救地球之人”。尚德电力成为无锡市的城市名片。

然而，由于过度扩张和决策频频失误，尚德电力逐渐背负了百亿元债务。2012 年 8 月 16 日，尚德电力发布公告，宣布施正荣不再担任公司 CEO 一职，原首席财务官金纬被任命为公司新的 CEO。2013 年 3 月 18 日，尚德电力向无锡市中级人民法院递交破产重整申请。至此，施正荣用了 7 年时间赔光了 186 亿元身家，跌下神坛，真是“其兴也勃焉，其亡也忽焉”，一时间让人唏嘘不已。

中国光伏太阳能产业的标杆——尚德电力为何倒下？

一、过度扩张

20 世纪末，欧美光伏市场在一系列强有力政策的刺激下开启。而当时全球的太阳能电池产量小之又小，2002 年仅为 536.8 兆瓦。施正荣抓住了这一巨大的商机。2001 年，尚德电力成立；2002 年 9 月，其首条封装线正式投产，年产能达 10 兆瓦。2002 年 12 月，尚德电力开始实现盈利；2003 年 5 月，尚德电力就把 2003 年全年可生产的产品一售而光，从此走上了快速扩张的道路。到 2010 年年底，尚德电力的年产能达 1.8 吉瓦，登顶全球光伏电池制造企业第一名的位置。

然而，2005 年尚德电力在纽约证券交易所上市带来的巨大财富效应，使中国众多的光伏企业急剧扩张，跟进上市，泡沫迅速吹大，价格战也愈演愈烈。2008 年金融危机不期而至，光伏产业的泡沫至少提前半年破灭。2008 年第四季度，尚德电力单季净亏损 6590 万美元，毛利率仅为 0.6%。同时，企业急剧扩张带来的是，尚德电力的银行贷款从 2005 年年底的 0.56 亿美元攀升至 2011 年年底的 17 亿美元，在不到 7 年时间里暴增近 30 倍，截至 2011 年第四季度末，尚德电力负债总额为 36 亿美元，负债率为 79%。

这些对尚德电力的运营和现金流造成巨大影响。那时企业只是看到了买方市场带来的巨大利益，而没有看到光伏市场是政策市场。由于其对欧美市场的过度依赖，只要欧美国家“打个喷嚏”，中国的光伏企业就得“重感冒”。

为了消化巨大的产能，尚德电力发明了自己创造市场的模式。2008 年 6 月，尚德出资 2.58 亿欧元认购了 GSF 86% 的股份，成为该基金的有限合伙人。尚德电力通过 GSF 共获得了 145 兆瓦的电站项目，这些项目让其电池组件得以顺利销售。此外，尚德电力还能获得该基金出售电站的投资回报。这种模式的确给尚德电力带来了好看的财务报表。比如，尚德电力发布的 2010 年第四季度财报显示，其总营收达 9.451 亿美元，净利润达 3.834 亿美元。

然而，这些漂亮的数字很大部分由 GSF 贡献，尚德电力的主业营收却乏善可陈。同时，华尔街对该模式的质疑从未停止，他们怀疑尚德电力利用与 GSF 的关联关系虚增或转移利润。为了向外界说明 GSF 的独立性，尚德电力将西班牙人哈维尔·罗梅罗确定为“独立”于尚德电力之外的基金最高管理人。这样，这位西班牙人因为拥有 GSF 10% 的股份而获得了对 GSF 近乎绝对的控制权。但是，上述欺诈事件恰恰发生在这位西班牙人身上。

尚德电力于2012年8月14日晚间发布公告称，目前，该公司已收到法院令状，将 GSF 和其控制人哈维尔·罗梅罗的资产全部冻结，同时法院将指派一位独立经理负责 GSF 及其资产的运营。“这意味着该案件已进入了漫长的司法程序，这或者需要两三年时间，在这期间双方都不可能动用被冻结的资产。”一位光伏企业的副总裁这样告诉记者。2013 年 3 月，尚德电力要偿还一笔即将到期的 5.41 亿美元债务，而财务状况糟糕的尚德电力已无多少资金可以周转，卖掉 GSF 的电站资产几乎是唯一的还债方案。

二、决策失误

我曾多次采访过施正荣，平心而论，他当年在推动全球尤其是中国光伏产业发展方面确实功不可没。在他的振臂疾呼与财富效应之下，中国光伏产业从无到有，花开满地，太阳能这种清洁能源也降下凡尘，普惠众生。然而，在不断被捧为光伏领军人物、创业明星之后，施正荣也渐渐迷失自我，甚至在战略决策中频频出错。

中国太阳能电池产能的剧增使得制造电池所需的多晶硅的价格从 2003 年起急剧攀升，从最初的大约每千克 30 美元一路冲顶至 2008 年的每千克 500 美元。这给电池制造商带来了巨大的压力，市场上一度信奉“拥硅为王”的理念。为摆脱这种困扰，2006 年，尚德电力与美国多晶硅及硅片巨头 MEMC 签订了十年的硅片采购合同。根据该合同，尚德电力将以每片 40 美元的价格从 MEMC 采购硅片，当时市场的硅片价格约为每片 80 美元。尚德电力这一举措在当时被称赞为有战略眼光的行为。

但问题是，每千克高达 500 美元的多晶硅必然带来暴利，进而导致逐利者蜂拥而至，结果是多晶硅产能过剩、价格暴跌。此外，这个合同的期限实在漫长，不可预测期间可能发生的各种情景。2008 年下半年全球金融危机爆发，2009 年，多晶硅价格狂跌至每千克不到 50 美元，硅片也狂跌至每片 2.4 美元。尚德电力因为这个十年硅片合同而苦不堪言，曾试图与 MEMC 协商改变协议价格，但对方拒不让步。在纠结两年后，2011 年，尚德电力单方面终止了该合同，并赔付 MEMC 2.12 亿美元。

据统计，这笔高达 2.12 亿美元的毁约费相当于尚德电力 2011 年第一季度收入的 24%，同时也等于尚德电力第一季度净收益（3190 万美元）的 6.7 倍。尚德电力为保证硅原料供给，在 2008 年以参股的方式与辉煌硅科技有限公司、环太科技有限公司合资组建了一家新公司——辉煌硅能源，但 2010 年 6 月，该新公司短命而终。

此外，尚德电力试图开发非晶硅薄膜电池来另辟新方向。2007 年 5 月，尚德电力宣布投资 3 亿美元开发非晶硅薄膜电池，并在当年就达到 400 兆瓦的规模，但 2008 年的金融危机彻底摧毁了尚德电力这个梦想。晶硅和晶硅电池价格的急剧下跌，使处于发展初期的非晶硅薄膜电池毫无竞争力。实际上，上海的生产基地也从未实现规模产出。2010 年下半年，尚德电力正式停止了该基地的生产，由此造成大约 5000 万美元的损失。

尚德电力 2011 年的年报显示，其账面现金及现金等价物为 4.73 亿美元，而短期借贷高达 15.74 亿美元，资产总额为 43.78 亿美元，负债总额则高达 35.75 亿美元，资产负债率为 81.6%。净利率更是由 2010 年的 8.2% 暴跌至 −32.3%。2012 年一季度财报显示，尚德的财务状况未有好转，净利润率为 −32.4%。雪上加霜的是，美国对中国企业发起了征收光伏产品反倾销税，确定尚德电力的征收税额为 31.22%。

2012 年 7 月 30 日，尚德电力发布了一则让整个业界为之震动的公告。根据公告，尚德电力将对其投资的环球太阳能基金管理公司（GSF）提供的约 5.6 亿欧元的反担保展开调查。因为在尚德电力决定卖出其持有的 GSF 80% 的股份时发现，这份反担保“可能系捏造，尚德有可能成为受害者”。该消息发布的当日，尚德电力的股价下跌 15.67%，报收 1.145 美元。

“GSF 反担保骗局”的消息瞬间把施正荣推上风口浪尖，并成为他失去 CEO 职位的直接导火索。随后，尚德电力股价一直低于 1 美元。美国 Maxim 集团将尚德股票的目标价下调至 0 美元。按照纽约证券交易所的规定，如果公司的股票长期低于 1 美元，将自动触发退市机制。

2013 年 3 月 18 日，尚德电力向无锡市中级人民法院递交破产重组申请。而多年前，恰恰也是当地政府和部分媒体的“造神运动”将施正荣送上了神坛。

从无限风光的光伏巨人，到其掌门人黯然请辞，企业破产重组，尚德电力在短短数年内的大起大落让人唏嘘，更给了我们血的教训：只有深谙市场规律，并且遵循市场规律发展，我们才能把企业做大做好。

案例 2：神奇百货

神奇百货是一款手机购物类应用软件，其创始人叫王凯歆，是一个 1998 年出生的女孩。她 16 岁辍学创业，创办的公司主打 95 后概念，经营的产品种类丰富，从酷炫的潮鞋到漂亮的衣服，从整蛊产品到最新的新番动漫周边，从日本的抹茶到欧洲的巧克力，无一不彰显 95 后的青春活力。这些鲜明的标签让她迅速得到资本市场的青睐，在 BTV 的创业真人秀《我是“独角兽”》现场被 5 个资本大佬争抢。

2015 年 9 月，神奇百货 Android 版本上线；同年 10 月，神奇百货 iOS 版本上线。2016 年年初，神奇百货拿到了 2000 万元 A 轮融资。

实际上，王凯歆做的是一个类似代购的生意。神奇百货的目标群体定位于 95 后，供应商主要是淘宝店家。用户下单后，通过淘宝将商品拍下，继而由淘宝卖家发货给用户。这与王凯歆过去在 QQ 空间做的代购生意几乎没有差别。但据称这个模式的估值达到了 6000 万元，并且投资人对王凯歆本人赞誉不断。

2016 年 7 月，神奇百货被曝出数据造假、闪电搬家、非法辞退员工等事件。3 个月后，神奇百货官网关闭。

王凯歆在《神奇百货成立的一年里，我几乎经历了创业所有该遇到的坑》一文中这样反思道："轻易涉足电商供应链、盲目扩张、忽视用户需求、盲目曝光，以及大公司心态……我发现我犯了和陈年一样的错误，盲目相信空降的职业经理人，盲目扩张人员和产品线，没有合理管控公司现金流。"

有投资人分析认为，神奇百货的问题或许部分是因为一个心智未全的少女 CEO 过早地接触了太多诱惑。在某种意义上，资本还来不及让她成熟，相反，她却盲目跟风，被资本越带越远。

十一、资金准备不足

资金是一个企业的血液，缺乏资金是很多创业公司破产倒闭的主要原因之一。很多创业者以为只要自己有想法、有市场，就可以大展宏图，却不知道资金在创业中的重要性。如果自身没有资金实力去保证企业正常运转，就贸然投资创业，企业必然会陷入资金周转困难的境地。另外，很多创业者确实很有想法，开发出来的产品也很有市场竞争力，但是因为后续的资金跟不上，最终导致创业者负债累累，倾家荡产。

案例：万家电竞创始人茅侃侃

2018 年 1 月 25 日凌晨，年仅 35 岁的 80 后互联网创业代表人物、万家电竞 CEO 茅侃侃，选择终结自己的生命，令人惋惜。

茅侃侃 1983 年生于北京，2004 年开始创业，他先后涉足医疗健康和交通领域，但都没有成功。直到 2013 年年底，茅侃侃踏入电子竞技圈，成为电竞游戏频道 GTV 副总裁，先后研发移动医疗领域的 APP 和提供实时路况信息的“哪儿堵”APP 等产品。乘着电竞热的东风，GTV 2014 年净利润达到了 1400 万元。当时，茅侃侃与李想等人被并称为互联网“京城四少”，成了那个年代所有 80 后年轻人的创业偶像。但是茅侃侃与投资方的不和，导致茅侃侃不得不离开 GTV。

2015 年 9 月 30 日，茅侃侃与上市公司万家文化成立合资公司——北京万好万家电子竞技传媒有限公司（以下简称万家电竞），并出任 CEO。万家电竞的业务涉及广受 90 后和 00 后年轻群体喜爱的电竞、泛二次元，以及星座文化产业的传媒内容制作与传播、经纪业务和精品移动游戏发行等领域。

据业内人士推断，茅侃侃的自杀可能与万家电竞的破产有关。2015 年成立的万家电竞由万家文化出资 460 万元，认购 46% 的股份；茅侃侃出资 340 万元，认购 34% 的股份。

万家电竞旗下的三大业务中，经纪业务与传媒业务一直不温不火。游戏研发与发行业务是万家电竞做得最深入的一块，也是在外界定义中万家电竞的主营业务。万家文化 2016 年年报显示，万家电竞预计有 5 款产品在 2017 年达到上线标准。不过，在资金短缺的情况下，万家电竞的业务难以维持。而在发行业务方面，万家电竞曾签约两款游戏发行业务，但因游戏研发商倒闭而告终。

财报显示，万家电竞成立后一直处于亏损状态。2016 年，公司实现损益 −1073.72 万元，2017 年上半年亏损 215 万元，负债合计约 4812.7 万元。

2016 年年底，演员赵薇的龙薇传媒拟作价 30.59 亿元收购万家文化 29.135% 的股份，后因“龙薇传媒在自身境内资金准备不足，相关审核未通的情况下发布收购公告，误导投资者”等原因，银行叫停龙薇传媒贷款，证监会对龙薇传媒、万家文化、赵薇夫妇等企业和个人做出行政处罚和市场禁入的决定。受万家文化影响，万家电竞的融资计划被迫搁置。

此后，祥源控股在 2017 年 8 月收购万家文化股东万好万家集团，成为万家文化实际控制人，随后暂停了对万家电竞的资金支持。

年少成名的茅侃侃一直被声名驱赶着，越走越艰难，越走越孤独，电竞项目的破产导致其陷入穷途末路的境地。茅侃侃曾多次向朋友和媒体表示：“创业艰难”。他在自己写的《在那西天取经的路上》一书中，将创业比作西天取经。其实，茅侃侃十分清楚资本的本质：“你真的不能指望这些金融机构为你雪中送炭，它们只干锦上添花的事。如果真的有一天突然出现了雪中送炭的投资机构，你要相信，那一定是你的错觉。”

为维持公司生存，茅侃侃已经投入了自己全部身家和心血，他抵押了汽车、房产，还向朋友借款，但最终还是未能扭转颓势。早已挣扎得筋疲力尽的茅侃侃在家中开煤气自杀身亡，未留下遗书。

与传统的创业不同，无数像茅侃侃一样的创业者现在被卷入的都是以上市为目标的风险创业。这种来自美国的创业游戏中，公司成立的基础是一个商业计划，以获得天使投资作为近期目标，在公司业务成立起来后，目标就变成了一轮轮的融资。在这个过程中，获得的每轮资金都会被迅速投入业务扩张中，公司员工人数会随着融资额度迅速增长。

对绝大多数的创业者来说，他们的经营能力、管理能力、对风险的防控能力根本不可能跟上企业发展的速度，因此，大部分公司肯定会在成长过程中“死”掉。而这种创业模式也不可能像传统创业的业务那样逐渐衰落，创业者可以根据自己的风险承受能力在适当的时候及时止损退出。

从创业者的心理来看，焦虑和恐惧是创业者永恒的心态，但创业不成功并不意味着自己就是失败者。创业的过程不仅很漫长，而且会让创业者在不同的阶段遇到不同的麻烦，随时都在考验创业者的毅力和勇气。

创业不是一帆风顺的，也许创业者刚开始只凭着一股热血和敢闯敢拼的精神投身到创业大军中，一心想着干出点名堂，但是随着时间的推移，他们才知道创业并不是自己想象中的那么简单，于是他们内心的焦虑和恐惧就变得越来越严重。因此，创业者要做好持久战的准备，不能因一时的挫折就轻言放弃。创业就如一场博弈，你弱它就强，你强它就弱，创业者遇到困难不可怕，关键在于自己要有一颗坚强的心。

后记

创业是一门学问，也是一门艺术，是有规律可循的。它蕴涵了很多东西：激情、梦想、智慧、经验、泪水、汗水、鲜花和掌声。创业之路，路途艰险，前途叵测，创业者需要面临很多选择，成功或失败，往往就在一念之间。

经常有创业者向我请教关于创业的方法，我也很乐意把自己的观察、创业感悟和企业家们的成功经验、失败教训与大家分享。

五年前，我在凤凰网博报和新浪博客上开办了“创业问答”和“创业讲堂”，同时，还回复了500多封创业者发来的电子邮件，对他们在创业过程中遇到的各种问题和难题进行了详细解答。

在长期与创业者交流的过程中，我还发现了三个问题：一是不少创业者缺乏创业理论基础知识的指导，更缺乏经营管理方法；二是虽然现在市面上有关创业的书籍和文章很多，但都是些励志性的“心灵鸡汤”，缺乏实用性，甚至误导创业者；三是很多书籍和文章脱离实际，理论与实践契合度不高，“纸上谈兵”的书多，接地气的书少。这些问题导致的结果就是：一旦输在起跑线上，90%以上的创业可能会失败。

在今天这个“双创”的时代，面对这样一个残酷的现实，很多创业者，尤其是首次创业的创业者都希望我写一本大众创业指导书，为了满足广大创业者的需求，《不折腾》这本书便应运而生。

为写好这本书，我花了两年多的时间，把写给创业者的500封回信进行了梳理，针对创业者在创业过程中普遍遇到的难题进行了解答，剖析陷阱误区。此外，我通过对上千家创业公司进行深入采访，总结出了他们的经验和成败得失，为创业者提供贴近实战的关键指导，为他们传道、授业、解惑，让他们避开风险，少走弯路，提高创业成功的概率。

这本书涉及创业的方方面面，是成体例的，但这本书又不同于一般的学院派作品或某些“舶来品”——它们只重视“形而上”的架构，而忽视其实用功能；或只注重理论上的正确和逻辑上的完美，而忽视实践不能完全包容于理论的客观现实。

这样一本书，在文字上我们是有自信的，但如果你感兴趣的只是理论，希望喝一杯纯粹的“理论牛奶”，在理论上升华一下自己，那么，这本书很可能会令你失望。相反，如果你是一位正在创业道路上艰难跋涉的创业者，或者你有计划自己创业却感到茫然无措，不知从何下手，又或者你只是希望在未来创业的过程中少受一些磨难，更快一些接近成功，那么，这本书就正是你所需要的。

在这里我要感谢著名管理学家、北京大学国家发展研究院管理学教授、BiMBA商学院院长陈春花老师，著名企业家、北京约瑟投资公司董事长、中国航油（新加坡）股份有限公司前总裁陈九霖亲自为本书作序；感谢联想集团创始人、联想控股有限公司董事长柳传志，海尔集团董事局主席、首席执行官张瑞敏，阿里巴巴集团董事局主席马云，新希望集团董事长刘永好，苏宁集团董事长张近东，巨人网络董事长兼CEO史玉柱，京东商城董事局主席兼首席执行官刘强东，上海交通大学管理学院教授、中国公共关系协会常务副会长余明阳，易宝支付联合创始人、总裁余晨，书享界创始人、转型家联合创始人邓斌，蒙自源餐饮集团副总裁谭天，氢原子CEO唐文等朋友倾力推荐此书，让我十分感动，备受鼓舞！

这本书能够顺利出版，得益于电子工业出版社领导的大力支持。电子工业出版社生活出版分社社长刘声峰先生亲自审阅书稿并欣然决定出版本书，编辑黄菲、王欣怡、麦凌寒、咸秀柔为本书的出版精心策划，付出了辛勤的汗水，我在此表示衷心感谢！

由于本人水平有限，再加上时间仓促，书中难免出现不当和浅显之处，敬请读者见谅。希望读者提出宝贵意见或建议，在此先行表示感谢！

如果你对本书有什么意见和要求，或者在创业中遇到什么困难，欢迎与我联系，我会尽力提供帮助！我的电子信箱地址是：ysh5198@163.com。你也可以关注我的新浪微博“财经作家余胜海”，或者扫描本书封面上的二维码，关注我的微信公众号“余胜海观察”（微信号：yushenghaiguancha），以及我的今日头条、百家号、搜狐号等自媒体平台，期待与你交流！

余胜海

2018 年 5 月 8 日于北京

图书在版编目（CIP）数据

不折腾：大众创业成功法则 / 余胜海著 .— 北京：电子工业出版社，2018.10
ISBN 978-7-121-34334-6

Ⅰ . ①不…　Ⅱ . ①余…　Ⅲ . ①创业—研究—中国　Ⅳ . ① F249.214

中国版本图书馆 CIP 数据核字 (2018) 第 103633 号

策划编辑：刘声峰
责任编辑：黄　菲
文字编辑：王欣怡　　特约编辑：刘广钦　刘红涛
印　　刷：三河市鑫金马印装有限公司
装　　订：三河市鑫金马印装有限公司
出版发行：电子工业出版社
　　　　　北京市海淀区万寿路 173 信箱　邮编 100036
开　　本：720×1 000　1/16　印张：23.25　字数：338 千字
版　　次：2018 年 10 月第 1 版
印　　次：2019 年 9 月第 3 次印刷
定　　价：59.00 元

凡所购买电子工业出版社图书有缺损问题，请向购买书店调换。若书店售缺，请与本社发行部联系，联系及邮购电话：（010）88254888，88258888。

质量投诉请发邮件至 zlts@phei.com.cn，盗版侵权举报请发邮件至 dbqq@phei.com.cn。

本书咨询联系方式：39852583（QQ）。